创业教育系列教材

创新创业“十四五”立体化教材
浙江省普通高校“十三五”;

U0867019

创业基础与实践

ENTREPRENEURIAL BASIC THEORY & PRACTICE

主　编 / 李　俊
副主编 / 郑友取　周建华　许　明　郑茹楠

北京师范大学出版集团
BEIJING NORMAL UNIVERSITY PUBLISHING GROUP
北京师范大学出版社

图书在版编目（CIP）数据

创业基础与实践 / 李俊主编 . —北京：北京师范大学出版社，2021.3（2022.8 重印）

（创业教育系列教材）

ISBN 978-7-303-26777-4

Ⅰ. ①创…　Ⅱ. ①李…　Ⅲ. ①大学生－创业－高等学校－教材　Ⅳ. ①G647.38

中国版本图书馆 CIP 数据核字（2021）第 017607 号

营　销　中　心　电　话　010-58807651
北师大出版社高等教育分社微信公众号　新外大街拾玖号

CHUANGYE JICHU YU SHIJIAN

出版发行：北京师范大学出版社　www.bnup.com
北京市西城区新街口外大街 12-3 号
邮政编码：100088

印　　刷：天津市宝文印务有限公司
经　　销：全国新华书店
开　　本：787 mm×1 092 mm　1/16
印　　张：19.75
字　　数：350 千字
版　　次：2021 年 3 月第 1 版
印　　次：2022 年 8 月第 8 次印刷
定　　价：49.80 元

策划编辑：周　粟　李　明　　责任编辑：戴　铁　肖　寒
美术编辑：李向昕　　装帧设计：李向昕
责任校对：段立超　陈　民　　责任印制：马　洁

编委会

主　编

李　俊

副主编

郑友取　周建华　许　明　郑茹楠

编　委

施永川　尤利群　姚碧锋　曲海洲
傅许坚　王勇能　石大力　薛　凡
徐莉君　彭　定　吴　剑　谢凌云
王　正

序

创业是一种实践

习近平总书记强调："创新是社会进步的灵魂，创业是推动经济社会发展、改善民生的重要途径。青年学生富有想象力和创造力，是创新创业的有生力量。"教育部印发的《普通本科学校创业教育教学基本要求（试行）》指出要把创业教育融入人才培养体系，贯穿人才培养全过程。近年来，高校不断加强创新创业教育，对提高高等教育质量、促进学生全面发展发挥了重要作用。新形势下，高校必须着眼长远、聚焦聚力，加强创新创业教育课程建设，注重理论与实践教学并重，丰富理论教学内容，改进实践教学方法，增强创业教育教学的开放性、互动性和实效性。

回顾全球创业教育的发展，创业教育的专业化程度愈来愈高，学科逻辑结构也愈来愈缜密。以美国百森商学院等为代表的一批世界一流院校致力于创业教育的行动式教学改革探索，通过改变传统教学过程中教师的教学方法、手段与工具，将教室环境仿真模拟成一个可以让学生亲自体验、参与、行动的创业生态环境，学生通过在该环境中的实践获得创业者创业所必需的创业思维与知识技能。

《创业基础与实践》一书充分吸收和消化先进的教学方法、理念和经验，研究探索适合我国国情的一套创业实践教学理论体系。该书与传统的创业教育教材有较大异同，本书的编者们在如何更有效地开展创业教育的手段、方法与工具上做了更多的探索和研究。在我看来，创业本身并没有唯一的标准路径与方法，创业教育更需要的是通过体验式实践教育的方法，让学习者形成系统全面的创业思维与解决问题的能力，创业理论知识应该贯穿于这种实践教育过程中，为解决创业过程中的实际问题而服务。

本书涵盖了教育部《普通本科学校创业教育教学基本要求（试行）》中规定的创业教育主要内容，同时加入了精益创业、技术创业、公益创业和设计思维等新创业知识与实践环节。全书分为九章：第一、二章围绕创业者和创业团队，主要探讨了如何成为创业者和如何打造卓越的创业团队；第三、四章围绕商业机会和创业项目，主要探讨了如何发现和筛选商业机会，以及精益创业、设计思维和技术创业等知识；第五、六章围绕商业模式和创业资源，主要探讨了商业模式设计、互联网思维和公益创业模式，以及如何有效整合创业资源；第七章围绕创业项目展示，主要探讨了创业计划书的撰写和项目路演；第八章围绕新企业创建与成长，主要探讨了成立新企业、新创企业运营和创业企业成长等问题；第九章则为读者提供了商业游戏沙盘和创业模拟仿真的两个创业综合实践教学方案。

本书每章节的内容分为学习目标、实践体验、理论解读和案例练习四个部分：学习目标明确该章节的意义和教学目的；实践体验为精心设计的行动实践方案，这些方案既有很好的互动体验性，又富有深刻的内涵和教育意义；理论解读是对该章节知识点的延伸与升华，体现理论的精准性和时效性，同时配有大量的图表和数据说明，让读者更容易理解；案例练习则是通过一些工具、案例分析和问题，引发读者的思考和启发；同时还在每章节末尾处增加了在线模拟教学，作为本教材的在线互动教学的重要组成部分。

值得一提的是《创业基础与实践》是在《创业实践》基础上改编再版，教材已被评为创新创业"十三五"系列规划教材、浙江省普通高校"十三五"新形态教材。对应教材的八个章节配套开发了《从 0 到 1——创新创业实践八步法》理论解读在线开放课程，和《现代商帮与创新创业》案例资源在线开放课程，课程已获全国高校创业教育优秀微慕课一等奖、浙江省精品在线开放课程等。欢迎师生教学中使用线上课程资源实现混合式教学，可扫下方两门课程二维码(或登录中国大学 MOOC 平台搜索两门课程)免费观看完整课程资源、参与作业测试、获得课程成绩。

从 0 到 1——创新创业实践八步法　　　　现代商帮与创新创业

本书编委会由一批长期致力于创业实践教学的专家和创业实战的企业家组成，全书由李俊、郑友取负责书稿框架设计和统编工作。其中第一章由马孟骏、李俊编写，第二章由施永川编写，第三、九章由李俊编写，第四章由傅许坚编写，第五章由王勇能编写，第六章由曲海洲、徐莉君编写，第七章由尤利群编写，第八章由许明编写，各章最后一节仿真模拟教学部分由李俊、姚碧锋编写。特别感谢王卫红教授、林伟连博士为本书撰写提供了指导和帮助，感谢周建华、郑茹楠、刘祖宏、石大力、薛凡、钱玉丹等参与了本书撰写组织和编审校对工作，感谢北京师范大学出版社高等教育分社社长周粟、肖寒编辑和洪一君老师对本书的认真修润和出版支持！

习近平总书记指出："青年学生要在创新创业中增长智慧才干，在艰苦奋斗中锤炼意志品质，在亿万人民为实现中国梦而进行的伟大奋斗中实现人生价值，用青春书写无愧于时代、无愧于历史的华彩篇章。"本书可作为大学生学习创新创业教育的基础教材，也可以为广大创业教育工作者和学习者们提供借鉴与参考。由于时间仓促和编者水平有限，书中难免会有一些疏漏和不足，期待各位专家和读者对本书提出批评建议，同时也欢迎大家交流探讨创新创业教育，一起为促进我国创新创业教育事业的发展贡献力量。联系微信号：lijunkab，邮箱：lj@zust. edu. cn。

浙江科技学院 李俊

2022年1月于杭州

目　录

第一章　成为一个创业者

第一节　认知创业

【学习目标】

1. 了解创业背景及意义，并认识创业环境；

2. 了解创业环境，并增强对商业模式的认识；

3. 创业者对自己拥有的资源进行优化整合，体验创造更大经济价值与社会价值的过程。

实践体验

站报纸

建议实践学时数：1 课时

我们知道创业者的资源整合能力至关重要，通过“站报纸”游戏，让创业者进行学习并对自己拥有的资源进行优化整合，体验创造更大经济价值与社会价值的过程。

(一)游戏概述

近年来“站报纸”游戏非常受欢迎，游戏进行时趣味性十足，体验过程中对参与者的启发深远，运用在创新创业教学上，能够激发参与者的共鸣！游戏进行前先进行分组，每组 8 人，选出一名组长，组长的工作为团队指挥，负责分配任务，调度资源与激励团队士气，需准备的材料有报纸一张与计时器一个。

（二）游戏目的

1. 掌握拥有的资源并进行优化整合。

2. 通过游戏体会团队分工的重要性。

3. 培养团队默契与抗压能力。

4. 激发游戏参与者调度资源与激励团队士气的能力。

（三）游戏过程

1. 8人为一小组，每组选出组长1人。

2. 组长负责组织大家先讨论怎样才能站得人数最多?

3. 每组选出一名安全监督记录员，轮流负责检查监督每组活动的情况，注意活动时的安全，同时看看有没有犯规的情况，如果有，请他们组及时纠正。最后记录该组的成绩。

4. 这项比赛以小组为单位进行，时间为4分钟。比一比，哪一组报纸上站的人数最多，并且能在报纸上坚持站3秒，该小组就获胜。

5. 注意比赛时双脚要站在报纸上，身体的其他部位不能与报纸以外的地面接触，也不能与桌椅或者其他没站在报纸上的人接触。

6. 同时要注意安全，不要互相推搡。

（四）互动分享

1.“站报纸”游戏进行时，你有什么心得体会?

2. 在游戏过程中大家是怎样配合的?

3. 在同样大小的报纸上怎样才能尽量多站人?（学生：手拉手，身体重心尽量向内，一个瘦的同学站中间，胖的站在两边，垫脚尖，要互相扶着或者抱着，必须要团结协作。）

4. 如果失败了，思考一下为什么会失败?

5. 让学生在反复的实践、思考中学会“站报纸”游戏的方法和技巧，懂得团结协作的重要性。

6. 同学们总结了很多方法和技巧，请每组同学再来试一试，看你们组这次能不能也站上5个人。

7. 现在请大家再来想一想这回你们用了什么方法做到的?

8. 游戏的心得体会将如何运用在创业团队的资源优化与整合上?

9. 游戏进行过程中与创业者在面对创业环境时，两者有没有什么共通之处?

理论解读

Cole(1965)认为创业指维持和发展以利润为导向的企业的有目的性的行为。Weber

(1990)认为创业是指接管和组织一个经济体的某个部分，并以自己可以承受的经济风险，通过交易来满足人们的需求同时创造价值。Timmons(1974)认为创业是一种思考、推理和行动的方式，它为机会所驱动、需要在方法上全盘考虑并拥有和谐的领导能力。Stevenson(1985)认为创业是一个人(不管是独立的还是在某组织内)追踪和捕捉机会的过程，且这一过程不被现有资源控制。笔者认为创业是从0到1创造新的产品、服务、资源和模式，其本质是一种创新的行为过程。

认知创业

狭义上的创业教育与职业规划和自主创业密切相关，其重点在于培养学生创办新企业的能力，侧重于培养创业人才。创业人才能够创办新企业，为社会提供新的工作岗位，在解决自身就业的同时还可以带动他人就业。广义上的创业教育在于培养具有开拓精神的个人，其重点在于培养个体的创业精神，侧重于培养创业型人才。创业型人才具备一定的专业知识，较强的实践能力和创新意识，能够应用自身的知识和技能，动员和组织生产要素去创办实体。自主创业需要创业者拥有关键资源或者具有整合资源的能力，因此知彼与知己就至关重要了。

(一)知彼——认识外部创业环境

想要创业，首先要让创业者对企业环境、商业模式及商业活动有一定的认识，并去了解创业家与专业经理人之间的不同。针对企业环境的内部与外部做进一步探讨，同时对商业模式和商业活动进行研究，如制造业、销售业、服务业等行业类别大概有哪些，再延伸到商品、营销、营收等。进而探讨如何创业成功、如何利用营销管理来定位商品并创造利润，接着了解整个公司的经营管理及创造利润的流程。最后，则是对自我的初步了解，到底自己是否适合创业，是否适合当个专业经理人，这是对于创业者入门而言最重要的课题。由总体环境与产业环境进行创业环境的分析，如图1-1-1。

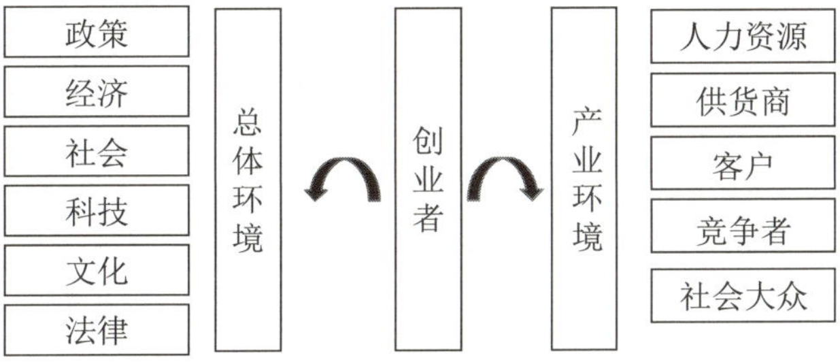

图1-1-1　创业环境分析架构图

企业环境对于一个创业者来说是非常重要的，创业环境的分析对于创业者是必要做的第一门功课。从宏观环境而言，不管是政策层面、经济层面、社会层面、科技层面乃至于产业环境，都会对创业造成影响，因此创业者必须熟悉宏观环境与产业环境。

1. 政策层面

身为一个创业者一定要先了解总体经济。如我国前几年因经济过热，在宏观调控之下，许多公司的投资资金被银行暂停，面临倒闭的风险。反观近几年来国内鼓励创业，大学生自主创业有了许多优惠政策。大学生自主创业优惠政策为鼓励高校毕业生自主创业，以创业带动就业，财政部、国家税务总局发出《关于支持和促进就业有关税收政策的通知》，明确自主创业的毕业生从毕业年度起可享受三年税收减免的优惠政策。其中，高校毕业生在校期间创业的，可向所在高校申领《高校毕业生自主创业证》；离校后创业的，可凭毕业证书直接向创业地县以上人社部门申请核发《就业失业登记证》，作为享受政策的凭证。2011 年出台的针对高校毕业生自主创业的优惠政策有三方面新的突破。第一是税收优惠，我国首次对大学生自主创业出台了税收优惠的政策。世界各国都非常重视大学生创业，美国、英国、日本等国均对大学生创业有税收减免方面的政策。新出台的政策在这方面填补了我国大学生创业扶持政策的空白。第二是覆盖在校学生，创业优惠政策首次覆盖毕业年度内在校创业的大学生。随着创业教育的蓬勃开展，在校大学生创业人数越来越多，而以往的扶持政策都只针对社会人员。2011 年，国家针对在校创业的大学生采取"扶上马，送一程"的政策，让他们能够更早更快地开创自己的事业。第三是网络申领，我国首次采用网络申领方式，便捷、高效，充分体现了教育部"高校毕业生就业优质服务年"的工作理念。据悉，近几年教育部将继续把创新创业教育和大学生自主创业作为工作重点，要求"认真做好《高校毕业生自主创业证》的审核发放工作，把好事办好，全力支持高校毕业生自主创业"。

2. 经济层面

2013 年 9 月和 10 月，国家主席习近平在出访中亚和东南亚国家期间，先后提出共建"丝绸之路经济带"和"21 世纪海上丝绸之路"的重大倡议，得到国际社会的高度关注。

中国提出两个符合欧亚大陆经济整合的大战略，"丝绸之路经济带"战略与"21 世纪海上丝绸之路"战略，两者合称"一带一路"战略。根据《推动共建丝绸之路经济带和 21 世纪海上丝绸之路的愿景与行动》，提出要发挥新疆独特的区位优势和向西开放重要窗口的作用，深化与中亚、南亚、西亚等国家交流合作，形成丝绸之路经济带上重要的交通枢纽、商贸物流和文化科教中心，打造丝绸之路经济带核心区。利用长三角、珠三角、海峡西岸、环渤海等经济区开放程度高、经济实力强、辐射带动作用大的优势，加快推进上海自由贸易试验区建设，支持福建建设 21 世纪海上丝绸之路核心区。充分发挥深圳前海、广州南沙、珠海横琴、福建平潭等开放合作区的作用，深化与港澳台的合作，打造粤港澳大湾区。推进浙江海洋经济发展示范区、福建海峡蓝色经济试验区和舟山群岛新区建设，加大海南国际旅游岛开发开放力度。加强上海、天津、宁波、舟山、广州、深圳、湛江、汕头、青岛、烟台、大连、福州、厦门、泉州、海口、三亚等沿海城市港口建设，强化上海、广州等国际枢纽的机场功能。以扩大开放倒逼深层次改革，创新开放型经济体制机制，加大科技创新力度，形成参与和引领国际合作竞争新优势，成为"一带一路"特别是"21 世纪海上丝绸之路"建设的排头兵和主力军。发挥海外侨胞以及香港、澳门特别行政区独特的优势作用，积极参与和助力"一带一路”建设。随着全球经济治理推向纵深，新的产业链、价值链、供应链日益形成，突破机制封闭化和规则碎片化是世界经贸变化调整的必然趋势，而推进“一带一路”是沿线国家改变经济发展模式，实现国家、区域相互间资源优化配置的重要途径。国家实施“一带一路”战略，结合工商业和教育业的发展机遇，从宏观与实战角度出发，探寻创新创业的新思路与新高度。

3. 社会层面

一个创业者要能了解创业的社会环境。比如，我国提出力争在2030年之前实现碳达峰，在2060年之前实现碳中和，由此迎来了绿色产业和绿色经济的新一轮重要窗口期。光伏、风电、新能源汽车、氢能、绿色建筑等一系列新产业能够抓住新机遇实现快速发展。再比如，2021年第七次全国人口普查数据显示中国60周岁及以上人口占比超18%。相关机构预测，2050年中国60周岁及以上人口占比将超31%。人口老龄化速度的加快和老年人口规模的增加，为老龄产业的兴起和发展提供了良好的外在人口环境，孕育了一个巨大的消费市场。

随着国内经济发展，个人经济收入的提高，国人的饮食文化朝向多元化发展，由于生活形态改变，加上工作忙碌，年轻人流行三餐点外卖，而外卖吃多了常感油腻或容易上火，因此家里经常为了三餐而伤脑筋，这时速冻食品的市场随之打开。在我国速冻食品市场上，河南企业占据着领先地位。速冻汤圆这一产品就是由郑州的三全公司创造的，之后，河南众多企业纷纷投入这一市场，涌现出了不少著名的速冻食品品牌，全国速冻类三大畅销品牌之一的“思念”就是其中的佼佼者。河南郑州思念集团成立于1997年，是中国最大的专业速冻食品生产企业之一，主营速冻汤圆、饺子、粽子等传统食品，近年来开始涉足中式快餐。思念集团的品牌影响力、生产能力、销售总量均位居全国同行业前列，据媒体资料显示，思念产品的国内市场占有率达20%以上。2002年12月思念公司被财政部、农业部等国家九部委确定为“农业产业化国家重点龙头企业”；2004年6月，“思念”品牌入选中国500最具价值品牌，综合排行第26名，为中国速冻行业第一品牌。

除了汤圆和水饺，思念还对我国其他传统食品进行了开发。在我国，粽子长期以来一直是一种时令性产品，以手工作坊生产为主。思念大胆突破，开发出以竹叶做粽衣的“竹叶清香粽”。这种粽子百煮不黄，长放不枯，竹叶常青，每年销售额达到近3亿元，成为继汤圆、水饺之后思念公司的又一主要产品。速冻面点也是思念集团的另外一项重要创新产品。思念通过市场调研发现早餐面点市场潜力巨大，但是市场上尚无有竞争力的面点品牌，于是在2004年推出“第一份营业来自早八点”的核心传播概念，将面点市场又划分成两个不同阵营。2005年，“思念八点”销售额达到3亿元，成为速冻面点领域的领先品牌。

饮食文化创造商机。以四川的火锅、辣椒酱为例，在四川到处可见，因此成为四川饮食文化的代表，如同西方的咖啡一样。因此四川有不少人在世界各地开火锅店，这也是社会文化影响下的产物。

4. 科技层面

这几年因为科技、信息和网络的快速发展，让整个商业模式与以往有了很大的不同，目前通过网络创业的比例相当大。例如，淘宝网或是京东等都有许多网络商铺。因此，在近几年很流行的一种商业模式是O2O(Online To Offline)，又称脱机商务模式或在线线下模式，指通过行动互联，将客流从在线引到线下的实体通路，来增加营收及品牌知名度。O2O会提供折扣或特价讯息，这种模式适用于必须到店内消费的行业，如餐饮、健身、电影等。科技不断的日新月异，产业形态也产生了变化。以相机为例，在二三十年前，如果想要拍照就会想到几个相机的大品牌(Canon、Nikon等)，但是后来因为3C产品与数字照相结合，导致只有相机功能的产品慢慢消失。我们再看汽车产业，因为石油价格不断上涨，大家开始致力于推动绿色能源科技，希望推动油电混合车或电动车等。过去可能强调引擎的部分，但现在却着重于研发电池的蓄电力与续航力，这将是汽车产业未来成功的关键因素。由此观之，科技面向不可轻视，它影响创业方向，创业者必须时时感受到社会脉动，掌握科技发展趋势，才能不被创业的浪潮所吞噬。

5. 产业环境

在开始创业之前，创业者在进行产业研究分析时，必须回答三个问题。第一，这个产业可以进入吗？换句话说，市场上是否有具体空间可以容纳新创企业的进入；第二，该产业是否具有亟待创新的市场或需求尚未被充分满足的市场。第三，从整体上看，产业是否存在某些空间，并且该空间可以避开目前产业中的负面特性。这对新创企业思考公司层次以及产品或服务层次的定位有极大的帮助。

“柯达”原是世界500强的企业之一，在1991年的时候，它的技术领先世界同行10年，但是2012年1月破产了，被做数码的淘汰了；当“索尼”还沉浸在数码技术领先的喜悦中时，突然发现，原来全世界卖照相机卖的最好的不是它，而是做手机的“诺基亚”，因为每部手机都是一部照相机；然后，原来做电脑的“苹果”出来了，把手机世界老大的“诺基亚”给淘汰了。这样的案例越来越多，360公司把电脑杀毒软件变成了免费的服务，淘汰了金山毒霸；淘宝电子商务逼得“苏宁”“国美”这些传统零售巨头不得不转型，逼得“李宁”服装关掉了全国1800多家专卖店。

这几年企业的竞争力是否足够，往往与公司的人力资源有着非常重要的关系。因此，在产业环境的部分会针对现有人力资源、供货商、客户、竞争者四大部分来分析。

6. 人力资源

人力资源对于创业者十分重要。当你投入的产业，人才需求大于供应时，你的新创公司必须要有一些的因素来吸引他们，除了一般福利外，还要有高配股、高红利或不错的员工福利政策，否则很难找到优秀人才来为你效力。相反的，若此产业的人才是供应大于需求，你如何找到最好的，且能长期为公司努力的员工，便是你要研究的课题。更低的薪资及较差的福利条件，会造成人力的高流动率，做好公司人才管理要把最适合的人才进行长期规划与培养，以提升公司的竞争力。因此要摆脱过去错误的思维，员工不是工具，他们是公司的重要资产。

7. 供货商

在一个产业中如果某些公司产品的市场占有率高，代表对供货商的议价空间大。比如便利商店中，全家属于获利状况不错的，711 和 LAWSON 相对经营得比较辛苦。市场的占有率大，采购量就会大，代表着会有较佳议价的能力出现，有些商品甚至还需要上架费用。因此当你要投资便利商店时，就必须找一些利基市场投入。对一个创业者而言，若所投入的行业，同时有许多供货商在竞价，就代表有更多的议价空间。

8. 客户

这一部分需要我们要去思考，我们今天出售的商品，对于客户而言，有没有它的价值，东西对客户来说如果没有价值，那就是多余的。创业者要帮客户想到更多，让他买到这项产品或享受到这项服务时，不会感觉到窝心。

对创业者而言，除了商品价值之外，还有就是要了解客户需求，了解客户需求的方法如下：

(1)用提问的方法了解客户需求。

要了解客户的需求，提问题是最直接、最简单而有效的方式，通过提问可以准确而有效地了解客户的真正需求，为客户提供他们所需要的服务，在实际运用中有以下几种提问方式可以提供给各位灵活选择运用。

开放式问题：单刀直入、观点明确地提问能使客户详述你所不知道的情况。例如，你可以问："小姐，您打开电脑时，发生了什么情况?"这常常是为客户服务时最先问的问题，提问这个问题可以获得更多的细节。

封闭式问题：封闭式的问题即让客户回答"是"或"否"，目的是为了确认某种事实。客户的观点或希望反映的情况，问这种问题可以更快地发现问题，找出问题的症结。如果没有得到答案，还应该继续问一些其他的问题，从而确认问题的所在。

了解对方身份的问题：在与客户刚开始谈话时，可以问一些了解客户身份的问题。如对方的姓名、电话号码、工作单位、职务等，目的是获得解决问题所需要的信息。

描述性问题：让客户描述情况，谈谈他的观点，这有利于了解客户的兴趣和问题所在。

澄清性问题：在适当的时候询问，澄清客户所说的问题，也可以了解到客户的需求。

有针对性的问题：例如，要问客户对所提供的服务是否满意，这有利于提醒客户再次惠顾。

(2)通过倾听客户谈话来了解客户的需求。

在与客户进行沟通时，必须集中精力，认真倾听，站在对方的角度尽力去理解对方所说的内容，了解对方在想什么，对方的需求是什么，要尽可能多地了解对方的情况，以便为客户提供满意的服务。

(3)通过观察来了解客户的需求。

要想说服客户，就必须了解他当前的需求，然后着重从这一层次的需求出发，动之以情，晓之以理。在与客户沟通的过程中，你可以通过观察客户非语言行为了解他的需求、观点和想法。

9. 竞争者

我们可以从不同的角度来划分竞争者的类型，从行业的角度来看，企业的竞争者有：

(1)现有厂商：指本行业内现有的与企业生产同样产品的其他厂家，这些厂家是企业的直接竞争者。

(2)潜在加入者：当某一行业前景乐观、有利可图时，会引来新的竞争企业，使该行业增加新的生产能力，并要求重新瓜分市场份额和主要资源。另外，某些多元化经营的大型企业还经常利用其资源优势从一个行业侵入另一个行业。新企业的加入，可能导致产品价格下降，利润减少。

(3)替代品厂商：与某一产品具有相同功能、能满足同一需求的不同性质的其他产品，属于替代品。随着科学技术的发展，替代品将越来越多，某一行业的所有企业都将面临与生产替代品的企业进行竞争。

(二)知己——认识内部创业资源

1. 企业的资源分析

指贯穿于整个企业经营、技术开发、生产制造、市场营销等各个环节的一切物质与非物质形态的要素。

(1)信誉。信誉是企业在和其有交易关系的企业、顾客交易中形成的良好声誉，能够促使企业的其他资源价值增加。信誉和法律是维持市场交易秩序的两个基本机制，存在正式合同的交易行为主要由法律体系来规范和约束，而许多无法通过法律机制来执行的非正式合同的交易行为则由信誉来保证完成。

(2)专利。专利是指经过规定的法律程序，对某一产品外形、配方、结构、制造工艺或程序拥有的使用和转让的特殊权利。专利是一种财产，具有排他性，未经专利持有人许可，任何其他个人和单位不得以生产经营为目的使用其专利方法或制造、销售其专利产品。专利权包括发明、实用新型和外观设计。企业不是将其拥有的一切专利都予以资本化，只有那些能够给企业带来较大经济价值的专利，才能作为无形资产管理。专利有一定的期限性，超过期限，专利不再受到保护。企业在经营方面运用专利可以有力对抗和排挤竞争对手，以较小的投入获取最大的市场占有额。在技术的研发方面，使自己的发明创造及时得到法律保护，及掌握技术的最新发展，节约人力、物力、财力和时间。

(3)专有技术。指未经公开的、未申请专利保护的、在生产和经营活动实践中已经采用了的、可以带来经济效益的技术知识和经验。主要包括：工业专有技术，即在生产上已经采用，仅少数人知道，不享有专利权或发明权的生产、装配、修理、工艺流程和加工方法等方面的知识；管理专有技术，即企业在生产和经营过程中形成的经营方法、管理方法、培训方法等。非专利技术可以通过图纸、配方、技术记录、操作方法说明书等载体表现出来，也可以通过技术指导、员工培训的方式表现出来。

（4）商标。商标权指在某类指定的商品或产品上使用特定的名称和图案的权利。商标经过注册就获得了法律上的保障。经核准注册的商标为注册商标，商标注册人享有商标专有权，受法律保护。商标权包括两方面的含义：独占使用权，即商标注册人拥有商标注册范围内独家使用其商标的权利；禁止权，即商标注册人有排除和禁止他人对其商标独占使用权进行侵犯的权利。

（5）人力资源。人力资源指有正常思维活动或劳动能力的人之体能、知识、技能、行动等整体能力资源。构成人力资本的并不是人的数量，其核心是劳动者的健康状况、价值观念、知识存量、技能水平。人力资源不是自然生成的，而是投资的结果，投资的主要途径是教育。人力资源作为一种能动资源，起主导作用，处于中心地位，使用、操纵、控制着其他资源，能够使其他资源得到合理、有效地开发、配置和利用。

2. 企业 SWOT 分析

SWOT 分析是麦肯锡咨询公司创造的一种战略分析工具，注重分析企业优势（Strength）、劣势（Weakness）、机会（Opportunity）和威胁（Threat）。优劣势分析主要是着眼于企业自身的实力及其与竞争对手的比较，而机会和威胁分析则是关注外部环境的变化及其对企业的可能影响上。SWOT 分析可以帮助企业把资源和行动集中在企业的优势和有机会的地方。SWOT 分析需要遵循一定的流程，包括鉴别、总结和行动，首先，分析企业内部条件上的优势和劣势、外部环境中的机会和威胁；其次，对企业总体业务情况进行总结；最后，在分析和总结的基础上确定企业的战略行动。

（1）优势。指可以使企业比竞争同行更具竞争力的因素，可以是专长或者超越竞争同行的资源，也可以是能力和资源的组合，使企业能够有效地完成绩效目标。具体包括：有利的竞争态势、充足的财政来源、良好的企业形象、雄厚的技术力量、规模经济、产品质量、市场份额、成本优势、广告攻势等。

（2）劣势。指企业的缺陷、失误、约束等因素，这些因素会影响企业目标的实现。具体包括：管理效率低下、资源匮乏、设备老化、缺少关键技术、研发落后、资金短缺、经营不善、产品积压、竞争力差等。

（3）机会。指企业环境中对企业有利或者未来会对企业有利的因素。具体包括：新产品、新市场、新需求、外国市场壁垒解除、竞争对手失误等。

（4）威胁。企业环境中的不利因素、趋势或变化。具体包括：市场进入壁垒、法规约束、新的竞争对手、替代产品增多、市场紧缩、行业政策变化、经济衰退、客户偏好改变、突发事件等。

3. 企业总体情况的总结

除了企业的整体环境进行分析，还要总结企业的总体业务情况。具体要考虑下列问题：

(1)企业优势。企业具有一系列优势吗？它具有核心竞争力或者独特竞争力吗？企业的优势与行业关键成功因素匹配吗？它们是否为企业战略增添力量？企业目前的优势、能力符合未来发展的需要吗？

(2)企业劣势。企业的劣势或者竞争缺陷的严重程度是否无关紧要？是否有一项或多项劣势，如果这些不能马上得以解决是否就会有严重的后果？是否有劣势属于与行业关键成功因素有关的领域？是否存在劣势，如果没有补救是否会阻碍企业抓住其他的有利机会？为了使企业提升自己的竞争地位或提升盈利水平，企业是否有需要弥补的重要资源或能力缺口？

通过 SWOT 分析可以确定企业的未来发展战略。正确的战略制订需要对可能的市场机会进行筛选，并将战略目标确定为抓住那些最富有吸引力和符合企业优势的机会。企业很少拥有足够雄厚的资源，所以要利用每一个可能的市场机会而又不至于使资源过于分散，同时也必须将部分注意力放在防范对企业地位与未来业绩有影响的威胁上。

案例练习

【案例阅读】

两家快递巨头顺丰与中通的企业创新①

目前国内快递行业巨头中通和顺丰两家公司在总体规模和发展速度上领先于其他快递公司，根据两家公司公告的 2019 年业绩显示，中通的快件完成量高达 121.2 亿件，市场占有率达到 19.1%，为全行业第一，中通 2019 年净利润达到 52.9 亿元人民币，同比增长 26.0%，顺丰 2019 年收入为 1121.9 亿元人民币规模，为中通的 5 倍，净利润 57.97 亿元，较上年同期增加 27.24%，中通的总体规模和顺丰的净利润分别稳居高位。

Bilderbeek 与 Hertog 等人提出的企业服务创新四维度模型包括相互关联共同作用的四个关键维度：新服务概念、新顾客界面、新服务传递系统及技术。新服务概念，即概念创新，要求企业针对市场行情和顾客需求的变化，及对竞争者行为的判断，对自身服务产品进行创新。新顾客界面指的是顾客交互界面设计(服务平台)创新，是企业与顾客发生关联的重要接触点，它包括向顾客提供服务的方式，企业与顾客如何进

① 公欣燕：《顺丰和中通的服务创新》，载《企业管理》，2020 年第 4 期。

行交流、合作等。新服务传递系统，要求企业通过内部组织的管理和协调，确保现有组织架构和员工能够满足创新需求，并创新服务产品，高效执行和完成工作任务。技术是创新的重要支撑，所有创新服务的开发和提供都依赖于一定的技术支撑。产品的服务创新是以上四个维度的整合，服务创新意味着企业新服务概念的产生、新服务传递系统的形成、与顾客交互方式的随之改变，同时这些变化都依托于技术创新。下面我们从企业创新四维度模型框架，分析顺丰和中通如何通过服务创新实现业绩提升。

一、服务理念创新

顺丰创新服务理念为：个性化、多样性服务，服务产品具有前瞻性，顺应市场发展需求，不断开拓和挖掘市场潜力。顺丰的产品充分考虑了顾客个性化、市场多样化需求以及快递物流行业发展趋势。首先，顺应不同客户个性化需求，推出客户服务产品，包括同城急送、顺丰速递、物流普运、重货快运等国内业务；推出国际特惠、国际小包、国际电商专递等国际业务；推出保价、代收货款、报关等商务、电商客户增值服务业务。其次，顺应市场多样化需求，推出服务食品速配、顺丰冷运、冷运仓储系统，以及医药专递、医药专车、医药仓储等系统。然后，顺应快递物流行业发展趋势，率先在市场上推出仓储服务，依托自身平台资源为客户提供收货管理、出货管理、库存管理、个性服务、信息服务、解决方案等服务。在传统业务上，其服务质量、快递时效等一直领跑其他企业，新业务发展也呈现良好势态。

中通创新服务理念为：特色服务，整体化一揽子服务，开拓国际市场，推出电商增值业务，开拓新市场扩大占有率。中通的服务产品紧跟市场需求，在最广阔的内地市场，推出隐私面单、优鲜送、云打印、电子面单、货到付款、保价等特色服务，满足各客户群体个性化和多样化需求。随着国际快递物流业务需求的增加，大力开拓国际市场，拓展国际以及港澳台业务，包括美洲专线小包、国际e通宝、中英专线、FBA空运包税等。同时，捕捉到电子商务的快速发展，推出特色电商增值业务，如全新创客模式、配送一体化等。而且，中通开拓新市场，进一步拓展仓储业务，包括为客户提供物流信息服务、仓储管理、方案设计、IT系统支持、物流配送服务、呼叫及售后服务等。

二、顾客界面创新

顾客参与是服务提供过程中不可或缺的一部分，尤其在最终提供过程中，与顾客的交互已成为企业创新的一个重要部分。服务企业设计顾客界面，必须考虑一些基本事项，如顾客的特点是什么，与顾客有效交流的方式是什么，顾客在服务创新过程中扮演“合作者”的能力如何等，只有完善自身定位，才能实现良好的顾客界面设计。

顺丰和中通充分借助网络信息技术，建立多渠道信息平台，提供界面友好、易于操作的在线服务，与顾客交流具有即时性、方便性、全程性。快递物流服务包括线上信息交互和线下货物运转两个部分，顾客、界面作为二者的桥梁，是创新的重要来源。通过信息平台实时掌握快递收发及运输全过程，是顾客交互的重要部分。

为保证与客户的良好沟通，顺丰和中通在顾客界面方面都建立了多渠道信息平台，他们提供了包括企业官网、手机 APP、微信公众号以及微信小程序的顾企交互平台和系统，同时在其 APP 中均设有在线客服功能。顾客可以通过这些渠道和方法进行即时的在线下单、在线查询以及货物追踪。通过平台全方位的服务，可以保证企业基本服务质量及良好的顾客体验。在当前大数据背景下，顺丰还推出了数据灯塔平台，主要通过海量数据积累，为企业类客户提供行业、产品、用户数据分析，构建物流管理新模式。

三、服务传递系统创新

在服务传递系统创新方面，顺丰和中通所选择的方式存在差异，两者的组织架构与其商业模式相互呼应。顺丰选择直营，胜在质量；中通选择加盟，赢在数量。顺丰通过直营确保服务质量，以质量增加利润额。其选择的直营模式，使整个组织的服务产品服从公司统一、标准化的经营管理。顺丰采用该模式可以保证将服务质量放在第一位的经营理念，对各经营网点进行有效监控，还可在公司定制的标准化工作流程指引下，让服务质量和运营效率得到体制上的保障。物流服务的目的是使顾客满意，其质量高低会直接影响企业核心竞争力的形成。据国家邮政局网站消息，其委托第三方对 2019 年第一季度快递服务满意度进行调查，结果表明在公众满意度方面，顺丰得分超过 80 分，在十家全网型快递物流服务品牌中排名首位。同时，直营模式可以让顺丰的创新概念在组织内部得到及时响应，并促进企业新服务产品的推广和执行。顺丰以此实现统一化、标准化管理，保障了服务质量。

中通选择加盟为主的经营模式扩大市场、增加营业额。其总部充分发挥作为协调者的作用，各级加盟商都可以享受总部包括渠道在内的现有资源。中通是快递物流市场后发者，加盟模式可以使其快速拓展市场、扩大规模，而快速增长的市场占有率是其营业额的基本保证。根据中通官网数据，截至 2018 年年底，中通拥有“全网服务网点 30100 个，转运中心 86 个，直接网络合作伙伴 4500 家，干线运输车辆约 5500 辆，干线路 2100 条，网络通达 98% 以上的区县，乡镇覆盖率超过 89%”。服务网点的快速增加使得中通的市场占有率快速增长，根据中通官网财报数据，中通近几年业务量增长明显，市场占有率逐渐提高，2019 年中通市场占有率已上升到快递物流市场首位。

四、技术创新

顺丰和中通都积极将技术创新成果应用在服务产品与生产过程中，并以此强化竞争力。通过人工智能、大数据、物联网等数字化新技术，打造智能网络，不断提升服务质量、运营效率以及精细化管理水平，瞄准行业发展趋势，努力实现公司业务的可持续发展。

顺丰一直致力于应用各种具有创新性的技术成果，在2018年开启智慧物流发展战略，构建智慧物流体系，基于物联网、大数据、人工智能、云计算、GIS(地理信息系统)等技术支持，提升整个物流系统智能化、自动化水平，推动物流行业降本增效、绿色智能发展。当前，顺丰已建立起智慧仓储、IOT、无人机、无人车、智慧物流地图等设施，正在尝试构建属于自己的智慧物流网络，这不仅实现了物流运输的高效运转，也将对未来物流进行重要诠释。

中通坚持技术与业务并进，同样致力于技术/信息化与快递物流的结合，实现服务质量和效率的提升。它是最早使用电子面单的快递公司，其替换纸质面单后，既做到了节约成本、提高效率，同时也是投入信息化产品的重要一步。目前，中通已自主研发出中天、掌中通、神州等软件系统和数字化工具，满足了收、转、运、派这四大主要业务环节的需求。针对众多加盟网点的管理，中通还自主研发了“神州系统”，对快递物流网点的人事、财务、运营进行分析，根据数据进行预测，以便对网点管理做出智能决策，这有利于问题的及时发现与改进。其通过信息化系统的监督，对快递网点进行统一管理，将有效提高业务的效率。

【案例讨论】

1. 面对政策、经济、科技、产业环境、客户与竞争者等外部环境，顺丰和中通两家企业是如何应对并做出相应的企业创新发展策略?

2. 利用SWOT分析法对顺丰和中通两家企业的优劣势和机会威胁进行分析，对于两家企业的未来发展提出您的观点?

第二节　创业者

【学习目标】

1. 明确了解创业者所需要具备的动机、态度与能力；
2. 培养创业者分析自我人格特质与创业适性的能力；
3. 了解如何建立正确的创业观念，做好创业前的心理准备。

实践体验

创业者照镜子

建议实践学时数： 1 **课时**

现在关于青年创业的引导，一是政府出台的创业政策，二是政府、高校和一些民间机构组织的创业专家队伍。政府为大学生创业创造良好的外部条件，专家也在鼓励大学生创业。学生创业需要极大的理性，创业技能的培育在某种程度上来说远不如创业理性的培育来得重要，我们的政府、专家以及媒体，要尽最大的努力帮助这种理性之花的盛开。创业，对于学生来说，人文艺术的培养要远高于行为实践。创业也如同照镜子，因为照镜子的过程，就是正视自己的过程，检视自己是否已经成熟到适合创业，是否能走好大学生创业路，避免出现“盲目创业”的第一步。

（一）游戏概述

创业者照镜子。“古人云：以铜为鉴，可以正衣冠；以人为鉴，可以明得失；以史为鉴，可以知兴替。”画面中的自己哪些令人敬佩，哪些不能让人信服，大家一目了然。其实，生活就像大舞台，我们每天都在表演着属于自己的角色；生活更像一面镜子，它会随时随地照映出我们的一举一动，一言一行。如果我们能像今天这样时常沉下心来审视一下自己的“庐山真面目”，相信你们会不断收获进步，收获快乐，也收获成功。照镜子过程中自然有点头的，也有摇头的。点头的同学显然对“镜子”里的自己还比较满意，变得更加自信；摇头的同学一定是发现了自己的不足之处，相信你会不断改正。老师需给予每个学生指正与肯定，“相信在以后的‘镜子’里，咱们班的每一位同学都会越来越优秀的。”同学们会自觉对照“镜子”中的自己做自我教育，不断提升自己，完善自己。它远比说教效果好。这就是创业者照镜子活动的目的。

（二）游戏目的

1. 通过游戏对创业者进行人文艺术的培养。
2. 让创业者审视自己是否已经成熟到适合创业。
3. 发现创业者的不足之处，提供不断改正的机会。
4. 鼓励创业者利用照“镜子”做自我教育，不断提升自己、完善自己。

（三）游戏过程

1. 老师自行制作一部特殊的视频或 PPT。内容呈现一幅幅学生们熟悉不过的画面。
2. 观察学生们的表情与反应，推测学生们应该会有不同心情与感受。
3. 同学们你一言我一语，七嘴八舌地议论着，因为平时他们在多媒体上看到的大都是教学内容，而这一次看到的全是自己身边的人，很有新鲜感。

4. 有趣的是，他们的眼睛都落在别人身上，画面里明明有自己，却很少有人说到自己。事实上，他们观察最仔细的那个人一定是自己，就像人们看照片一样，总是不断地审视自己。

5. 老师搬出3～5面大型镜子，邀请几位同学上台，两人一组，选择一位同学照镜子，另一位同学帮忙记录，同学们认真审视自己，看看自己哪些地方表现得好，哪些地方表现得不够好，需要要改正。请学生大胆审视自己的优点与缺点，并记录下来。

6. 5分钟后，老师对照镜子的同学提问："同学们请看镜子中的自己，像不像一个创业者？看着自己想一想，有哪些地方像创业者，有哪些地方不像。"

7. 接着给台前同学们10分钟，进行创业者装扮活动。依据自己对创业者的了解，进行打扮与调整，包括服装穿着、面部表情、肢体手势，各组可以面对镜子尽情地发挥创意。

8. 最后向全班同学进行展示，由同学们选出最具代表性的创业者。

9. 活动结果由讲师进行点评。

（四）互动分享

1. 创业者照镜子活动进行时，你有什么心得体会？

2. 在游戏过程中心情有什么变化？

3. 如果对镜中的自己不满意，分析为什么会造成如此结果。

4. 创业者装扮活动中，同学们觉得最有收获的是什么？

5. 游戏的体会将如何运用在创业者的自我调整与能力培养上？

理论解读

熊彼特在1934年指出创业者即是创新者，这充分地说明创业成功的企业家，往往具备卓越的创新能力及创新管理技巧。创业者与发明家的差异在于，前者能够将创意与新奇的设计进行有效规划管理及评估，其中包含产品需求分析及专利权的问题，最终成功进入竞争市场，后者则偏向于设计构思与灵感的展现，欠缺创意管理系统以进行后续的发展。新创企业家必须具有承担风险及不确定性的能力，创业者并非冒险家，创业亦非赌博，创业者必须拥有必然成功的决心。

创业者(一)

有关创业者特质及创业家精神的定义，许多学者与研究人员均无法明确区分两者差异，或是提出不同的界定标准。创业者特质，即指具备创新能力、风险承担能力、资源整合能力、经济管理能力的人格特质。创业家精神则表现一种行为，包括运用管理观念与技巧、探索与分析顾客需求、设定生产流程与产品标准化、订立绩效评估指标。创业者首先需要先了解创业家在创业时的动机与态度，并做自我评估，了解本身的创业适合性。其次要掌握自己的人格特质，发展自己的创业能力，更需要了解创业失败的原因，并进行心理准备。最后，诚信是创业者绝对不能摒弃的道德操守，没有诚信的商业社会，将充满极大的道德风险。以下针对创业者动机、创业者态度、创业者人格类型、创业者特质、创业者能力、创业者创业前的心理准备与创业者诚信进行分述。

（一）创业者动机

创业家进行创业，有其创业的动机。有些人创业是为了创造比上班更可观的财富、有些人创业是为了掌握权力、有些人创业是期望能为人类做出更大的贡献、少部分人则是因为失业而投入创业的行列。动机（Motivation）是因某种内在状态，促使个体产生某种外显行为活动，并维持已产生的活动向着某一目标而进行的内在历程。动机分为生理性动机（Physiological Motives）与心理性动机（Psychological Motives）两大类。此处主要是以心理性动机来探讨，与创业较有关系的动机包含自我实现（Self-actualized）、成就动机（Achievement Motives）、权力动机（Power Motives）与自我效能（Self-efficacy）。

1. 自我实现

自我实现是人本心理学的重要主张，强调个人的自由抉择、自我决定、创造力及个人的努力以求成长，这种主张相当强调内在动机的重要性，创业者有许多动机来自自我实现的需求。

2. 成就动机

成就动机指个人在设定的目标之下追求成就的内在动力。成就动机含有三点意义：

（1）指个人追求进步以达成希望目标的心理倾向；

（2）指从事目标追求时，个人自我投入精益求精的心理倾向；

（3）指个人在不顺利的情境中冲破障碍、克服困难，奋力达成目标的心理倾向。

成就动机中，由外在诱因引起的行为动机，称为外在动机（Extrinsic Motivation），如获得财富、掌控权力，此类目标即可视为引起个体成就动机的外在诱因。反之，不带有其他目的的动机，称为内在动机（Intrinsic Motivation），也就是目标所指者只是个人自愿的一种活动，除了从活动过程中获得满足之外，不带有其他目的，只因活动本身带来满足。创业家在创业过程中获得满足感与成就感，即对家人、对产业、对社会产生贡献的感觉，从而进一步有经营新事业的动力，此为创业的内在动机。

3. 权力动机

权力动机是指个体在行为上的所作所为，其背后隐藏着一种内在力量，而此种内在力量，是由于个人所怀的一种强烈影响或支配他人的欲望所促动。唯有从个人的外显行为去推测，可将权力动机分为两种，一种是个人化权力动机（Personalized Power Motive），另一种则是社会化权力动机；前者是为了自己，后者是为了别人。因此，创业家的个人化权力动机包含了经营事业权力的取得，以及掌控资源的欲望，其社会化权力动机则是为了提升社会地位，为人所尊崇。

4. 自我效能

自我效能是社会学习论的动机理论，它认为个人对自己所拥有的特殊能力的评估，会影响动机的强弱。自我效能影响个人为自己所选择的活动、活动目标、对活动的投入等决策，如高度自我效能的人可能会选择较高难度的任务、设定较高的目标，并且努力去执行，面对挫折或困难，也比较会设法克服并继续努力；而低度自我效能者则反之。创业家的自我效能也是产生创业的动力之一，可以说自我效能影响创业的动机，自我效能指的就是一个人相信自己有能力顺利完成某件事情的信念。创业家自觉本身具有创业的技能，有能力开创新事业，也就促使其有开创新事业的动力。以下是一些创业动机的例子：

(1)个人想要向上成长、喜欢挑战并实现个人理想，希望发挥自己的知识与经验，实践个人主张。

(2)个人不喜欢为他人工作、希望拥有更多的自由、追求自主。

(3)个人希望拥有自己的事业、贡献社会人群(员工、股东、顾客)。

(4)个人受到家庭传统的承袭、受到周边环境的影响而进行创业。

(5)个人想要成为有钱人、获得名利。

(二)创业者态度

态度(Attitude)是个体在面对社会事件时，以其对该事件的认知与情感为心理基础所表现的一种相当一致且持久的行为倾向。态度系由认知成分(Cognitive Components)情感成分(Affective Components)、行为成分(Behavioral Components)三者所组成，态度带有持久一致的倾向。原因是在态度的构成中，认知与情感二者间保持和谐。创业的态度是指创业家对创业的坚持，对于创业能够在认知与情感二者之间保持和谐。创业的态度影响创业的行为，创业的行为又受到人际网络与资源网络、生涯规划与人生愿景、创业能力(专业与经验)、机会吸引力、风险与效益等因素的影响。

(三)创业者人格类型(老虎、猫头鹰、孔雀、考拉、变色龙类型分析)

PDP 的全称是 Professional Dyna-Metric Programs(行为特质动态衡量系统)，它是一个用来衡量个人的行为特质、活力、动能、压力、精力及能量变动情况的系统。根据人的天生特质，将人群分为五种类型，包括：支配型、外向型、耐心型、精确型、整合型；为了将这五种类型的个性特质形象化，根据其各自的特点，这五类人群又分别被称为“老虎”“猫头鹰”“孔雀”“考拉”“变色龙”。PDP 是一个进行人才管理的专业系统，能够帮助人们认识与管理自己，帮助组织做到“人尽其才”。创业者本身也可以善用 PDP，对自己的行为特质、活力、动能、精力及能量做一个评估与掌握，利于创业过程中的自我分析与了解。

1. 老虎型创业者(Tiger)

(1)此类型创业者的口号是“我们现在就去做，用我们的方式去做”，他们做事当机立断，大部分根据事实进行决策、敢于冒风险，在做决策前，会寻找几个替代方案，更多地关注现在，忽视未来与过去。对事情非常敏感，而对人不敏感，属于工作导向型，注重结果而忽视过程，工作节奏非常快，因此也容易与下属起摩擦。

(2)此类型创业者约占人口的15%，其共同性格为充满自信、竞争心强、主动且企图心强烈，是个有决断力的领导者。一般而言，老虎型的人胸怀大志，勇于冒险，看问题能够直指核心，并对目标全力以赴。他们在领导风格及决策上，强调权威与果断，擅长危机处理，此种性格最适合开创性与改革性的工作。微软公司的总裁比尔·盖茨就是典型的代表人物。成果导向：勇敢、行动、效率、实际、对事不对人、喜抓大方向。

2. 猫头鹰型创业者(Owl)

(1)此类型创业者崇尚事实、原则和逻辑，口号是“我们的证据在这里，所以我们要去做”，做事情深思熟虑、有条不紊、意志坚定、很有纪律，能够很系统地分析现实，把握过去，为预测未来事态的依据。追求周密与精确，没有证据极难说服他们，他们对事情非常敏感，而对人不敏感，属于工作导向型，特别注重证据，决策速度较缓慢。

(2)喜欢精确、重视专业性、循规蹈矩，他们的共同特质为重计划、条理清晰、细节精准。在行为上，表现出喜欢理性思考与分析、较重视制度、结构、规范。他们注重执行游戏规则、循规蹈矩、巨细靡遗、重视品质、敬业负责。①过程导向：重计划、条理、细节精准、喜制度、结构、规范、游戏规则要明确。②原则性强：对规则有强烈责任及义务感、紧守本分，讲究规则。寻求自己认同的高品质、做事要确保有把握、敬业负责。巨细靡遗、事必躬亲、保守谨慎。重技术面及个人专业面。走技术精英路线较安全。③重是非：重视公平与否，喜欢做理性思考和分析、内心很在乎是非、对错、黑白。太重承诺因此也不轻易给承诺。

3. 孔雀型创业者(Peacock)

(1)此类型创业者热情奔放，精力旺盛，容易接近，有语言天赋，善演讲，经常天马行空，做事比较直观，喜欢竞争，对事情不敏感，而对人则很感兴趣。他们关注未来，更多地把时间和精力放在如何去完成他们的梦想，而不关注现实中的一些细节。行动虽然迅速，但容易急躁。喜欢描绘蓝图，而不愿意给员工实在的指导与训练。与员工谈工作时，思维属于跳跃式，员工经常难以跟得上。员工得到的更多是激励，而不是具体指导。

(2)同理心强、擅言语表达、喜欢自我宣传、营造气氛、宣扬理念、是塑造愿景的能手，他们是属于占人口15%的孔雀型领导族群。孔雀型的共同特质为：处理人际关系能力极强，擅长以口语表达感受而引起共鸣，很会激励并带动气氛。他们喜欢跟别人互动，重视群体的归属感。由于他们富有同理心并乐于分享，具有很好的亲和力，在服务业、销售业、传播业及公共关系等领域中，孔雀型的领导者都有很杰出的表现。

他们喜欢做与人有关的事、重视团队、擅长激励他人。

4. 考拉型创业者(Koala)

(1)此类型创业者喜欢与别人一道工作，营造人与人相互尊重的气氛，但决策非常慢，总是希望寻求与相关人员达成一致意见。他们总是试图避免风险，办事情不紧不慢，对事情不敏感，但对人的感情很敏感，是关系导向型，很会从小处打动人，为人随和而真诚。非常善于倾听，属于听而不决的，也很少对员工发怒，员工很喜欢找他们倾诉。

(2)此类型创业者爱好和平、持之以恒、忍耐度佳，他们的共同特质为平易近人、敦厚可靠、避免冲突。在行为上，他们会表现出不慌不忙、冷静自持的态度。他们注重稳定与中长程规划，在现实生活中常会反思自省并以和谐为重，即使面对困境，亦能泰然自若、从容应对。在决策上，他们需要较充足的时间做规划，意志坚定、步调稳健。考拉型创业者可以说是一群默默耕耘的无名英雄，在平凡中见其伟大，占人口的 20%。

5. 变色龙型创业者(Chameleon)

此类型创业者协调性佳、配合度高，是团体的润滑剂，他们的共同特征为适应力及弹性都相当强，善于整合内外资源、兼容并蓄，以合理化及中庸之道来待人处事。变色龙型创业者会依据组织目标及所处环境的任务需求，随时调整自己，因为他们没有明确的预设立场，不走极端，柔软性高，是个称职的谈判斡旋高手，也是手腕圆滑的外交人才。在环境骤变的时代，他们更能随机应变，因此不论在企业开创期、过渡期或转型期，均非常需要此种人才。他们以组织和团体的目标利益为依循，但个人角色和任务要厘清。他们需要在稳定的组织里发挥才干，不喜欢有激烈的派别对立。在多冲突的环境中，宁愿保持中立。他们具有很好的协调合作能力，擅长整合有限资源，综合团体的意见。

(四)创业者特质

创业者(二)

创业者的特质表现在对于新事业发展的动机，以及与新事业团队合作时的管理或领导风格之中。从创业的动机与个人特质方面来看，创业者的特质包含：

1. 成就感

创业者多半喜爱追求成就感，乐于接受挑战、承担责任，也因此对成就所带来的掌声感到相当满足。成就动机也使得创业者具有造福人群的使命感。

2. 控制主导性

控制主导性来自权力动机，创业者全心全力的投入，其目的之一是为了能够掌握权力；此种风格也会影响到创业者对于创业团队或组织成员的权力分配。

3. 热情

创业者在外显性方面的个人特质，主要表现为热情，乐于与人相处或协助他人。

热情的创业者也对于本身所设计的产品或服务表现出相当的热爱，珍视本身的产品，并极力向外推荐。

4. 毅力

创业者具有坚持不懈与充满毅力的特质，有毅力的人重视自我、工作、家庭的价值，且有掌控自己人生的自信，将挫折与改变视为自我突破的挑战，容忍失败的挫折，并进行自我调适。

5. 创造性

创业者具有想象、探索及创造等特质，对于改变或不确定性均能以平常心看待，并积极思考应对的方法。创造性的特质使创业家不断观察环境的变化，不断思索应对的方案，开创新的产品、市场或事业，对于经营的方式，也勇于改变、不断尝试。

（五）创业者能力

1. 创新能力

创新能力是白手起家创业的生命源泉和灵魂。它包括两方面的含义，大脑活动的能力，即创造性思维、创造性想象、独立性思维和捕捉灵感的能力；创新实践的能力，即人在创新活动中完成创新任务的具体能力。创新能力体现在观念创新、技术创新、组织创新、制度创新、管理创新、产品创新、市场创新等多个方面。

2. 学习能力

学习能力主要包括制订学习目标和计划的能力、阅读能力、分析归纳能力、信息检索能力等。培养良好的学习能力，有多种途径，包括心态归零、精益求精、开阔视野等，其次可以发散思维，为自己制订一份合适的培养学习能力的计划。

3. 合作能力

洛克菲勒曾经说过，坚强有力的合作伙伴是事业成功的基石，创业者要想与人合作，要做到知己知彼，清楚自己的性格类型、素质、能力专长、劣势，选择一个适合自己的目标。另外要注意分析他人的特点，找到互补性和差异性。如此，方可找到真正的合作伙伴，携手实现远大的理想。

4. 经营管理能力

经营管理能力在较高层次上决定了创业实践活动的效率和成败。经营管理能力重在对人员、资金的管理，涉及人员的选择使用、组合和优化，也涉及资金的聚集、核算、分配使用和流动。经营管理能力的形成要从学会经营、学会管理、学会用人、学会理财几个方面去努力。

5. 分析决策能力

分析问题能力对创业者至关重要，应多进行市场调查；养成多思考的习惯，对可能出现的结果进行分析，做好应对措施；集思广益，多向同行学习。决策能力是各种综合能力的体现，创业者应表现出选择最佳方案的决策能力。

6. 人际交往能力

人际交往能力体现在表达能力、反应和人脉的积累上，不断拓展人脉、扩大社交圈，通过朋友掌握更多信息、聚集更多资源、寻求更快更好地发展，是创业成功的捷径和秘诀之一。无形的客户资源网络、良好的商业生态支持网络或许就是竞争制胜的关键，创业者对此应有全面、准确的感悟和认识。

(六)创业者创业前的心理准备

创业是一个长期努力的过程，从创业的决定、执行、到新事业营运，均有其阻力。就执行与营运而言，创业更具有高风险的特质，因此其失败率也相对较高。通常在创业的二到五年之间约有53%的失败率，到了第十年，只有十分之一的新事业能够成功。而这些成功的事业，其创业者平均也经历两次失败的挫折。创业初期事业失败的主要原因不外乎创新不足、规模小的包袱、创业者能力不足、无法适应环境或依据环境变化进行转型等。另外，自认财大气粗而急于投入、跨入陌生产业、缺乏管理专业能力、用人不当、创业团队失和也都是创业失败的原因。若创业失败，可能面临的状况也相当复杂，如财务负担、负债、官司缠身、身份消失、资产消失、事业消失、三餐不济、走投无路等。但是我们仍然期待，即使创业失败了，也不要忘记人脉的维系、债务的清偿、失败经验的价值以及东山再起的决心。因此，创业之初，就必须做好心理准备。

创业者的心理准备可以从下列三个角度来建立：

1. 创业的领域

决定创业的领域是最基本的考虑事项，这需要机会寻找以及个人能力兴趣之配合。此项心理准备主要考虑的是所开创的事业若要成功，其条件为何？若未能满足这些条件，则创业过程可能相当痛苦，甚至失败。

2. 失败的概率

此项心理准备主要考虑的是创业必然有其失败的概率，且相对于成熟事业的经营，创业的失败概率更高。因此，创业者应该有最坏的打算，若遇到创业失败，应如何做心理及行动上的反应。创业伙伴们之间、股东之间，应如何进行和平协商以利于创业项目的结束。

3. 失败的后果

创业失败后的影响是否为创业者所能承担，也是重要的考虑因素。其影响层面包含了创业团队、家庭、甚至社会，这些后果是否可以承担应该加以评估。承担创业失败后果的方式包含健康的身体、较强的心理素质、家人的支持、财务与法律上的因素等。

(七)创业者诚信

诚信是一种普遍的以信任和承诺、践约为主要内容的社会关系现象，它是观念、行为和制度的集合体。诚信虽是企业家的立身之本，然而创业者创业起步时，就应该时时放在心中，因为企业家在创业过程中，诚信是绝对不能摒弃的原则。市场经济是法制经济，更是信用经济、诚信经济。没有诚信的商业社会，将充满极大的道德风险，抬高交易成本，造成社会资源的巨大浪费。其实，凡勃仑在其名著《企业论》中早就指出：有远见的企业家非常重视诚信。人是社会化的动物，人的本质在于其社会性。当结成一定社会关系的人们在生活、生产的实践过程中存在和发展时，他们必然要形成相互之间的交往与合作。通过交往与合作，不仅以合作的方式创造出个体所需要的生活资料，而且也满足了个体认知、情感和意志方面的需要。人与人之间要进行有效的交往与合作，当然少不了彼此间的利益认同和在此基础上的信任，少不了彼此相互承诺和践约的诚信关系的确立。即使是竞争，如果并不是以一种相互毁灭的方式来进行，也仍然需要一定程度的信任，即相信对方是按照某些规则来行事的，因此诚信是创业者所必须牢记在心并遵守的道德底线。现代社会诚信体系是包括现代诚信观念和文化、有效的产权制度、民主政体和法治、健全的法制及社会信用服务组织等在内的一个广泛的社会系统。其中，诚信观念和文化是基础，产权制度是核心，民主政体和法治是保障，社会信用服务组织是工具。现代社会诚信体系正是以上各子系统有机配置、互相支持的完整的社会规范体系。如果企业间缺乏诚信，正常的信用观念遭到破坏，信用作为支付手段的功能也被极大地削弱，企业间赊销、预付等交易方式难以正常进行。目前，企业间的交易方式更多地采用现金交易，甚至网上交易，相互不授予信用；有的企业甚至采用以货易货的交易方式，严重降低了资金的使用率。信用缺失，也大大提高了企业的营运成本和投资风险，提高了投资预期的不确定性，使企业的投资活动更趋于谨慎和收缩。

市场经济就是信用经济。如果市场信用交易不发达，就谈不上真正的信用关系，社会信用主要是靠政治外在强制而实现的，并不具有稳定、持久、公正、有效的基本特征。自改革开放和实行市场经济以来，由于整个社会对与市场经济相适应的诚信观念、制度等方面的认识和准备不足，社会诚信更是处于一个动荡、迷失的危机时期和亟待重建的过渡时期。将目前企业诚信问题分述如下：

1. 假冒伪劣商品严重损害消费者利益

目前，我国市场上的伪劣商品，充斥着市场的每个角落。假冒伪劣商品种类之全、数量之大，已经形成了一个完整而隐秘的假货经济体系，严重地损害了消费者的利益，甚至危及消费者的生命与健康。

2. 企业之间商业信用日益萎缩、商业欺诈行为屡见不鲜

其一，目前我国企业之间相互违约、不履行合同、相互欠债、赖账等行为时有发生，导致企业之间“三角债”频频发生，造成企业正常现金流转的困难，甚至导致部分企业因债务危机而破产。缺乏诚信将造成商业信用日益萎缩。其二，企业的商业欺诈

行为屡见不鲜，具体表现为：商家虚假促销、利用合同诈骗、民间融资诈骗、假冒外资诈骗等。

3. 一些企业逃避银行债务，银企关系陷入信用危机

企业和金融机构之间是合作与服务的关系，双方真诚合作可以实现整体效益最大化。然而，一些企业在与银行交往过程中却缺乏诚信，在发展顺利时，高估自己的企业价值，以求从金融机构获取高额的贷款额度。在遇到危机时，那些失信企业则通过不规范破产、承包、租赁、多头开户等方法，千方百计逃避债务，致使多家银行出现了大量的不良资产，给银行以及国家造成了巨大损失。企业发布虚假会计信息，误导投资者、扰乱市场秩序。企业会计信息失真，一直是全社会关注的诚信问题。

虽然近年来加强诚信建设已成为全社会的共识，但必须承认，目前社会诚信体系的建设仍处在起步阶段，整个社会诚信体系的建设在宣传教育、制度规划等方面还存在不少问题。所以，要建设适应现代社会发展需求的社会诚信体系，还要从观念变革、制度建设及工具供给几个方面去努力。

1. 积极培育与现代社会相适应的诚信文化

充分利用各种舆论工具宣传诚信观念。通过宣传守信典型、谴责失信行为，对公众进行“守信光荣，失信可耻”的诚信教育。只有通过全方位的教育，才能逐渐使诚信意识深入人心，内化为社会成员心中的道德习俗和道德义务，形成一种讲求诚信的文化氛围，奠定诚信社会的文化道德基础。

2. 建立有效的产权制度

有效的产权制度是指产权得到明确的界定和有效的保护，并且可以自主转让的制度。在此基础上，企业内部的信用管理责任制度才可能切实建立起来。此外，在对产权的保护从政策保护走向法律保护的同时，还应重视文化方面的保护，即在全社会形成私有财产神圣不可侵犯的观念意识和文化环境。

3. 加强法制建设，为社会诚信提供刚性的制度保证

通过完善立法，可以以法律的强制性鼓励守信，惩罚失信。根据世界各国的经验，社会诚信体系中的失信惩罚机制能够有效地消除绝大部分失信现象，改善市场秩序和社会生活秩序，加强执法的力度，维护法律的权威，真正使有关当事人的合法权益受到法律的保护。

4. 大力发展和规范社会化信用服务组织

现代社会诚信体系建设，实际上就是通过把与诚信建设有关的社会文化、制度、工具等资源有机地整合起来，并通过教育、鼓励和惩罚等多种手段，引导和规范社会成员的价值取向，使他们自觉地选择诚信，共同促进社会诚信水平的提高，从而维护正常的社会秩序，保障经济的繁荣和发展，并最终实现人们生活的和谐与幸福。

案例练习

【案例阅读】

李彦宏的创业启示①

一个人可以不关注时政，不关注金融股市，也不关心娱乐时尚，可只要你接触过网络，你就一定用过它——百度。作为现今使用最广泛的中文搜索引擎，多年来百度经历了从无到有，从小到大的发展壮大过程。接下来本文将从李彦宏的创业经历分析一个成功的创业者到底需要什么。

一、认准了就去做

百度能取得今天的成就，得益于李彦宏独到的眼光和坚定的信念，用他的话说就是："认准了就去做！"十年前，他放弃了美国"硅谷"的优厚待遇选择回国创业，一心想要创建一个中文的搜索引擎。依据当时中国所处的国际国内环境，他觉得中文搜索引擎一定会有大发展。但他身边的很多人却并不看好这个项目，有些人甚至表示反对。但他并没有因为别人不理解就轻易放弃，他表示之所以选定这个项目是基于对市场的深入调查和分析，正是因为别人还没注意到这块有潜力的市场，他才要去做。"既然认准了，就不能轻易掉头，更别说放弃。"

刚回国时，李彦宏面对的中国的技术人才状况，多多少少有点失望。当时他亲自起草招聘广告，要求是：具有五年以上的工作经验，要会"C++"，但他发现所收到的简历中完全符合条件的人很少。他坦言当时中国的大环境不是很看好技术创业，所以认真做技术的公司非常少，很多跨国企业一般只是做销售(售前售后的支持)。当年遇到过一些理工科的学生，他们中很多人都想先做技术，之后转战销售，认为销售更有前途。因此要找有五年技术工作经验的人确实很难。现在百度也会招到一些有经验的人，但从十年前开始，百度就选择招应届生，当时很多人都不理解。李彦宏解释道："应届生虽然没有什么从业经验，但是他在学校学的东西还很新，相比许多工作了几年的人，到新公司不但没学到什么反而把在学校学的也忘了。"

创业是一个高风险高回报的事，就好比百慕大三角，它神秘、迷人，但想要走出来既要有运气又要有技术，这个过程总是伴着艰辛和阻碍。百度也一样经历了困境和艰难，2001 年、2002 年所有的互联网企业都很艰难，面对全球的泡沫经济很多企业选择了压缩成本以求盈利，这种做法限制了公司的发展。李彦宏说道："直到 2001 年，

---

① 北京高校毕业生就业信息网：《"选择了就要坚持"——百度公司董事长兼首席执行官李彦宏谈创业》，http://www.bjbys.net.cn/，2018-05-13。

我们还在大规模投入，并没有急于赢利，但不急于赢利并不代表一直不赢利，如果企业不追求利益的话，那它就去做慈善了。”

同时李彦宏一直坚持少承诺、多兑现的原则。百度的第一笔融资是120万，李彦宏告诉投资人他要用6个月时间做出世界上最好的搜索引擎。没想到对方问他，如果投更多的钱，他能不能用更快的时间完成？李彦宏回答不能。后来证明李彦宏诚实的回答令对方很满意，而他真正做出来只用了4个月时间。正是他的诚信帮助百度积累了信誉。

二、具备独立的思考判断力

创业一定要具备独立的思考能力和判断力，李彦宏的这两种能力是在大学期间培养出来的，并在以后的创业途中深深地影响着他。如2005年的百度上市；2008年，百度在日本运营搜索，开始尝试国际化；2010年的拆股，都受到他的独立思考能力的影响。

2005年8月5日，百度在纳斯达克成功上市，同时在alexa排名超越新浪，成为第一中文网。李彦宏还记得百度在纳斯达克市场挂牌交易当天，每股发行价为27美元，开盘升至66美元，随后稳步上行，以122.54美元结束了发行首日的交易，实现了354%的涨幅。百度股价首日的大幅飙升让许多人印象深刻，李彦宏表示这个涨幅除在1999年、2000年的互联网泡沫时期出现过，至今没有被超越过。但是他强调百度在2005年出现类似的高涨幅并不被人看好。“我印象中2005年8月5日百度上市，美国媒体非常关注，CNN和CNBC都叫我去接受采访，我和一些股票专家争论百度上市股票涨得这么厉害意味着什么。”李彦宏回忆说，“当时我跟另外一个来自佛罗里达的股票专家在争，他说过去这么多年一个公司上市一旦当日涨幅超过200%或者是300%，三年以后这些股票全都跌破了发行量，别看今天是100美元，三年以后你的股票会到27美元以下。我和他说不是这样，百度是一个赢利的公司，而中国的互联网发展刚刚开始。”

百度上市后不久，各种各样的声音出现，有人说百度把股票卖便宜了，甚至出现了“阴谋论”，认为百度承销商高盛故意把百度股票价格压低，以换取更多的业务和利润空间。李彦宏说：“对于百度来说，2005年的时候我们规模还很小。为什么当时定的价格比较低呢？我觉得按照以前中国搜索市场的成长速度，这个价钱是合适的，如果按照惯性往前走的话，我们当时也就是值27美元，按照现在可比价格的话是2.7美元。”

对于之后的拆股也是这样，李彦宏始终坚持着自己的独立思考和判断，2010年5月13日百度正式按照10∶1比例执行拆股计划，但之前对于6∶1还是10∶1的拆股计划公司内部有很多争论：要不要这么激进地去拆股？百度和投行商量如何拆股时，投行的建议是1股拆6股或1股拆10股，不过投行认为1股拆6股更稳妥一点，1股拆10股有些激进。“那时候投行说将来可能会跌下来，所以拆的话要保守一点。”“我们想来想去，基于对中国互联网市场、中国大环境及百度未来高速发展各层面综合判断，最后还是选择1拆10的拆股方式。”李彦宏说：“拆股当天百度股价暴涨6.79美元，实际发生拆的前后几天又涨了很多，所以说投资者还是非常看好我们的发展。”

就像他为一位大一女生作答大学期间要为成功创业准备什么时所说：“一定要具备独立的思考能力和判断力，那样你才不会轻信别人。”创业需要很多能力，而这两种应算是成大事者必备吧！

三、知道企业到底要做什么

作为一位公司的领导者，李彦宏一直在思考百度还能做什么？还能为自己提供什么机会？思考之余开展了与超级兔子、万能五笔、比特精灵等的合作，这也拓宽了百度的搜索范围，后来他渐渐意识到百度其实就是搭建一个平台，让各种信息技术更快地到达用户并为用户提供便捷。这也是他当年创建百度时的理想。

百度还成立了百度联盟，有几百家网站依赖百度的流量，依托百度强大的品牌号召力和成熟的竞价排名模式，为百度提供在互联网上可以获得的东西，通过百度挣钱，百度也对百度联盟进行利润分层，“去年百度联盟分得七个亿，当然今年会更多”。李彦宏说道。

对于百度的成功，很多人说是因为百度是最先做的，所以它成功了。但李彦宏说其实不是，当时他创建百度的时候其实已经有好多家中文搜索引擎了，百度之所以成功是因为他相信在当时中国的环境下，中文搜索一定有前途，所以他始终坚持。而其他做中文搜索的同行却不这样认为，他们中途掉头或放弃，所以他们失败了。

百度如今定下了发展方向——向“框计算”发展，李彦宏分析到：“用户还是很懒的，希望通过把所有的信息集中在一个框里，通过检索一个或几个关键词就可以获得相关的信息，这样他们就可以不用再点击别的链接。”正是不断追求进步的意识才让百度发展到今天。

四、目光要长远

作为管理者，目光一定要长远。在创业初期创业者可以以技术为主，但发展到一定的规模后，一定要重视管理。这时管理者不必事必躬亲，而是要想办法让员工高效地完成工作。

在初期，一定要目光长远，往前看两年，互联网行业不是现在什么热就去做什么，而是要看到未来什么热。正如2001年9月，百度决定直接给网民提供搜索服务，放弃三大门户，不再做幕后英雄，而是转向做台前，业务上主要面向中小企业。当时百度的转型得罪了不少客户，但事实证明这次转型是成功的。

【案例讨论】

1. 百度作为现今实力最强劲的中文搜索引擎，十年来经历了从无到有，从小到大的发展壮大过程，从李彦宏的创业经历分析一个成功的创业者到底需要什么？与同学们讨论一下成功的原因是什么。

2. 从案例中，你观察到李彦宏的人格特质里，有哪些是创业者必须具备的？

3. 作为一个创业者，应该要做好哪些创业前的心理准备呢？

第三节　创业过程

【学习目标】

1. 了解创业过程以及商业模式创新的基本概念、原理和方法；

2. 了解创业过程的四个阶段与创业流程的七大步骤，并能有效整合创业资源；

3. 熟悉创业项目营运期的运作，掌握创业成功的各项关键因素。

实践体验

拼图和做被子

建议实践学时数：1 **课时**

创业之路充满艰辛，过程虽辛苦但是苦尽甘来的滋味是许多年轻人所向往的。创业是与不确定性紧密联系的，如新兴行业中的创业企业可能最初都不知道市场在哪里。这时，创业者只能利用创业思维通过快速行动来探查现实情况，然后观察并分析行动的结果。创业并非起始于对机会的识别和发现，或者预先设定目标，而是首先分析你是谁、你知道什么以及你知道谁，即了解你自己目前拥有的手段。创业行动应该是手段驱动，而不是目标驱动；创业者应该运用各种已有手段或手头资源来创造新企业，而不是在既定目标下寻找新手段。创业者必须首先确定自己可以承担的损失，然后投入相应的资源，而不是根据创业项目的预期回报来投入资源。在采取每一步行动之前，创业者都应该只付出自己能够承担并且愿意负担的投入。在考虑投入时，应该综合权衡各种成本，包括金钱、时间、职业和个人声誉、心理成本和机会成本等。

拼图与做被子的两个小活动，能够让我们更好地理解管理思维与创业思维之间的差异。

（一）游戏概述

拼图与做被子的游戏受到学校与企业界人士的欢迎，游戏只需要准备简单材料，进行中能不断激发创意与团队斗志，体验过程中需要所有人的全心投入与支持，过程中若是有人放弃，则全军覆没，功亏一篑。参与者被分成若干小组，每组6人，并被告知这是一个有时间限制的比赛，要求每个小组到相应的桌子上阅读任务说明，并以最快的速度完成一幅图案的拼图练习。每个小组都会经历一定时间的讨论，必须尽快恢复秩序。各组先做拼图，以包装盒上的完整图案作为指导，小组成员依次把位于图案中心的碎片和位于边缘的碎片区分开来，寻找位于四个角落的碎片，把颜色相近的碎片分成小堆，并分区域把碎片逐渐拼起来。

拼图过程中，每个小组都被抽调出一个志愿者进入另外一个空旷的房间，房间角落的一张桌子上堆放着很多不同颜色、纹理和尺寸的布条。接着挑选6块布条进行做被子活动。5分钟后，又有一些志愿者从拼图小组中抽调出来进入被子制作房间。最后，所有的参与者都从拼图活动转为从事被子制作了。活动结果由讲师进行点评。

（二）游戏目的

1. 通过游戏经历管理思维的碰撞。

2. 培养团队默契与解决问题的能力。

3. 激发创新意识并体会创新的基本原理和方法。

4. 依靠团队斗志来挑战创新的极限。

（三）游戏过程

1. 参与者被分成若干小组，每组6人，时间限制为40分钟，要求每个小组到他们相应的桌子上阅读任务说明，并以最快的速度完成一幅图案的拼图。

2. 拼图进行10分钟后，每个小组都被抽调出一个志愿者进入另外一个空旷的房间，房间角落的一张桌子上堆放着很多不同颜色、纹理和尺寸的布条。

3. 接着选择一块空地独立设计一床被子造型，从桌子上任意选择6块布条。不需要把布条缝起来，只需按照自己的想法把布条摆放在地上进行创作。

4. 志愿者还被告知，在后面的时间里，参与拼图练习的其他人会陆续进入这个房间并加入他们当中进行被子设计。

5. 5分钟后，又有一些志愿者从拼图小组中抽调出来进入被子制作房间，被告知可各自选择6个布条并加入他们愿意加入的任何一个已经在房间里忙碌的被子制作人。

6. 每隔5分钟，一些新的志愿者就会离开拼图练习加入到被子制作房间。

7. 随着更多人的加入，一些被子变得越来越大并且更具创造力。很快，所有的参与者都从拼图活动转为从事被子制作了。

8. 参与者经历了从一般管理思维到创业思维的转换。

9. 活动结果由讲师进行点评。

（四）互动分享

1. 拼图和做被子活动进行中，你有什么心得体会？

2. 在游戏过程中大家是怎样配合的？

3. 如果对结果不满意，分析为什么会造成如此结果？

4. 现在请大家再来想一想你们用了什么方法做到的？

5. 游戏的体会应如何运用在创业资源优化与整合上？

6. 游戏进行过程与创业者在面对创业环境时，两者有没有什么共通之处？

理论解读

创业过程包括创业者从产生创业想法到创建新企业或开创新事业并获取回报，涉及识别机会、组建团队、寻求融资等活动。可大致划分为机会识别、资源整合、创办新企业、新企业生存和成长四个主要阶段与创业流程七大步骤。

创业过程

创业流程，大致可以区分为七大步骤（如图 1-3-1），创业者可以针对这七大步骤，从中找出企业可能出现问题的地方，加以预防。

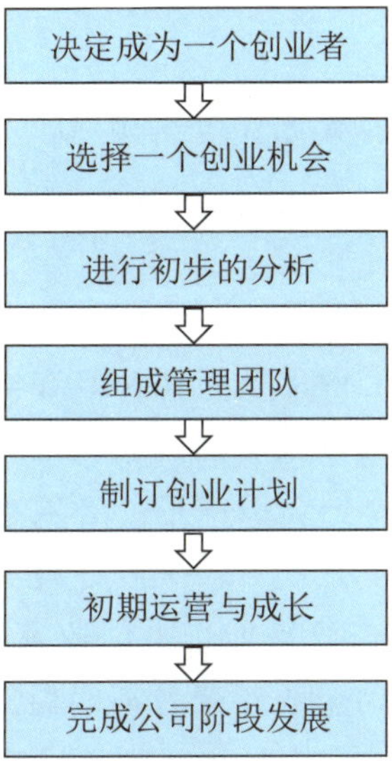

图 1-3-1　创业流程七大步骤

（一）第一阶段：　机会识别

投入创业经营是来自看到商机、通过商业交易行为获得利益，有远见的创业家从实务供需现象中洞悉这个商业机会，也就是满足市场供需缺口商品，于是创业家展开深入市场的数据收集和分析，通过不同方式证明这缺口（商业机会）确实存在市场，更重要的是这个缺口有日益增长的趋势，且能使供给者获得利润。创业家接着开始集结资源，并邀有共识的人组成团队，计划创立一家企业来提供这项产品或服务，以满足目标市场客户。

许多缺口（商机）的产生无法轻易为人所洞察，有些商机却是很容易被人辨识，进而一窝蜂地投入相同市场，相互竞争厮杀后落得两败俱伤。因此要独具慧眼才能探索出有利可图商机。那创业家到底应该需要具备什么能力和特质？长期观察下来，大部分成功创业家都有共同的特征就是好奇心。创业者在日常生活中就要培养自己好奇心，从生活中学习观察并探索生活周遭人、事、时、地、物，尤其是人与人互动行为，从中观察发现需求(Needs)及未满足之处，接着再深入探索满足此缺口解决方案(Solutions)。借助好奇心探索问题的解答过程之中，经常会有惊人发现，很多商机也藏在探索的过程中。

因此一个善于觉察商机的创业家，会较一般人更容易发觉市场客户的不满意之处以及客户需求，再转换成商机，使经营事业蓬勃发展。有市场客户需求，也未必是一个好的创业项目，好的创业项目必须符合下列条件：

(1)所提供产品或服务可以满足客户需求，能为客户解决问题。

(2)所提供产品或服务有目标市场客户，且有一定规模。

(3)目标市场需求量仍在增长，属于成长性市场。

(4)产品或服务可以为提供者(经营者)带来商业利润。

(二)第二阶段：资源整合

第二阶段的资源整合工作包括定组织、组团队，商业模式设计，拟订创业计划与寻求融资。

1. 定组织、组团队

创业通常是几位有共同理想愿景的人，组成开创事业团队，创业组织是结合经营管理及专业技术领域人才，形成有效的营运团队。在实务上经常看到团队成员都是具有相同背景专长的人才，缺少其他领域专业知识，因此容易产生团体迷失造成错误决策，导致创业失败。在一个高效率创业组织里，必须有多元化专业的分工，分别掌握创业的各项事务，如技术专长负责产品开发、善于业务销售负责业务工作等。创业经常存在的问题是有专业技术却没有管理能力，创业家必须明白善于专业事务工作者，并不等于善于领导专业事务的人，企业经营者都明白专业技术人角色，是不等同于管理人角色，但在企业实务状况下，人才经常出现扮演双重角色的情况。

柳传志著名的管理三要素——搭班子、定战略、带队伍，企业界几乎尽人皆知。三要素中，有两个要素(搭班子，带队伍)与人密切关联，知易行难，用人是科学更是艺术，如何能够把这三个要素发挥好，诸多实践者理解不一，“搭班子”这第一要务，统领全局。某种意义上说，搭班子成功了，事业就成了一半。“搭班子”是排在“定战略”之前的。在纯理论的逻辑之中，“定战略”似乎应该摆在“搭班子”之前，因为应该先有事，先有战略目标，才能找人去做。这个思路有点儿像有了资本以后，为这笔资本定一个战略，然后，再找人就能办起企业。做过企业的人对此的思考不会如此简单，一个成功企业的诞生也不会这样简单。企业的成功是偶然的，成功企业不可能像公式一样推导出来，也不是有了投资、有了好的战略，就必然能够找到合适的人来实现这个战略。“搭班子”在“定战略”之前说明先要有一批志同道合、有着共同理想的人，然后才能基于这批人自身的特点定出最能发挥这批人长处的战略。创业需要透过组织来建立各项事务工作，才能在系统的合作下产生组织绩效。在业务日渐增长、人力需求增加时，可快速依据组织架构补充适当人力。在这一实务操作上，创业因资源与人力不足，经常不能在很短时间内完整部署所有人力，但必须在企业组织架构表上完整呈现，因为有明确组织架构使成员了解上下成员关系，在人才缺失尚未补足之时，共同分担企业内部必要工作事务，让企业继续向前营运。

2. 商业模式设计

一个好的商业模式会让一个创业者更容易成功，甚至可领先众人，如马云阿里巴巴的电子商务、乔布斯苹果手机与 App 的结合，那么，我们如何将最好的商业模式运用在这些产业上呢？

管理大师彼得·德鲁克说：“当今企业之间的竞争，不是产品之间的竞争，而是商业模式之间的竞争。”几乎所有企业家都关注企业的商业模式，因为有了一个好的商业模式，成功就有了一半的保证。对于一名创业的人员来说，商业模式不能盲目跟风，如果我们能够深刻认知商业模式设计的思想和具体方法，有创造性和针对性地设计商业模式，更容易使企业获得市场机会，并通过商业模式的设计把握这些新机会，使企业在商业模式竞争阶段获得先发优势。

(1)成功的商业模式能为企业提供独特资源，为其带来更多利益。

商业模式并非单一的组成因素，它是一个系统的、整体的概念。它描述了公司所能为客户提供的价值以及公司的内部结构、合作伙伴网络和关系资本(Relationship Capital)等用以实现(创造、推销和交付)这一价值并产生可持续收入的要素。另一方面，成功的商业模式能为企业提供新的思想，企业可以据此不断创新。

(2)成功的商业模式是稳定而难以模仿的，是现代企业创造价值的核心竞争力。

有了一个好的商业模式，成功就有了一半的保障。商业模式的价值体现就在于为企业创造价值。由于商业模式是一个整体，包括目标市场(个人、企事业等)、收入模式(广告收入、注册费、服务费)，向客户提供的价值(在价格上竞争、在质量上竞争)，组织架构(自成体系的业务单元、整合的网络能力)等在内的综合体系，因此它具有稳定性。另一方面，企业通过确立自己独特的商业模式，在某一方面出奇制胜，如对客户需求的尽量囊括、高效精准的实施能力等，来提高行业的进入门槛，从而保证自己在行业中的核心竞争力。例如，直销模式(仅凭“直销”一点，还不能称其为一个商业模式)，人人都知道其是如何运作，也都知道戴尔公司是直销的标杆，但其他企业却很难复制戴尔的模式，原因就在于“直销”的背后，是一整套完整的、极难复制的资源和生产流程，也就是其商业模式。

(3)创意优秀的商业模式为创业者带来生机。

每一种新的商业模式的出现，都意味着一种创新、一个新的商业机会的出现，谁能率先把握住这种商业机遇，谁就能在商业竞争中拔得头筹。在如今大量涌现创业高潮的网络化和信息化时代，创意优秀的商业模式更能成为创业者开启成功的金钥匙。

3. 制订创业计划

创业计划首先最重要的就是制订一份合适的商业计划书。由于本书后面会有章节专门研究商业计划书，因此在这浅谈一下，让读者们有个初步概念，更能帮助大家学习。找工作需要准备简历，而商业计划书就是创业团队的简历。目的就是为了融资，而商业计划书就是和投资人的一种沟通方式。所以在融资之前，写计划书之前，对投资人的工作有个充分的了解是非常必要的。所谓知己知彼，才能百战百胜，如果对投资人的职业习惯、行为习惯和知识结构等理解有偏差的话，写出来的计划书，包括后面的路演方式与沟通策略等都会出现重大失误，进而导致融资失败。因此必须注意以下几个重点：

(1)用几句话清楚说明你发现目前市场中存在一个什么空白点，或者存在什么问题。

(2)分析你们团队与商业模式。

(3)再论证一下这个市场有多大，你认为这个市场的未来是怎么样。

(4)找到项目里最吸引投资人的那一个点，并且放在摘要里重点描述。

(5)利用项目阐述，提出可靠数据。

(6)竞争者和策略描述，对自己和投资人诚实很重要。

(7)提出盈利点，并说明打算怎么使用投资人的钱。

4. 寻求融资

一般而言，开创事业需要有资金基础，来支援新企业经营与运作过程中所产生的负债与费用。例如，制造产业，必须租赁厂房与购买机器设备来供产品的生产，并且须支付内部员工薪资、采购进货等，这些具体与潜在的资金需求，会耗费新事业成立时所拥有的资金，因此保留新事业的现金是很重要的。善于利用融资来取代以企业内部现金支付的模式，对于创业者在经营新事业的过程中具有正面的效果。

(1)评估新事业的融资需求必须有效地进行，这可利用损益两平点分析、产品市场风险估测、预估营业成长率等方法，分别说明如下：

①损益两平点分析。

损益两平的概念原本是使用于财务管理的会计方法，强调的是企业净利的观念。所谓现金流量损益两平点代表着新事业在运营时，产生的现金流入足以支应运营资金的水位，并搭配预估销售数字的参考依据而找出最适的现金流量损益两平点，作为协助创业者在创业初期判断融资决策的参考指标。

②产品市场风险估测。

创业者的新事业能否获得成功的关键因素之一，在于创业者对产品市场的认知程度，因此事前针对产品市场作出评估与风险规划显得非常重要，若无法充分地掌握市场的潜在风险，则可能对新事业的成长构成具体威胁。故在创业初期，创业者针对融资需求的评估，要视其潜在成长空间与资金筹措的额度来预设想法，尤其在创新产业技术的领域中，产品市场的竞争程度尚未明朗，对于融资决策应具备前瞻性与灵活性。

③预估营业成长率。

在创业过程中，融资决策与营业获利成长深具相关性，而创业家对于融资选择方案的抉择也会影响新事业。换言之，新产品打入市场后，其成长的速度快慢，将会影响创业者长期经营事业的目标，连带影响到融资评估的决策依据。一般而言，新创企业欲打入产品竞争市场并提高市场占有率，试图积极追求高营业成长率，会放宽融资的选择方向，可能造成创业者经营权移转或丧失，从而失去创业者的价值。

(2)新创企业在事业发展过程中，各个阶段对于融资需求的比重与形态可能会产生差异，以应对事业中各个时期所遭遇的不同挑战。通常，新创企业由草创时期至成熟发展时期所需的融资需求，可划分为五个阶段，分别为：

①种子资金：此时对于新事业的融资需求与来源，可包含私人资金、好友与亲人提供的资金及创业投资机构所投注的资金。

②新创事业资金：此阶段获得融资需求的来源，可包含商业银行贷款、申请政府创业贷款的补助方案，或是向供货商采购原料的过程采取信用交易的方式进行。

③第一阶段融资：此时新事业迈向成长阶段，营业获利数字令人惊艳，因此吸引许多竞争对手提出策略结盟或合并的方案，由于攀高的营业成长使得融资需求与选择变得更加宽松，因而积极地寻求各种融资管道，例如商业本票与发行债券。

④第二阶段融资：此时新事业已逐渐趋于成熟期，创业投资机构可获得资本与股权投资的报酬收益；另外，新事业的组织规模以具有公开发行股权的资格(Pre-IPO)。

⑤最后阶段融资：公开发行股权，集中交易市场提供投资人从事股票买卖，已成为企业融资需求的主要来源。

(三)第三阶段：创办新企业

第三阶段创办新企业，必须了解创业优惠政策、安排商圈调查与评估、进行企业选址与完成工商登记注册。

1. 大学生创业优惠政策

大学生创业也要掌握大学生创业优惠政策，人力资源和社会保障部是统筹机关、国企事业单位人员管理，统筹城乡就业和社会保障政策的中国国家机构。人力资源和社会保障部近年来出台了一系列税收优惠政策、小额担保贷款与贴息政策、税费减免政策、培训补贴政策与落户政策来促进大学生创业，全方位地支持创业者。各级地方政府依据当地的情况，对创业者提供个性化并且力度更大的支持服务，效果最为明显。

例如，将网络创业高校毕业生列为小额担保贷款、贴息和社保补贴政策扶持对象。针对创业，各大高校都有相应的支持与服务、全方位的创业孵化基地，甚至独立的创业学院。例如，清华创业园大学生创业孵化基地、华南理工大学广州学院创新创业园区、宁波大红鹰学院国泰安创业学院等，为创业学子提供了从技术、培训到资金的全方位支持。

2. 商圈调查与评估

线下实体店选对商圈为经营获利的重要基础，选择适当的地点开店是创业者需要做足功课的课题。

(1)商圈的定义。

商圈(Trading Area)是一家商店的消费者所分布的地理区域，也就是可能到商店消费的顾客分布与来源范围。范围就是以商场为中心，向四周辐射至可能来店购买的消费者所居住的地点。

商圈的类型：分为主要商圈、次要商圈、边缘商圈，主要商圈是离商店最近，顾客密度最高的地方，占商店顾客的50%～80%。次要商圈是指位于核心商圈外围的商圈，辐射半径范围一般在3～5千米，次要商圈内15%～25%的消费将在本商业区内实现，本商圈内顾客较为分散。边缘商圈是指处于商圈的最外缘，辐射商圈内会有5%～10%的消费在本商业区内实现，商圈内拥有的顾客最少，而且最为分散。

(2)商圈的调查。

通过完整的商圈调查，可以预估商店坐落地点可能的交易范围，包含当地人口数量、流动人口数、地区形态为住宅区或商业区消费水平等，就商店位置的便利性，潜在消费者的接近性，车流动线，白天及夜晚，平日及假日之差异性等，综合评估是否为适合开店之地点。

(3)商圈评估的思考。

选择开店创业一定要在大都市热门商圈中吗？一定要在人口聚集、人潮多的地方吗？如果在乡下开店有机会发掘商机吗？有的，以台湾为例，开在每一处都有机会成为名店，要看商品能否结合地方特色。如基隆的百年老店李鹄饼店、金山的金山鸭肉店、九份芋圆等。当然可考虑选择在主要商圈的边缘地带，如在主商圈外的次街道巷弄间的商店，租金相对便宜，并有机会可以租到更大的房子，这样的不同思维可提供给开店寻店面的人作为参考。

3. 新创企业选址

在此分享一个有趣的企业选址案例。1999年，丁磊带着网易从广州北上北京，而马云却带着阿里巴巴从北京回到了杭州。这两件事颇耐人寻味。网易是门户网站，需要的是知名度、市场与充足的资金，广州虽然各方面条件也不错，但显然不能与中国互联网风潮的起源地北京相比。而阿里巴巴做的是电子商务，主要是为中小企业服务，当时的浙江有着中国最庞大中小企业集群，是阿里巴巴最适宜生长的土壤。远离北京、深圳这些IT中心，也大大降低了阿里巴巴的人力成本。后来发展证明，这两家企业的选址都是非常正确的。

4. 工商登记注册

新创企业进行工商登记注册，大致分为九个步骤：

(1)企业名称核准：集思广益，选取合适企业名称。

(2)办公场所租赁：办公场所的选择应考虑行业特性、租金、交通便利性等因素。

(3)撰写公司章程。

(4)企业设立登记：确定公司类型、名字、注册资本、股东及出资比例后，可以去工商局现场或在线核名。

(5)领取营业执照：携带准予设立登记通知书、办理人身份证原件到工商局领取营业执照正、副本。

(6)刻章备案：凭营业执照，到公安局指定刻章点办理公司章、财务章、合同章、法人代表章、发票章。

(7)银行开户入资。

(8)领用发票。

(9)办理社会保险。

(四)第四阶段：新企业生存和成长

创业是透过详细的规划执行，从最基本商业运营概念开始，将产品、销售及收入构成一个商业雏形。创业团队努力在市场、技业、产品开发及生产做得好，将为企业带来更多客户及订单，赢得客户满意与信赖。如此良性循环，能为企业带来持续成长，达成创业成功第一步。新产品营销活动是相当辛苦的，因为企业知名度低及资金有限，实在很难在营销上有所作为，但是又要做营销，所以必须发挥创意来达成营销，以创意营销活动来促进销售数量。最终目的是期望用最少资源投入，达成产品销量的增加。创业家为使创业运作更顺畅，就必须要有一套管理机制，如创业团队经营管理会议、产品开发会议、业务周会等会议，都是帮助创业团队整体管理能力提升。新企业的首要任务是从无到有，把产品或服务卖出去，收获第一桶金，在市场上找到立足点，使自己生存下来。

对新企业来说，要找准生存点，首先就要掌握企业成长的生命周期。管理界普遍认为，组织像任何有机体一样存在生命周期，组织理论学者以生命周期来解释企业活动的特性及其动态演进情形，称为组织生命周期或组织发展周期。哈佛学者拉里格雷纳(Larry E. Greiner)于1972年借由对美国大企业的研究，提出了组织成长与发展的六阶段模型。他认为组织每一阶段的成长动力来于为解决前一阶段产生的问题：第一阶段是经由创造力而成长、第二阶段是经由领导而成长、第三阶段是经由授权而成长、第四阶段是经由协调而成长、第五阶段是经由合作而成长、第六阶段是外部组织解决方案阶段，六阶段模型分述如下：

1. 创造力(Creativity)成长阶段

在组织诞生初期，其阶段特点是创业家精神培育、信息搜集、艰苦创业以及低回报。这时组织的幼年期，规模小、团结、关系简单，一切由创业者决策指挥。此外，多数创业者属于业务型，而不擅管理，于是在此阶段后期，因企业使命及策略目标均不明确，以致组织成员无所适从，这将对领导者形成一大挑战，形成领导力(Leadership)危机而引发第一次组织变革，代表着第一阶段的结束。

2. 领导(Direction)成长阶段

企业进入持续成长期，随着组织结构功能化、会计制度建立，以及资产管理、激励机制、预算制度、标准化管理的出现，组织变得更加多样化和复杂化。这是组织的青年时期，企业在市场上取得成功、人员迅速增加、规模亦不断扩大，员工充满斗志并对组织有较强的归属感。在此阶段创业家必须确立发展目标，以强势作风与集权和管理方式来指挥各级管理者，这就是领导成长阶段。然而，在此时期，员工已累积了一定的工作经验与技能，对自主性(Autonomy)的需求提高，对于事事听命于上级容易感到不满，引发自主权危机，至此第二阶段的结束。

3. 授权(Delegation)成长阶段

分权型组织结构引发组织又进入了一个成长期，特征包括：组织结构确立、各自独立的利润中心、财务激励制度与分层负责的决策机制。这是组织的中年时期，企业已有相当规模，增加了许多生产经营单位，甚至形成了跨地区经营和多元化发展，经由授权达到成长目标。然而，随着组织成长，中阶主管人数渐增，采取分权与自主管理，形成各自的势力范围，阻碍了组织的运作效率，使组织陷入了控制危机，当管理层试图重新控制整个公司时，新的巨变又开始了，于是第三阶段结束。

4. 协调(Coordination)成长阶段

此阶段的特点是，各种正式的管理系统被逐一建立起来，如产品组群、规划评估、支持系统、员工轮调，以及企业资本支出、投资回报责任等，以此来协调和监督组织管理。这个时期是企业的成熟阶段，促使高层主管加强监督，强化各部门间的协调、配合，加强整体规划，强化信息整合系统，企业成长乃是经由监督、协调产生。但另一方面，许多规章制度、工作流程，逐渐形成了官样文章，组织产生僵化的现象，对于外在环境的需求无法快速反应，又使组织陷入了另一种繁文缛节(Red Tape)危机，新的巨变开始了，第四阶段结束。

5. 合作(Collaboration)成长阶段

组织进入新的成长阶段，这一阶段强调透过团队合作来解决各项问题，克服官僚危机，其特点是跨功能的任务团队、去中心化的支持团队、矩阵式组织结构、简化的控制机制、团队行为教育训练、高级信息系统、团队激励等。这个阶段也叫成熟后的阶段，组织的发展前景可能透过组织变革与创新重新获得再发展，也可能趋向成熟稳定，但由于不适应环境的变化而走向衰退。为了避免过分依赖正式规章制度和刻板流程所形成的组织僵化，必须培养管理者和各部门之间的合作精神，借由团队合作与自我控制达到协调配合的目的，进一步增加组织的弹性。而管理者应避免身心俱疲的危机，开拓新的成长动力。而这一阶段最终结束于组织的又一次内部成长危机。

6. 外部组织解决方案(Extra-organization Solutions)阶段

在此阶段，组织通过并购、持股及组织策略网络建立等外部手段，实现组织成长。通过并购，企业规模得到扩大，形成有效的规模效应，进而带来资源的充分利用与整合，降低原料、生产、管理的成本。当然也通过并购获得了先进的生产技术、管理经验、经营网络与专业人才等资源，借此提高市场份额，提升企业竞争力。

案例练习

【案例阅读】

一家“独角兽”——滴滴打车的成功[①]

2014 年，李克强总理在夏季达沃斯论坛上首次发出“大众创业、万众创新”的号召，要在 960 万平方千米土地上掀起“大众创业”“草根创业”的浪潮，形成“万众创新”“人人创新”的新势态。此后，无数个“创业园”如雨后春笋般出现，“创业”也成了占领各大媒体商业版面头条的字眼，无数年轻的和不再年轻的“创客”也都热血沸腾地加入到创业大军中。一时间，“创业”这只“旧时王谢堂前燕”，似乎真正飞入了“寻常百姓家”。

在 2014 年，滴滴打车开始真正进入大众消费者的视野并被普遍接纳。但是这家互联网“独角兽”公司，却已经在 2012 年就开始研究市场、挖掘商机。

2012 年，从支付宝离职的程维在北京创立了小桔科技，公司的创业项目是做智能出行的打车应用滴滴打车。当时他也在犹豫，机会很多，但是不知道该做什么。在结合自己经历和精准的市场判断后，程维决定趁市场还不成熟，入主互联网打车领域。

程维在分享滴滴创立过程时，提到一句话：努力到无能为力，上天就会给你开一扇窗。一开始创业的程维也如同所有创业者一样，经历着创业的阵痛和焦灼。从寻找技术合伙人，到线下业务的开展，再到与对手在市场上的正面碰撞。滴滴无数次陷入绝境，又想尽一切办法去赢。分析滴滴的发展历程，我们看到滴滴的商业模式极其贴合当今互联网行业的发展趋势。

---

① 滴滴打车 APP 开发初期怎么推广做大的 . http：//www. easymi. com/1540. html，2018-09-01.

一、占领市场、培养用户

滴滴的用户，无非是两头——司机和乘客。以前智能手机还不普及，在与滴滴合作的第一批100名司机里，只有20个人有智能手机。但正是在市场基础不成熟的情况下，创业才可能成功。现在，智能手机已经普及了，司机和乘客的用户习惯也培养好了，市场已经成熟了，但这时候，再做打车软件，基本上没有机会了。

2012年9月9日，“滴滴打车”上线时已经安装了500个司机端，但是上线亮灯的只有16个。第二天，灭了8盏。司机在使用过程中认为“滴滴打车”是骗子，和运营商合伙骗他的流量，程维决定给司机流量补助，一周5元。2012年11月，第一次超过100辆出租车同时在线。公司的A轮融资终于成了——来自金沙江创投的300万美元。

2014年2月，“滴滴打车”完成了三轮融资，总共融资1.18亿美元。这个时候，完成了原始资本积累的滴滴进入了强势扩张阶段。为了争取消费者，滴滴采用了“两头补贴”的营销策略。通过发红包、下单立减(乘客)立补(司机)等补贴措施，滴滴的市场份额迅速超过60%，成为了排名第一的打车软件。3月，用户数就超过1亿，司机数超过100万，日均单达到521.83万单，成为移动互联网最大日均订单交易平台。

目前，滴滴拥有B端千万级司机和C端亿级白领，用户精准且消费能力强，是现有模式和将来模式的基石。

二、技术升级

程维是做销售出身的，只有线下销售的经验，对产品开发和运营一窍不通。看准打车市场的程维力争占领先机。一开始，他决定外包软件设计，但是结果不甚理想。技术外包不可行，于是开始找技术合伙人。历经波折，程维终于找到了百度原研发经理张博，他带着技术团队重构了“滴滴打车”软件的后台。这个时候，正值滴滴采取补贴策略大规模扩张的时期，张博的到来是一场及时雨，顶住了流量和业务骤增给服务器和后台带来的巨大压力，保障了线上服务的运行。

三、业务扩张

在出租车市场取得决定性优势后，滴滴先后又推动了快车、专车、顺风车、租车、代驾、公交等一系列产品，丰富了消费者的出行选择。其中专车服务给愿意买单的消费者提供了更优质的消费体验，顺风车直接给客运大巴的营运带来了挑战。滴滴大力建设的人工智能引擎统一调度系统，大大提高了运行效率，交通互联网效应已经形成。之后，滴滴又进入了共享汽车、无人驾驶等领域，继续领跑网约车市场。滴滴还在新能源、电商和位置资源上频繁出手，都是在出行市场的基础上的延展。

四、合并竞争对手

2014年年初滴滴和快的的“烧钱”大战，两家公司烧了数十亿元人民币。两者市场份额接近，却依旧在补贴大战中胶着。双方投资商都希望能尽快结束这场“烧钱”大战，通过合并节省开支。2015年2月14日，滴滴与快的终于握手言和。

在早期扩张的时期，滴滴因快速推出快车、顺风车等服务，让外国来的“和尚”——Uber措手不及。虽然最初Uber打着“国外阳春白雪”的牌子踏入中国，再加上有钱补贴到位，确实吸引了大量的司机加盟和乘客使用，抢占了不少的市场份额。但是滴滴和快的的合并，让市场上只剩下滴滴和Uber两个大公司。当一个行业市场上只剩两家大公司的时候，一定是合作优于竞争。2016年8月1日，滴滴出行正式对外宣布：与Uber全球达成战略协议，滴滴出行将收购Uber中国的品牌、业务、数据等全部资产在中国大陆运营。交易达成后，滴滴出行和Uber全球将相互持股，成为对方的股东。

五、不断融资

日前有报道称，全球36%的“独角兽”企业都在中国。而滴滴出行也以500亿美元的估值跻身全球顶级独角兽行列。然而，一般的“独角兽”企业最初都是钱烧出来的，通过不断的融资融资再融资，才能顶住“价格战”的压力，才能培养和稳定消费群体，才能实现最后的扭亏为盈。前后16轮、累计超过200亿美元的融资，使滴滴成为世界范围内融资轮数最多的未上市科技公司。那么滴滴为什么能融到那么多资本？我们知道，现在的互联网竞争，实际上是用户数据和流量的竞争。作为一家定位为打车软件的公司，滴滴的业务看似单一，用户消费是一个个独立的行为，没有互动和关联性，无法形成网络效应，但是滴滴成立后的前几年时间，重点工作就是把城市出行的相关场景不停地往自己的主产品里塞，形成不同的产品线。通俗来说，就是把多个功能聚合起来，增加用户的使用频次。这其中，有最基础的出租车业务，也有中低端的快车专车和高端的豪华车业务，更带有社交性质、滴滴产品中唯一可连接跨城市交通参与者群体的顺风车业务。至于其他的小巴服务，以及出行相关的共享单车、代驾，也算是对主业的一种延伸。于是在这十几条产品线的基础上，滴滴可以同时对投资人讲的理念就非常丰富。并且，还可以强调业务之间的协同作用，抬升估值。否则，仅以网约车业务，很难解释为什么“滴滴的估值远远超过国内所有出租车概念的公司市值之和”。

3月21日，美团推出“美团打车”服务，在上海对滴滴掀起了一场新的网约车价格战，美团打车正式登陆上海，首日订单为15万元。一场美团滴滴之间的“烧钱”大战看来在所难免。然而对于消费者来说，这未必是一件坏事。毕竟当滴滴占领了90%的市场份额后，打车价格不断攀升，用户体验却越来越差。也许两家的竞争，在撼动滴滴一家独大的现状同时，也使滴滴反思既有的商业模式，将更多的精力投入到提升产品质量和服务体验上。

【案例讨论】

1. 滴滴打车成功进入大众消费者的视野并被普遍接纳，最后成为估值约500亿美元的大公司，您认为它创业成功的关键因素有哪些？

2. 滴滴打车创业的成功经历了哪些阶段？

3. 如果您未来要创业，需要提前做好哪些准备工作呢？

第四节　认知创业计算机综合实践

【学习目标】

1. 通过体验式实训，深刻理解创业的本质，每位学习者给出自己对创业的理解与定义；

2. 直观感受创业过程中的资源、机会、价值等核心要素之间的关系；

3. 深刻形象地理解在创业资源不足的情况下，如何不拘泥于现有资源，通过对现有资源的合理利用与管理，完成价值创造的过程；

4. 感受创业过程中各种机会的把握与利用的过程；

5. 感受创业过程中价值创造的本质与内涵；

6. 理解无形资源(信息、人际关系等)对创业的影响；

7. 适应创业过程中时刻存在的高度不确定性。

实验介绍

项目名称：认知创业计算机综合实践

创业的本质是什么？创业的定义又是什么？创业于我们每个人的距离到底有多远？我们又如何积极关注甚至参与到这样一个让人激情澎湃的领域中去？

认知创业应用是一个基于计算机网络的交互式创业3D模拟游戏，每名学生在刚开始将随机获取到不同类型但相同价值的创业资源，每位学生在接下去的创业模拟中，可以选择将自己手中的资源售卖或出借给其他人，也可以选择从其他人手中购买或借取资源，购买或借贷的类型、价格及数量完全取决于学生们协商的结果。

本实训将在授课老师的统一引导下进行若干期连续模拟，每位同学在每一期都有机会进行资源交易、机会识别与确认、价值创造。通过高度参与的体验式游戏过程，该实训可提升同学们对创业过程主要特征及本质的理解，积极参与实训及听取授课老师的知识讲解是最重要的。

通过本实训的学习，相信大部分同学都会对创业有一个更加深刻的认知与理解，同时大部分同学也会给出一个自己内心认可的对创业活动本身的定义。

在同学们进行不断实验过程中，系统都将自动记录大量学生的实验数据，并形成多维度的分析图表报表，可以协助老师更好地开展以“课堂活案例”为数据来源的“基于实验数据量化分析”的教学知识解析点评。基于数据分析之外，老师也可以提出更多的围绕创业的发散性主题让学生参与，老师也可以分享一些自己对创业的深入理解与思考。

认知创业计算机综合实践学生界面

课时安排

2 到 4 课时

内容	课时
教师实训前规则讲解	10～20 分钟
学生参与 3～5 轮实训及操作	45～90 分钟
教师结果评价及教学解析	20～45 分钟

使用形式

1. 这是一个计算机网络实训游戏，建议在学校标准计算机实验室内开展教学；

2. 本实验需要在专业教师的统一组织协调下开展，个人学习者无法独立完成该实验；

3. 教师可扫码后点击右方“申请试用”即可获得免费教学账号。

第二章　打造卓越创业团队

第一节　团队组建

【学习目标】

1. 了解创业团队的关键因素及优劣势分析；
2. 熟悉组建创业团队的程序；
3. 掌握组建创业团队的策略。

实践体验

迷失丛林

活动形式：先以个人形式，之后再以小组形式完成

活动类型：团队建设

活动时间：1 课时

活动道具：迷失丛林工作表及专家意见表

活动目的：通过具体活动来说明，团队智慧往往高于个人智慧，只要正确运用团队工作的方法，就可以达到更好的效果。

游戏步骤：

1. 老师把迷失丛林工作表发给每一位学生，告知其一段故事：你是一名飞行员，但你和同伴驾驶的飞机在飞越非洲丛林上空时突然出了故障，这时你必须跳伞逃生。

与你们一起降落在非洲丛林中有14样物品，这时你们必须为生存做出一些决定。

2. 每个人各自把14样物品按重要顺序依次排列出来，把答案写在第一栏。

3. 当大家都完成之后，老师把全班同学分为五人一组，让他们开始进行讨论，并以小组形式把14样物品重新按重要顺序排列一遍，把答案写在工作表的第二栏。

4. 当小组完成之后，老师把专家意见表发给每个小组，小组成员将把专家意见转入第三栏。

5. 用第三栏减第一栏，取绝对值得出第四栏，用第三栏减第二栏得出第五栏，把第四栏累加起来得出一个个人得分，第五栏累计起来得出小组得分。

6. 老师把每个小组的分数情况记录在白板上，用于分析：小组个人得分、团队得分、平均分。

表 2-1-1 迷失丛林游戏统计

物品清单		个人排序	小组排序	专家排序	个人与专家比较（绝对值）	小组与专家比较（绝对值）
A	药箱					
B	手提收音机					
C	打火机					
D	3支高尔夫球杆					
E	7个大的绿色垃圾袋					
F	指南针					
G	蜡烛					
H	手枪					
I	一瓶驱虫剂					
J	大砍刀					
K	蛇咬药					
L	食物					
M	一张防水毛毯					
N	一个热水瓶（空的）					
绝对值总计						

游戏思考：

1. 对于小组专家的绝对值与个人绝对值分别有什么看法？

2. 通过游戏后，如何处理小组的分歧，小组如何确定最后的决策？

理论解读

创业团队是高潜力创业企业的关键要素。投资者很容易被史蒂夫·乔布斯(Steve Jobs)等这样有创造力的公司创业带头人所吸引,而且这些投资者也愿为拥有优秀业绩记录、万众一心的管理团队下赌注。美国著名风险投资管理专家约翰·多尔(John Doerr)认为评估一家公司最重要的标准就是公司团队的素质,他曾说过:“在当今世界,有的是技术、创业者、资金和风险资本,真正缺少的是优秀的团队。与拥有一流创意的二流创业团队的企业相比,我更喜欢拥有二流创意的一流创业团队。”在绝大多数案例中,一个企业的团队如果没有两个以上关键的贡献者组成,那这个团队是很难成长的。

团队组建(一)

任务1:创业团队的关键因素及优劣势分析

我们从狭义和广义两个层面理解创业团队。狭义的创业团队是指有着共同目的、共享创业收益、共担创业风险的一群经营新成立营利性组织的人,他们提供一种新的产品或服务,为社会提供新增价值。广义的创业团队不仅包括狭义的创业团队,而且包括与创业过程有关的各利益相关者(如风险投资商、供应商、专家咨询团体等),他们在新创企业成长过程的某几个阶段中起着至关重要的作用。

(一)创业团队的关键因素

有学者认为,创业团队的关键因素有五个,这些要素的英文首字母均为P,因此被称为创业团队的“5P”模型(见图2-1-1)。

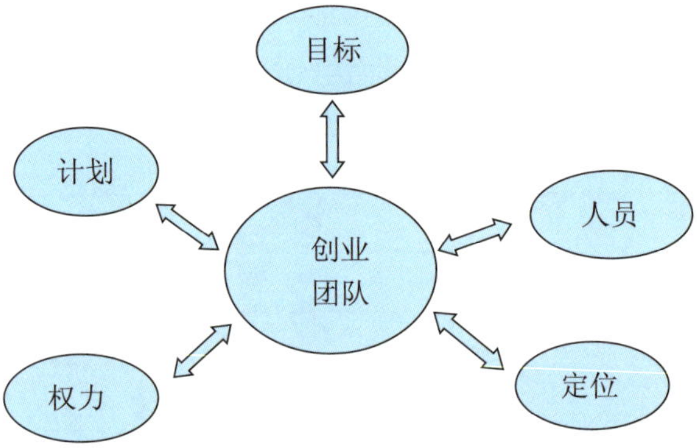

图2-1-1 创业团队的“5P”模型

1. 目标(Purpose)

创业团队要有共同目标为团队指明方向,没有目标的团队就没有存在的价值。

目标在创业企业的管理中以创业企业的远景、战略的形式体现,缺乏共同的目标使团队没有凝聚力和持续发展力。

2. 人员(People)

人是创业团队最基础的构成元素，在新创企业中，人力资源是所有创业资源中最活跃、最重要的资源。创业的共同目标是通过人员来实现的，不同的人通过分工来共同完成创业团队的目标，所以人员的选择是创业团队建设中非常重要的一个部分，创业者应该充分考虑团队成员的能力、性格等方面的因素。

3. 定位(Place)

定位指的是创业团队中的具体成员在创业活动中扮演什么角色，也就是创业团队的角色分工问题。定位是每一个成员对自身的优势与劣势均有清晰的认识，整个创业团队能够各司其职，形成一种良好的合力。

4. 权力(Power)

为了实现创业团队成员的良好合作，赋予每个成员一定的权力是必要的。一方面是对于控制力的追求往往是他们参与创业的一个重要动因；另一方面是因为创业活动的动态复杂性，必须依赖每一位团队成员承担较多的权利来实现目标。

5. 计划(Plan)

计划是创业团队未来的发展规划，在计划的帮助之下，制订创业团队短期目标和长期目标，提出目标的有效实施方案，以及实施过程的控制和调整措施。这里所讨论的计划可能尚未达到商业计划书那种复杂程度，但是从团队组建和发展过程来看，计划的指导作用自始至终都是存在的。

一个高效的创业团队能够聚同化异，各个成员按照“适才适所”的原则定好位，有效授权，做到“人尽其才、才尽其用”，这样才能实现创业企业的共同目标。

(二)创业团队的优势

1. 资源优势

创业团队中每个成员具有不同的知识结构、成长背景、经验积累、经济社会资源等，这些资源集合在一起要比单个创业者丰富得多，可以更有效地解决企业未来面临的诸多问题，增加企业成功的可能性。

团队组建(二)

2. 决策优势

创业团队成员之间合理分工、各负其责，能更有效地把握具体问题，加快决策的速度和效率，发挥好团队的力量，增加决策的科学性。通过任务分担可以为管理者腾出更多时间来思考企业战略等问题，为企业重大决策提供时间保证，也可以避免因一个高管人员的变动而给企业带来致命性的影响，保证创业团队决策的连续性。

3. 创新优势

美国经济学家约瑟夫·熊彼特在其著作《经济发展理论》中提出的创新理论包括开发新产品，或者改良原有产品；采用新的生产方法；发现新的市场；发现新的原料或半成品；创建新的产业组织等五种具体情况。不管是哪一种创新，团队均可把多种资源优势、技能和知识糅合在一起，从而增加成功的可能性。团队内每一位成员具有不同的思维方式、信息获取渠道和机会评价标准，这也使创业团队比个人更有可能发现创新点，为企业赢得更多的商机。

4. 绩效优势

工作绩效主要依赖于成员的个体贡献，而团体绩效则基于每一个团体成员所贡献的乘数效应。许多研究和实践都证明了团队工作方式能够有效提高企业绩效。

因此，组建一个创业团队一方面能够降低个人的创业风险，另一方面也能够通过优势互补、有效管理形成团队合力，在市场竞争中取胜。

（三）创业团队的劣势

与个人创业相比，团队创业也有其劣势。主要表现在：集体决策时由于共同商讨、统一意见等可能导致增加时间成本，拖延决策速度；如果当创业团队成员之间不能很好地协调彼此的关系从而达成有效共识时，就有可能导致分裂和团队的解散，这将给创业带来意想不到的危机。因为在中国现有市场条件下，决策速度所带来的效益往往比缓慢的民主决策所带来的效益要大，因为机会是制高点，机会成本高于一切，丧失了机会，企业就失去了生存权。

任务 2：组建创业团队的程序及策略

（一）组建创业团队的程序

创业团队的组建是一个相当复杂的过程，不同类型的创业项目所需的团队不一样，创建步骤也不完全相同。概括来讲，大致的组建程序如下：

团队组建(三)

1. 明确创业目标

总目标确定之后，为了推动团队最终实现创业目标，再将总目标加以分解，设定若干可行的、阶段性的子目标。

2. 制订创业计划

一份完整的创业计划包括创业核心团队的计划和人力资源计划，通过创业计划可以进一步明确创业团队的具体需求，如人员的构成、素质和能力要求、数量要求等。创业团队的组建需要契合创业计划的要求，以匹配创业项目的运作。

3. 招募合适的人员

招募合适的人员是创业团队组建中最关键的一步。创业者一是要考虑人员间的互补性，一般而言创业团队至少需要管理、技术和营销三个方面的人才，只有这三个方面的人才形成良好的沟通协作关系后，创业团队才可能实现稳定高效；二是要考虑团队的适度规模，适度的团队规模是保证团队高效运转的重要条件，团队成员太少无法实现团队的功能和优势，而过多则可能会产生交流的障碍，团队很可能因此会分裂成许多较小的团队，大大削弱团队的凝聚力。

4. 团队的职权划分

创业团队的职权划分就是根据执行创业计划的需要，具体确定每个团队成员所要担负的职责以及所享有的相应权限。

5. 构建制度体系

创业团队的制度体系体现了创业团队对成员的控制和激励能力，主要包括团队的各种约束制度和激励制度。

6. 团队的调整融合

随着团队的运作，团队组建时在人员匹配、制度设计、职权划分等方面的不合理之处会逐渐暴露出来，这时就需要对团队进行调整融合，这是一个动态持续的过程。

（二）组建创业团队的策略

创业团队组建之初，可能彼此都有高度的承诺与无悔的付出，但随着时间流逝和事业的成长，团队成员之间的各种矛盾、认知差距、利益冲突等问题就会浮出台面。因此，组建创业团队时要遵循以下策略：

团队组建(四)

1. 树立团队中唯一权威领导人

企业需要权威的主管，同样，创业团队要成功也必须有强势的领导人。但大家一同创业，谁应该是主导者？谁来做最后决定？当发生严重利益冲突或彼此意见不一致的时候由谁来仲裁决定？在创业企业中，团队的创始人是至关重要的，他必须有创业者的胸怀和品质，有素养和能力来组建团队和发挥团队的作用，并在企业的发展过程中，随时做好团队成员间的协调工作，使团队的整体水平不断提高，以适应企业发展的需要。

2. 促进团队成员间的相互信任

互信是形成团队的基础，但互信往往要经过长期合作才能形成。事实上，自私自利是大部分人的本性，能义无反顾地将团队利益置于个人利益之前者恐怕还是少数。因此，盲目信任团队某位成员是非常不明智的决定。自相矛盾的是，不能互相信任难以形成团队，盲目互信却又要冒很大的风险。可见，建立团队成员间互信时，既要培养和发展团队中人与人之间的信任，又要建立正常的监督机制。

3. 妥善处理不同意见和矛盾

创业团队成员经常会过于执著于创业构想，极力维护自己的主张，但又同时逃避自己的缺点。这种固执己见、争权夺利、逃避等弱点，会更难寻找解决方案。有的创业团队成员会非常在意自己的地位与利益，将自己凌驾于团队之上，感性凌驾于理性之上，尤其是初期就参加创业的成员很难接纳比自己更为优秀的新成员加入团队。因此必须有善于倾听意见，并善于概括总结出正确意见的领导者来克服这些矛盾。创业者在组织团队和领导团队时，应体现出高超的领导能力和协调能力。

4. 合理分配股权

创业团队成员股权分配也是一个敏感、困难、重要的问题。平均主义会带来许多负面后果：成员间因为能力与动机的差异，贡献程度必然不一，如果采取平均主义来平分股权，显然会造成“大锅饭”心理，影响一些成员真心投入的程度，从而难以发挥团队整体力量。另一种问题是把股权高度集中在几个人手里，难以发挥成员的积极性。所以股权分配本身就是在创建团队时必须首先解决的问题。在企业发展过程中，还需要及时调整股权，使新进入企业的主要技术骨干和高级管理人员也能合理得到股权。

5. 妥善处理团队成员间利益

除了能否把股权分给对企业发展有贡献的新伙伴外，能否及时转让股权以使企业加快发展，也是个重要的问题。事实上，创业的目的不应该是为掌控新企业，因此自己所拥有股权的比重高低并非关键，关键的是要懂得利用股权交易来增加企业的价值。拥有一个平庸企业的100%股权，还不如拥有一家成功企业的20%股权，因为后者的价值往往是前者的数十倍。

案例练习

【案例阅读】

联想集团柳传志的“建班子”思想[①]

联想集团有限公司是一家电脑制造企业，1984年中国科学院计算技术研究所投资20万元人民币，由11名科技人员创办，总部位于中国香港。公司主要产品有台式电脑、笔记本电脑、打印机等。1984年，柳传志带领的10名中国计算机科技人员认识到PC必将改变人们的工作和生活。怀揣着20万元人民币(2.5万美元)的启动资金以及将研发成果转化为成功产品的坚定决心，这11名科研人员在北京一处租来的传达室中开始创业，把年轻的公司命名为“联想”(legend，英文含义为传奇)。在公司发展过程中，联想勇于创新，实现了许多重大技术突破，其中包括了研制成功可将英文操作系统翻译成中文的联想汉卡，开发出可一键上网的个人电脑，并于2003年，推出完全创新的关联应用技术，从而确立了联想在3C时代的重要地位。凭借这些技术领先的个人电脑产品，联想登上了中国IT业的顶峰。自1997年起，联想连续八年占据中国市场销售份额第一的位置，并一直蝉联中国国内市场销量第一的位置，占中国个人电脑市场超过三成份额。2003年4月，联想集团在北京正式对外宣布启用集团新标识“Lenovo”，用“Lenovo”代替原有的英文标识“Legend”，并在全球范围内注册。2014年1月23日下午，联想集团宣布以23亿美元收购IBM低端服务器业务。双方签订的协议显示，此次收购价格包含20.7亿美元现金和向IBM定向发行的1.82亿股联想集团股票。截至

---

① 席圣文：《柳传志说：我为什么这样带队伍》，北京，中国商业出版社，2017。

2019年11月1日，联想成立35周年，年收入超3500亿元人民币。

联想的整个发展历程中离不开柳传志。2011年3月25日，在联想集团年度誓师大会上，时任集团董事局主席柳传志发表演讲称，联想集团之所以能快速扭亏，而且业务发展趋于均衡(包括产品均衡、业务模式均衡、地域均衡)，最根本的原因是“建立了一个好的班子，有了一套正确制定战略的方法，有了一支坚强的能征善战的队伍”。这就是联想内部常说的管理三要素——建班子、定战略、带队伍。其中，“建班子”是联想集团扭亏最重要的一步棋，也可以看作是柳传志第一次“复出”之后对联想动的“第一刀”。的确，柳传志“复出”本身就伴随着最高管理团队成员的调整：柳传志重新担任董事长，杨元庆卸任董事长、重新担任CEO，原任CEO威廉·阿梅里奥“下课”，罗里·里德被任命为新设立的总裁兼COO；同时，在柳传志“复出”之后不久，在杨元庆作为CEO的直接操盘下，对组织机构、业务布局、产品集团以及领导班子成员进行了一系列调整。这些措施与战略调整、文化建设等“组合拳”的协调使用，对快速扭亏局势发挥了明显作用。

一、“建班子”是“管理三要素”之首

在柳传志提出的“管理三要素”中，“建班子”是被摆在第一位的，这也是联想管理思想体系中最重要、最核心的部分。正如柳传志所说：“和定战略、带队伍相比，三要素中应排在首位的是建班子。没有一个意志统一、有战斗力的班子，什么定战略、带队伍，都做不出来，只有建好了班子，才能制订好的战略；只有带好了队伍，才能把战略执行下去。”事实上，谁也不会否认管理者在企业经营中的重要性，正如管理学家彼得·德鲁克在《管理的实践》开篇第一句话所说：“在每个企业中，管理者都是赋予企业生命、注入活力的要素”。而作为企业一把手，组建并领导一个强有力的领导团队，是高层管理者的首要职责。管理学家吉姆·柯林斯在《从优秀到卓越》一书中指出，卓越企业的领导者要成为“第五级经理人”，并秉承“先人后事”的原则。

“管理三要素”是柳传志基于自己的创业经验总结、提炼出来的，不追求理论或逻辑上的严谨，完全是出于实用的考虑，但是从某种角度看，柳传志的确把握住了企业一把手的重要职责所在。例如：创业伊始，柳传志与其他创业者一样，面临的就是如何组建团队的问题，所以有了在“建班子”中包括“让什么样的人进入团队”“一把手和班子成员应具备什么样素质”等方面的思考。接下来，管理团队在一起共事的过程中总会遇到这样或那样的矛盾、冲突，所以柳传志在“建班子”中又增加了“班子的组建与分工原则”“班子的沟通议事方式有哪些”“对重大事情如何达成共识”“决策程序是什么”“班子决策定的事如何坚决推进以达到目标”“一把手和班子成员如何自律”等方面的内容。此外，基于柳传志对中国古代智慧和自身实践的思考，充分认识到了宗派主义和小团体对企业的危害，于是在“建班子”中明确提出了“如何防止宗派产生”的问题。

联想及相关企业的实践证明，“建班子”对于企业的经营管理与运作的确具有重要

作用。根据联想内部资料，“建班子”的好处包括五个方面：第一，便于群策群力，激发集体的智慧；第二，调动成员的积极性，每个人都做“发动机”，而不只是“螺丝钉”；第三，提高执行力，通过参与决策，能让各个部分了解决策的意图和整体部署，便于相互协调、支持；第四，提高管理层的威信，通过集体讨论与决策可以提高决策的严肃性、权威性；第五，对一把手形成制约，在联想看来，好的“一把手”要能真心听得进不同意见，要真心愿意被监督；管理者被不被监督，实际上是能否调动员工积极性、激发组织活力提升集体智慧的重要影响因素。

二、“建班子”的核心是打造高效能团队

“建班子”的核心是打造高效能领导团队，它是一个系统工程，不仅包括团队的构成，更重要的是团队的动态运作。以联想集团快速扭亏的实践来看，除了调整高层管理团队成员、组建了中西合璧的领导班子之外，更大的变化在于“新班子”和“老班子”运作方式的差异。

在“老班子”中，CEO很强势，重大决策只和少数人商量，然后就开会公布，交给下面执行，导致执行力很差，各部门之间难以有效配合与协同。而在最高领导的搭配与组合方面，也存在错位，配合不畅的问题。例如，表面上看，杨元庆作为董事长负责战略制定，阿梅里奥负责日常运营，但实际的运作使得两人更像“联席CEO”，这种运作方式通常会影响决策效率的权力分配，让联想看起来更像是一只齐头并进的“双头怪兽”：一个年富力强、注重执行力、喜欢亲力亲为的中方董事长；一个个性鲜明、国际化经验丰富、精于日常运营的西方资本杀手。除此之外，“班子”成员来自多家公司，不仅有正在整合的联想与IBM两种亚文化，又被汇入了戴尔文化，价值观和习惯的行为模式存在着诸多差异，相互之间有隔阂，容易产生一些矛盾和冲突，降低了协同作战的效率。再有，“班子”成员普遍是“职业经理人心态”，过于注重短期绩效，对战略和成长(如品牌与研发)投资不足。

而在“新班子”中，最高管理层是磨合多年、堪称绝配的“杨柳组合”(柳传志担任董事局主席，杨元庆担任CEO)，执行委员会成员由4名中国人和4名外国人组成，建立了共同的价值观，相互欣赏、尊重，堪称“中西合璧”；同时，强调集体参与、群策群力，从务虚到务实，对重大决策反复深入沟通，充分考虑各种意见和执行因素，达成共识后坚决执行；同时，班子成员有“主人心态”，高管有事业心，不仅关注当期绩效，而且着眼长远打算。

对于联想来说，“建班子”的核心内容之一就是选拔“德才兼备”的成员进入班子，对于高层干部，不仅要求具备事业心，有自知之明，要靠自己的业绩表现综合能力，也要求有很强的学习能力。这从机制上保证了领导团队中成员的个人素质，奠定了打造高效能团队的基础。同时，联想“管理三要素”中的“建班子”核心内容也包括班子如何运作，基于实践经验，联想摸索出了一整套行之有效的班子运作模式与规则，如“务

虚”与“务实”相结合的沟通机制、独特的集体决策规则以及让执行的人参与决策等，保证了团队的办事效率以及绩效表现。其次，联想建立了定期复盘、人才评估机制以及人才培养体系，可以不断提升团队成员的个人素质，并选拔优秀人才进入团队，适当更换不适合的成员，确保了领导团队的活力和能力。

【案例讨论】

1. 利用创业团队的“5P”模型分析柳传志的“建班子”理论。
2. 柳传志的“建班子”理论在打造高效卓越团队中需把握的三个关键是什么？

第二节　团队管理

【学习目标】

1. 体会团队管理是一门艺术；
2. 掌握并运用创业团队的管理技巧；
3. 了解创业团队的知识结构。

实践体验

职场过家家

游戏形式： 5～7 人一组

游戏时间： 30 分钟

所需材料： 角色描述卡、钢笔、白纸

适用对象： 参加团队建设及领导力训练的学生

活动目的： 让学员体会及学习作为一位领导者在分派任务时通常犯的错误以及改善的方法。

操作程序：

设定的剧情背景如下：时间是 1980 年，你们是由一家有影响力、在某行业中占据领先地位的公司的高级执行人员组成的团队。公司的名称是：21 世纪打字机无限公司。

你们被要求来参加一个紧急会议，任务是写一份呈交给执行官的报告，解释公司打印机的销售为什么处于下滑的趋势？接下来的 15 分钟里，你们必须起草这份报告，描述一下销售额大幅度下降的原因，并概括地阐述一下使销售有所回升的市场计划。

给每个人发一张人物角色描述卡片，以及每个角色的说明标签。要求每人都介绍一下各自的角色，然后按照各自的角色参加讨论。

相关讨论：

1. 这个组合中提及的个性组合在真实的生活的团队中存在吗？这个个性的组合和真实的情况有几分相似？

2. 你的小组是如何应对这个挑战的？你观察到了什么？

3. 当人物个性有冲突时，在大多数团队中，会怎么样？最初的团队目标和良好的愿望是如何改变的？

4. 每个任务对小组都有些消极的作用，也有一些积极的作用。为了更好地发挥正面作用，你扮演的角色需要你怎么做？是什么因素暴露了你扮演的角色个性中的缺陷？

总结与评估：

1. 每个人的性格都是不完美的，因此个人融入到集体后的相互弥补才能发挥团队的共同智慧与力量。

2. 真正杰出的团队是能够接纳并欢迎不同的意见。团队把他们成员不同的风格看做是整个团队的财富，而不是团队的分裂。

3. 团队领导者要做好协调者的角色，让不同角色者互相配合、化解冲突。

人物描述卡

社会名流 你来参加这次会议希望会议能够很快结束，因为你想去购物。即使这样，你还是把这次讨论看成是一次很好的联谊机会。你并不认为现在的市场计划有什么问题，你一贯认为，销售下降的主要原因只是因为打字机的键盘不适合留长指甲的妇女。(毕竟是大多数由妇女做打字的工作，对吧)来吧，大家喝杯咖啡，现在可以休息会儿了吧？
大善人 你认为，如果大家在这个问题上能团结协作，互相尊重他人的看法，会获得很大的成功。如果你感到气氛不太正常，你总会站出来，使大家不伤和气。你认为，打字机销售量下降的原因是人们觉得打字机太复杂，没有人性化。你认为，新的市场计划应该侧重于使打字机更容易使用。
无所不知的人 你知道你是这群人天然的领导者——这只取决于自己敏锐的第六感。你对几乎各个方面的问题都具有渊博的知识以及睿智的见解。你非常确切地知道，打字机销售量下降的原因是那令人心烦的噪声。事实上，你长期以来主张公司研制低噪声键的打字机，当他们愚昧地不接纳你的意见时，你经过慎重的考虑，创立了自己的静音键公司。自然，你手上会有大量的数据支持你的观点。
亮出你真实的自我 以你自己真实的个性加入讨论。你可以自由地支持或反驳队友提出的任何想法。

续表

被迫参加，敢作敢为的人 你不得不参加这个没有意义的讨论，感到有些沮丧。大家决定的任何事情和你都不再有关系，因为你刚刚接受了另外一份工作了，加入一家由几个年轻人在车库中创立的计算机公司，而且这些年，你在21世纪打字机公司受到糟糕的待遇，你为什么还要关心它呢？你为这家令人遗憾的公司作出了许多重大的贡献，但他们从来没有给过你奖励。 现在想一想，最后为公司提出几个明智的解决问题的方法可能会很有趣。借此向他们表明，当你离开公司后，他们应该怀念什么。
思想家 你认为，现在开这个会议还相当不成熟。为了进行富有成果的讨论，大家还需要更多的时间，更详尽的数据。事实上，你觉得你应该被任命为一个研究会的主席，对销售为什么会下降进行研究。你态度冷漠的坚持，只有在分析大量数据的基础上，经过长期的研究之后，这个讨论才会有进展。你会经常打断别人，表明你的这个观点。
最腼腆的人 完全是出于个人兴趣，你经常会阅读相关行业刊物，但是你相当害羞，不敢与大家讨论你的观点(通常，在没有得到鼓励的情况下，你不会发言)。在你看来，好像是因为越来越多的美国人在购买个人计算机——这个被认为昂贵的装置，打字机正在被逐步的淘汰。你认为，在这个紧要关头，公司应该明智地转向生产键盘，而不是继续生产打字机。如果有人问你的话，你会说出你的观点，但如果有人提出质疑，你会立即放弃你的看法。

理论解读

创业团队由于决策的分歧和利益的冲突，创业成功率不比个人创业高，这需要创业团队找到合适的结构模式。

团队管理(一)

(一)创业团队管理的特殊之处

创业团队的管理不同于工作团队的管理。因为工作团队的人员和岗位稳定性相对较高，人们习惯性地将重点放在过程管理上，注重通过建设沟通机制、决策机制、互动机制和激励机制等发挥集体智慧，实现优势互补，提升绩效。但对创业团队管理而言，重点在于结构管理，而不是过程管理。

首先，创业团队管理是缺乏组织规范的。在创业初期，创业团队还没有建立起规范的决策流程、分工体系和组织规范，“人治”味道相当浓厚，处理决策分歧显得尤为困难。此时，团队成员之间的认同和信任尤其重要。

其次，创业团队管理是缺乏短期激励手段的团队管理。成熟企业内的工作团队可以凭借雄厚的资源基础、借助月度工作考核等手段，在短期实现成员投入与回报的动态平衡。相比之下，创业初期需要团队在时间、精力和资金等资源的高强度投入，短期无法实现期待的激励和回报，所以就需要找到能相互适应的合伙人。

最后，创业团队管理是以协同学习为核心的团队管理，成员之间共享着相似的知识基础。

（二）创业团队的三维结构

创业团队可以从三方面入手来实施结构管理，分别是知识结构、情感结构和动机结构。知识结构反映的是创业团队成功创业的能力素质；情感结构是创业团队维持凝聚力的重要保障；动机结构则是创业团队实现理念和价值观认同的关键因素。

1. 知识结构管理

知识结构管理的核心是建立以创业任务为核心的知识和技能互补性，强调创业团队有完备的能力来完成创业相关任务。

谈到知识和技能的互补，《西游记》中由唐僧率领的“取经团队”被认为是一支“黄金组合”的创业团队。团队中的四个人的性格各不相同，却又同时有着不可替代的优势。例如，唐僧慈悲为怀，使命感很好，有组织设计能力，注重行为规范和工作标准，所以他担任团队的主管，是团队的核心；孙悟空武功高强，是取经路上的先行者，能迅速理解、完成任务，是团队业务骨干和铁腕人物；猪八戒看似实力不强，又好吃懒做，但是他善于活跃工作气氛，使取经之旅不至于太沉闷；沙僧勤恳、踏实，平时默默无闻，关键时刻他能稳定局面。

新东方的创业团队类似于唐僧的取经团队。徐小平曾是俞敏洪在北大时的老师，王强、包凡一是俞敏洪北京大学西语系80级的同班同学。王强是班长，包凡一是大学时代睡在俞敏洪上铺的兄弟。这些人个个都是能人，所以新东方最初的创业成员，个个都是“孙悟空”，每个人都很有才华，个性都很鲜明。论学问，王强出自书香门第，家里藏书超过五万册；论特长，徐小平梦想用他沙哑的嗓音做校园民谣歌手，俞敏洪曾坦承他们个个都比自己厉害。

俞敏洪敢于选择这帮人作为创业伙伴，并且成就了新东方传奇，从这一点来说，他是一个成功的创业团队领导者。他知道新东方人多是性情中人，从来不掩饰自己的情绪，也不愿迎合他人的想法。因此，新东方形成了一种批判和宽容相结合的文化氛围，批判使新东方人敢于互相指责，纠正错误；宽容使新东方人在批判之后能够互相谅解，互相合作。这就是新东方人的特点：大家互相之间不记仇，只计较对错。

在新东方，五个主要创始人在很多方面颇有互补之处：俞敏洪温厚，王强爽直，徐小平激情，杜子华洒脱，包凡一稳重，五个人鲜明的个性让新东方处在一种不甘平庸的氛围当中。

2. 情感结构管理

情感结构管理的重点是注重年龄、学历等不可控因素的差异。如果创业团队之间年龄和学历因素差距过大，成员之间容易出现情感的冲突。一旦出现这种情况，创业团队将不得不把时间和精力浪费于沟通方式设计和内部矛盾化解，内耗大于建设，不利于创业成功。新东方的五个创始人均来自北大，共同沐浴着北大的自由文化和人文环境，相似的年龄和学历背景是俞敏洪敢用"孙悟空"，而且是多个"孙悟空"的前提条件，这是新东方成功的关键因素之一。

3. 动机结构管理

动机结构管理的关键在于注重创业团队成员理念和价值观的相似性。相似的理念和价值观有助于创业团队保持愿景和方向的一致，有助于创业团队克服创业挑战而逐步成功。

新东方股权改革后，创业团队年底分红少了，留在公司的钱多了，有的团队成员不愿意，于是出现了激烈的内部矛盾。俞敏洪不得不从领导位置退出，从 2001 年年底开始一直到 2004 年 10 月份，新东方 11 个创始人都当过董事长和总裁。最后俞敏洪给股份定价，收回股权，解决了短期收益与长远战略之间的矛盾，保持了新东方的稳定发展壮大。

值得一提的是，创业团队的结构管理是兼顾三方面结构要素的平衡过程，短板效应非常明显。但是现实生活中，人们往往过分重视知识结构的互补性，而对于情感结构管理和动机结构管理重视程度不够，因此引发的问题往往会随时间而强化，一旦创业出现困难和障碍，往往会转变为创业团队的内耗和冲突。

（三）结构与过程互动

合作学习，取长补短，正如新东方案例中创业事业能够继续下去，在很大程度上取决于核心团队成员能够看到其他人的长处，不断相互学习。具体而言，创业团队的互动过程建设应遵循以下原则：

建设合作式冲突的氛围和文化。创业团队成员间有冲突在所难免，关键在于创业团队遵循一致目标，鼓励看到对方观点价值，不要认为对方在挑战自己的权威。避免竞争式冲突。所谓竞争式冲突，即创业团队成员之间观点争论的目的并不是为了达成某种共识，固执己见，闭目塞听。

创业过程既需要充分吸收多样观点，又需要快速作出决策。听取成员观点并不意味着依从，关键在于整合。这需要营造成员充分发表看法的开放性机制，同时又需要快速形成决策结果的集中性机制。正如案例中所指出的，新东方合伙人之间的深厚情感，成为新东方有效应对创业挑战、观点分歧和利益分配的重要基础。但通过股权分配又保证团队领导者与决策权的统一，既保证了统一领导，又发挥公司中民主决策的优势。

（四）创业团队的管理技巧

创业团队对于创业成功具有重要的意义，但并非所有的团队都能获得成功，究其原因是创业团队的管理技巧差异。由于创业团队本身的动态性特征，团队管理就是贯穿于创业团队的整个生命周期的工作。团队管理是一门艺术，要针对具体的情况灵活进行，但是也有一些普遍性的原则可以利用。

1. 选择

该聘用什么样的人？怎样聘用？第一个问题应根据企业的具体需求来决定，要考察人员的智力、经验和人际交往能力。具体考察策略可以通过正式招聘程序来进行专业评估，同时通过非正式渠道进行了解。第二个问题可以通过多种渠道来解决，如招聘会、猎头公司等，最终的目的是找到与业务需求相匹配的合适人选。

团队管理(二)

2. 沟通

沟通是有效管理团队的最重要内容之一，没有沟通，团队就无法运转。首先，沟通使信息保持畅通，实现信息共享，避免因为信息缺失而出现错误的决策与行为。其次，沟通可以化解矛盾，增强团队成员彼此之间的信任。最后，沟通可以有效解决认知性冲突，提高团队决策的质量，促进决策方案的执行。

3. 联络感情

联络团队感情可以保持团队士气和热情，控制情感性冲突，从而提高团队绩效。没有人喜欢在冷漠、生硬、敌对的团队中工作。一要尊重每个人，相互了解并体谅他人的难处。二要抽时间共处，这可以通过组织团队活动来实现。通过组织活动来联络团队感情一定要注意适度，太多的联络活动可能会让人们疲于应付，也让团队不堪重负。组织联络活动还要讲究策略，尽可能地让更多的人积极参与，获得大家的满意和认可。三要有丰厚的回报，适度物质上和精神上的回报可以增强团队的凝聚力。

4. 个人发展

构建一支优秀、稳定团队的关键之一是给个人提供广阔的发展空间。因此，在团队管理方面最重要的一项职责，就是要保证团队每一名成员得到发展。这样才能使成员对工作满意，激发工作热情，创造更多的价值。个人的发展，不仅仅依靠经验的积累，还要借助目标设定、绩效评估以及反馈程序等来实现。通过这三个程序，可以激发员工潜力，清醒认识自己的优势和不足，从而改善提升自己，获得更大的发展空间。

5. 激励

激励是团队管理中极为重要的内容，直系企业存亡。现在还没有固定的程序套用对创业团队进行有效激励，但可以通过授权、工作设计、薪酬机制等诸多手段来实现。薪酬是实现有效激励最主要的手段，毕竟收益是创业成功的重要表征。在设计薪酬制度时，应考虑差异原则、绩效原则、灵活原则，最终目的是通过合理的报酬让团队成员产生一种公平感，激发和促进创业团队的积极性，实现对创业团队的有效激励。

案例练习

【案例阅读】

有合作也有制衡的腾讯创业团队[①]

创业团队成员应该有互补性，并且能够拥抱变化。马化腾既没有马云那种强悍的作风及非凡的个人魅力，也不像海归派李彦宏那样一副绅士派头。腾讯的五人创业团队内部有合作也有制衡，“对外马化腾知名度很大，但是对内又是相对民主的，就像资本主义的三权分立，大家都是老板”。

这五人早年就是同学或同事，所以互相之间知根知底，马化腾根据各自特点分工来确定各自出资和占有股份的多少，马化腾并不绝对控股，这导致腾讯的创始人团队从一开始就形成了民主决策的氛围，后来，当腾讯公司发展到数千人的规模时，这种民主决策的风格被保留了下来。谢文曾经参加过腾讯公司的会议，留给他的印象是，“集思广益，是投票表决，是专业的，是公正的”。

马化腾要求每个中层管理为自己“备份”副手，腾讯的高层团队里也一直有着这样的配对模式。早期，在创业团队中负责研发的张志东和负责市场的曾李青是能力最突出的一对，2004 年上市之后，腾讯进行了一轮大规模的职业经理人引入。2006 年，公司进行了事业部改造，按公司业务划分为互动娱乐、互联网业务、无线和网络媒体四大板块，公司创始团队的部分权力下移，职业经理人的权限得到提高，刘炽平被任命为总裁，其投资银行背景为腾讯获得香港资本市场认可。

腾讯刚创办的时候是五人决策小组，相应的组织结构分四块，除马化腾外，其他四位创始人每人单独管一块。张志东管研发，研发分客户端和服务器；曾李青管市场和运营，主要和电信运营商合作，也外出找一些订单；陈一丹管行政，负责招聘和内部审计；许晨晔管对外的一些职能部门，信息部、对外公关部都属于他的管理范围，最开始的网站部也在他的管理范围内。

当时担任公司首席运营官的是曾李青，在此之前，他负责整个腾讯公司的市场业务。在腾讯的组织架构调整之后，当时公司出现了首席执行官、总裁和首席运营官共同存在的局面，同时，权力下放事业部。曾李青的权力被分散，不久后曾李青辞去了在腾讯的职务。此后，创始团队中的许晨晔也曾经有意淡出，不过受到了马化腾的挽留。许晨晔性格温和，从不急躁，亲和力很强，善于与不同的人沟通，做决策会充分

① 万蕊：《马化腾：拥抱变革》，载《商学院》，2007 年第 10 期。

考虑到不同角度的人的看法。马化腾需要他在团队中起到润滑剂作用。

现在除了曾李青，四位创始人都还留在公司，公司最核心的十二人决策机构总裁办公会里形成了创始人和职业经理人各半的局面，新的权力平衡在腾讯高管中形成。

在中国互联网公司里，创始人与空降职业经理人之间的关系很难平衡，往往会发生激烈冲突，网易的丁磊曾经引入职业经理人，又自己将其驱逐，搜狐的张朝阳也同样如此。马化腾在人事调整上的节奏把控相当到位，这使得腾讯在引入职业经理人和创业元老的退出过程中没有发生任何激烈的“流血”事件。对于在腾讯空降的职业经理人，马化腾的评价是“融入得很好”。

唯一离开公司的创始人曾李青离开得也很潇洒，在腾讯公司的官方网站上，他仍然以终身名誉顾问的身份排在高管列表之中。腾讯的创始团队组合的稳定性和职业性在中国互联网历史上仅有携程创业团队可以与之媲美，携程梁建章、季琦、沈南鹏、范敏四人创业团队先后轮番担任公司CEO，但公司却依旧保持高速稳定发展。

每次腾讯面临一个重大决策时，都是从争吵开始，却不是以“一言堂”结束。就是马化腾的“从众”式妥协，把腾讯带入了成功轨道。例如，对于在网络游戏中销售用户虚拟形象，马化腾刚开始并不看好，提出一系列的质疑，内部层级激烈地争吵。民主决定后推出的QQ秀、QQ会员等系列产品，如今占腾讯总收入来源的70%。

决策矛盾是经常可能遇到的，但处理起来并不算困难。如果一个建议未进行可行性论证，马化腾会要求大家拿出具体的论证与执行方案，实际上，落实到行动方案的时候，问题和机会都会非常明了，也便于创业团队做出最合理的决策。QQ秀最初立案时就遇到过很多质疑，包括马化腾本人也持怀疑态度，因为在那个时候，虚拟形象还没有商业化的先例。

为了将团队合作精神发扬光大，马化腾在企业内部构筑了通畅的沟通渠道。从公司高层到中层，再到基层员工，都需要通畅的沟通渠道，同时创业团队与站在行业前沿的同行和专家也保持着密切的沟通。高层管理团队在各自的专业领域中都有很深的造诣，比如有的人对前沿技术比较敏感，有的人对市场机会的把握更强，有的人更擅长组织变革。团队成员相互影响、互相学习。

在管理上，马化腾学习的一个对象是同城的华为，华为在电信服务、产品意识、组织管理上都给腾讯很大的借鉴，有内部人士说腾讯不仅仅在学华为，也在学惠普、微软。这是一种实用主义的学习，但不管怎样，华为的大公司管理基因还是带给腾讯不少好处，不少互联网公司从几百人到几千人的管理冲突，并没有在腾讯身上发生。

随着腾讯朝着“超级竞争”迈进，马化腾这种温和改良型的强人哲学也面临“超级挑战”。公司规模越来越大，“诸侯割据”的大企业病变得严重，在公司做的内部人员满意度调查中，跨部门的合作总是被认为是“很累，很难去做”的，马化腾将总裁办公室下属的战略研究部扩张到了数十人，他寄望这样的智囊团组织能够在理顺内部格局方面也能发挥作用，马化腾希望能够将冲突放到桌面上讨论，然后由智囊机构从整体公司利益的角度来做出公允判断，“这样的话，冲突的问题能够更快地浮现出来，几个老大能够尽早地PK，要不然，你上面也不管，下面也就推不动，那肯定出问题。”说这话的时候，马化腾从一个技术专家变成了一个颇有智慧的管理高手。

【案例讨论】

1. 腾讯创业团队的互补性体现在哪里?
2. 该案例对大学生组建创业团队带来了哪些启示?

第三节　领导力

【学习目标】

1. 了解领导力的概念和概念链；
2. 掌握领导力的构成要素；
3. 掌握领导力五力模型。

实践体验

蒙眼建房子

游戏形式：5人一组

游戏时间：一课时

所需材料：3条绳子的长度分别为20米、18米、12米，15个眼罩

活动目的：锻炼团队中的领导能力，特别是组织结构变动对领导能力的要求，增强队员之间的沟通能力，从而达到和谐完成任务的目的。

操作程序：

第一阶段

1. 培训师先把15人分别分为3组

小组1：20米的绳子

小组2：18米的绳子

小组3：12米的绳子

2. 培训师发给每人一个眼罩，并通知他们戴上眼罩后

小组 1：建立一个三角形

小组 2：建立一个正方形

小组 3：建立一个圆形

第二阶段

当完成第一阶段后，培训师告三个小组的全体人员，要求他们选出领导者，并在领导者带领下统一起来建一个绳房子(如下图所示)。

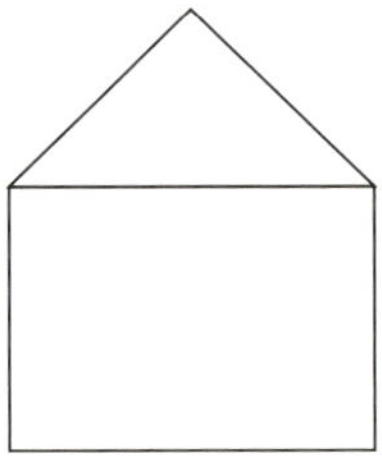

相关讨论：

1. 对比第一和第二阶段，哪一个阶段更加混乱，为什么？

2. 如果你作为领导，你会怎样组织第二阶段以更好地完成任务？

总结与评估：

1. 要做好这个游戏，首先要选定一个总指挥并拟订出一个好方案，如怎样确定正方形和三角形的端点，如何对叠并手持端点。

2. 遇到难题时，团队中的每一个人都要积极地行动起来，并进行多种尝试。

3. 确定方位时，要选点正确的参照物，如可以以墙角来做参照确定直角或采用双臂成直角的办法，再由另一组队员来走直线。

理论解读

(一)领导力的概念和概念链

领导力(Leadership)指在管辖的范围内充分利用人力和客观条件，以最小的成本办成所需的事。领导力的本质就是影响力，是把握组织的使命并影响下属围绕这个使命奋斗的一种能力。它包括团队组建与管理能力、战略定位能力，企业文化设计与培育、应付突发事件能力等。创业者需要扮演企业细致的“内管家”、活跃的“外交家”、战略的“设计师”、执行的“工程师”、发散思维的“开拓者”、内敛倾向的“保守派”等角色，需要将技术研发、市场开拓和财务管理等方面的人才凝聚在一起，需要将不同个性的人凝聚在一起，形成协同优势。

领导力(一)

领导力概念与领导过程、领导行为、领导能力、领导知识和领导情境等密切相关，

它们共同构成了领导力概念链，并诠释了领导力诸要素的关系：处于核心层(第一圈层)的是领导过程，领导过程是由具体的领导行为构成，领导过程通常也代表着领导实践；第二圈层的领导行为、领导能力和领导知识都是领导过程的直接或间接产物，其中领导能力是关键，领导能力决定着领导行为的质量与效果，领导行为是领导知识的主要来源之一，领导知识亦是领导能力的元素和基础；第三圈层的领导情境是指确保领导过程正常运行的环境因素的总和，是领导行为、领导能力和领导知识等要素形成和发展的重要基础(见图 2-3-1)。

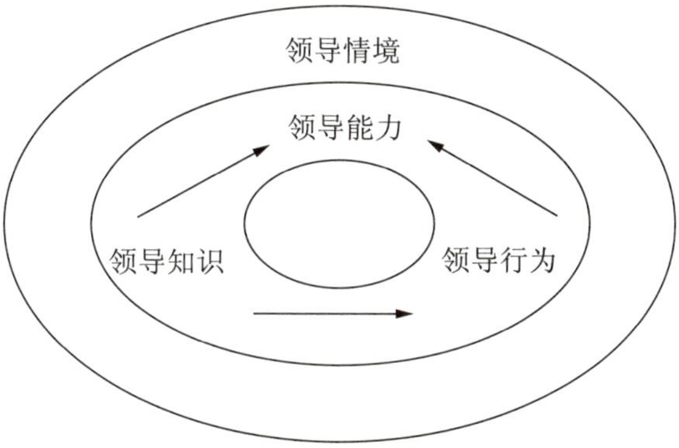

图 2-3-1　领导力概念链

在领导力概念链的逻辑关系中，作为领导能力总称的领导力起着承上启下的核心作用，领导者一方面需要整合各种领导知识并实践，另一方面还需要通过领导行为影响组织的目标和过程。

(二)领导力的构成要素

领导力是决定领导者领导行为的内在力量。从领导力的角度分析，早期特质理论的核心是领导力问题而非领导问题。美国学者斯托格迪尔曾对领导特质理论进行调查研究，他得出的结论表明领导者必须具备各方面的能力或素质，即成就、韧性、洞察力、主动性、自信心、责任感、协调能力、宽容、影响力和社交能力。诺豪斯则在总结多种特质领导理论研究成果的基础上，归纳了领导力的主要特性：才智、自信、决策力、正直和社交能力。特质领导理论经过 20 世纪中期的进化，到 20 世纪 70 年代发展为魅力型领导理论。魅力型领导理论的代表人物豪斯认为，魅力型领导力主要包括支配欲、强烈的影响欲、自信心和强烈的道德价值观等。

除特质领导理论外，其他领导和领导力理论也都或多或少地涉及领导力的构成。英国学者阿代尔认为领导者在履行职责时需要展现以下品质或特性：群体影响力、指挥行动、冷静、判断力、专注和责任心。美国学者哈维・罗森认为领导者必须具备八项要素，即前瞻性、信任、参与意识、求知精神、多样性、创造性、笃实精神和集体意识。

美国学者卡什曼从领导能力开发的角度讨论了领导力。他认为领导力是由内向外的，领导力不是一个人所做的事情，它源自个体内部的某个地方。一个人可以通过七种路径实现由内至外的领导，这七种路径分别是目标控制、变化控制、人际控制、本质控制、平衡控制、行动控制和个人控制。事实上，卡什曼提出的七条路径也就是领导者必须具备的七种能力。休斯、吉内特和奎菲在《领导学》中进一步区分了基本领导技能和高级领导技能。查普曼(Elwood Chapman)在《发现，然后培育你的领导力》一书中提了出了一个经典的领导力形成模型，该模型包括五个要素，即充满理想色彩的使命感、果断而正确的决策、共享报酬、高效沟通、足够影响他人的能力和积极的态度(见图 2-3-2)。

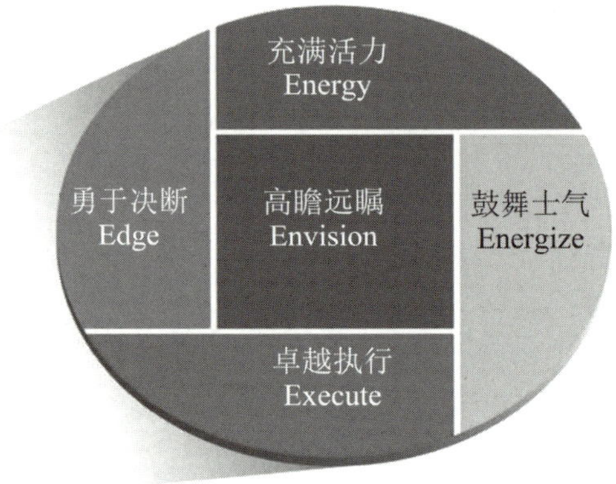

图 2-3-2　查普曼和奥内尔的领导力形成模型

(三)领导力五力模型和分析

根据领导力概念谱系，领导力是支撑领导行为的各种领导能力的总称，其着力点是领导过程。领导者必须具备如下领导能力：

(1)群体或组织的目标和战略制订能力(前瞻力)；

(2)吸引被领导者的能力(感召力)及影响被领导者和情境的能力(影响力)；

(3)群体或组织目标实现过程的能力，主要包括正确而果断决策的能力(决断力)和控制目标实现过程的能力(控制力)。

领导力(二)

这五种关键的领导能力就构成了领导力五力模型(见图 2-3-3)。

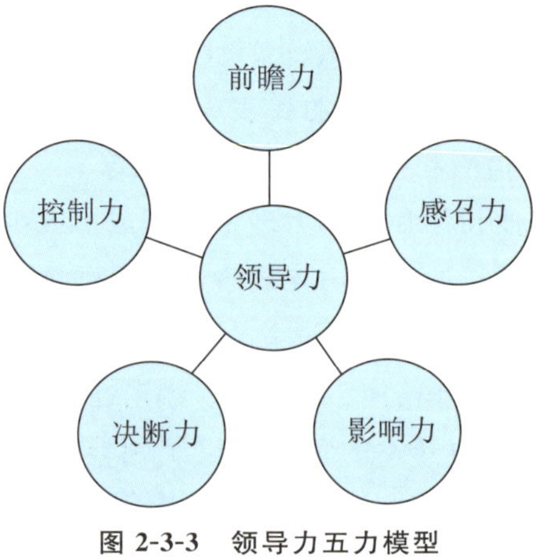

图 2-3-3　领导力五力模型

领导力五力模型中的五种不同层面的领导能力对领导者而言都非常重要。在五种领导力中，感召力是最本色的领导能力，一个人如果没有坚定的信念、崇高的使命感、令人肃然起敬的道德修养、充沛的激情、宽厚的知识面、超凡的能力和独特的个人形象，他就只能成为一个管理者而不能成为一个领导者。但是，一个领导者不能仅仅追求自己成为“完人”，领导者的天职是带领群体或组织实现其使命，这样就要求领导者能够看清组织的发展方向和路径，并能够通过影响被领导者实现团队的目标，就此而言，前瞻力和影响力是感召力的延伸。同时，领导者不能仅指明方向，在实现目标的过程中随时都会出现新的意想不到的危机和挑战，这就要求领导者具备超强的决断力和控制力，在出现重大危机时能够果断决策、控制局面、力挽狂澜，也就是说，作为前瞻力和影响力的延伸和发展，决断力和控制力是处于实施层面的领导能力。

领导力五力模型的具体内容如下：

1. 领导感召力

感召力是最本色的领导能力，领导学理论中特质论研究的核心主题就是感召力：

(1)具有坚定的信念和崇高的理想；

(2)具有高尚的人格和高度的自信；

(3)具有代表一个群体、组织、民族、国家或全人类的伦理价值观和修养；

(4)具有超越常人的大智慧和丰富的阅历；

(5)不满足于现状，勇于挑战，对所从事的事业充满激情。

2. 领导前瞻力

前瞻力从本质上讲是一种着眼未来、预测未来和把握未来的能力：

(1)领导者和领导团队的领导理念；

(2)组织利益相关者的期望；

(3)组织的核心能力；

(4)组织所在行业的发展规律；

(5)组织所处的宏观环境的发展趋势。

3. 领导影响力

影响力是领导者积极主动地影响被领导者的能力：

(1)领导者对被领导者需求和动机的洞察与把握；

(2)领导者与被领导者之间建立的各种正式与非正式的关系；

(3)领导者平衡各种利益相关者特别是被领导者利益的行为与结果；

(4)领导者与被领导者进行沟通的方式、行为与效果；

(5)领导者拥有的各种能够有效影响被领导者的权力。

4. 领导决断力

决断力是针对战略实施中的各种问题和突发事件而进行快速和有效决策的能力：

(1)掌握和善于利用各种决策理论、决策方法和决策工具；

(2)具备快速和准确评价决策收益的能力；

(3)具备预见、评估、防范和化解风险的意识与能力；

(4)具有实现目标所需要的必不可少的资源；

(5)具备把握和利用最佳决策及其实施时机的能力。

5. 领导控制力

领导控制力是领导者有效控制组织的发展方向、战略实施过程和成效的能力：

(1)确立组织的价值观并使组织的所有成员接受这些价值观；

(2)制定规章制度等规范并保证组织成员遵守这些规范；

(3)任命和合理使用能够贯彻领导意图的干部来实现组织的分层控制；

(4)建立强大的信息获取渠道以求了解和驾驭局势；

(5)控制和有效解决各种现实的和潜在的冲突以控制战略实施过程。

领导力五力模型是领导者领导能力的高度抽象。对大多数领导者而言，他们大都拥有全部五种领导能力，但他们的领导能力发展不够均衡，在某种或某几种领导能力方面存存薄弱环节，用管理学中的“木桶原理”来说明，也就是存在领导能力“短板”。如果不能够突破这些“短板”从而实现领导能力的全面均衡发展，他们就较难去领导更大规模或更复杂的组织。

领导力五力模型是理论归纳和推导的产物，就其根源而言，领导力五力模型来源于各类领导者的领导实践。领导力五力模型最终还要用于分析和指导各类领导者的领导行为，提升领导者的整体领导力，建立高素质的干部队伍。

案例练习

【案例阅读】

娃哈哈创始人宗庆后的领导力①

每一家创业公司，在面对领导力这个问题，总是会有诸多讨论。有的团队赞同民主的领导方式，有的则赞同专制的领导方式。那到底是民主的领导方式好，还是专制的领导方式好呢？民主与专制在政治学领域里，孰优孰劣似早有定论，但管理是实践，民主与专制的领导方式作为企业家德行的两种气质犹如阴阳两仪，它往往不是源于领导者个人的意愿，而是取决于组织的成长背景、市场环境、领导体制、被领导者的素质条件以及领导者个人的行为风格与素养等多种因素，因此，它不是一种非此即彼的简单选择，而是要基于多种现实条件进行权衡。

---

① 资料改编参考自彭剑锋：《民主还是专制》，载《销售与管理》，2007。

有一个不争的事实是：在中国特殊的市场竞争环境之中，似乎搞民主的企业都失败了，成功的大多是专制式领导，如华为的任正非、联想的柳传志、海尔的张瑞敏、娃哈哈的宗庆后等成功的中国企业家在企业中往往一言九鼎，具有绝对权威，其领导风格都似有专制与独断的特点。这似乎给人一种错觉，在中国搞企业专制似乎优于民主。

我认为专制优于民主是一种假象，中国成功的企业家都善于在专制与民主之间游走、驾驭与权衡，专制之中蕴含着民主，民主之中潜藏着专制。娃哈哈宗庆后每年二百天都在市场上与经销商、客户沟通与交流；华为任正非聘请一批"文人"相伴左右，这使得他们的决策建立在鲜活的市场信息与群体智慧之上，从决策风格上来讲，似乎他们都是专制的，但他们决策的信息源与依据是民主的，这就是所谓形式上的专制，实质上的民主。有的企业，领导团队似乎是民主的，在碰到决策问题大家可以畅所欲言，可相互指责、批评，但真到了决策的时候又都站在各自的立场，坚持己见，使思想难以达成共识，内部决策成本高。决策程序是民主的，但往往做不出决策，这种所谓的民主决策使高层没有人承担决策的责任，也就谈不上决策执行；人人都有决策权，但最终意见达不到共识，企业没有统一的意志。由此可以看出，不管民主也好还是专制也好，最关键的是要最终达成共识，形成统一的意志，这样才能迅速决策，提高决策对市场的反应速度，并提高决策的执行力，决策的执行力首先来源于高层的统一意志与执行决策的决心。在中国现有市场条件下，决策速度所带来的效益往往比缓慢的民主决策所带来的效益要大，因为机会是制高点，机会成本高于一切，丧失了机会，企业就失去了生存权，虽然每个企业都面临众多的机会和选择，但由于其决策速度慢，甚至做不出决策，各家企业争资源，企业形不成统一意志与行动，最终导致企业陷入发展的困境。

当然，专制的决策在执行时，如果有纠偏系统，企业家能够有自我批判精神，能够根据外部环境的变化及时调整和掉头，也能避免专制所带来的风险。如任正非在华为的产品战略上由于其偏执与专制曾犯过很多的错误，但任正非有自我批判精神，华为整个执行系统有自动纠偏机制，这就使得华为即使犯了方向性错误也能及时调整。华为的竞争对手中兴通讯的总裁侯为贵应该说在战略上不偏执，也相对民主，而且通过研究中兴通讯的产品战略，你会发现侯为贵从来没犯过战略性的错误，但中兴通讯的决策速度及决策的执行力显然逊色于华为，这也使得中兴通讯在发展中失去了很多机会。但从另一方面来看，中兴的发展相对平稳，没有大起大落。所以，任正非的专制和侯为贵的相对民主在某种意义上都是成功的。

在中国，如今我们随便走进一间小店，会发现重复出现的品牌不会超过三种，而娃哈哈就可能是其中的一个；在过去的15年里，让每个中国人都掏钱买过的品牌不会超过三种，而娃哈哈也可能是其中的一个。娃哈哈产品已几乎覆盖中国的每一个乡镇。这个从校办企业起家的企业，如今在神州大地上的影响力绝不容任何人小觑。

当年42岁才白手起家的宗庆后，23年就挣了800亿元，成为中国最具传奇色彩的创业大师。23年来他不断创新，做出了中国老百姓最需要的产品。他的成功是从低到高的成功，是从无到有的成功，是从自己到全部的成功，这种成功不是速成的，而是宗庆后用所谓的“专制”手段，一步步迈过来的。

【案例讨论】

1. 请用领导力五力模型来分析，宗庆后的领导力体现在哪里？

2. 对大学生创业团队带来哪些启示？

第四节　领导力计算机综合实践

【学习目标】

1. 通过互动式计算机游戏形式，让同学们自行参透领导力的主要因素；

2. 通过游戏角色扮演形式，让学生亲身感受作为领导者或被领导者的情境；

3. 让同学们在游戏行动中锻炼领导力与组织能力，发挥各自聪明才智；

4. 通过数据分析剖析不同学生或小组之间的领导差异性；

5. 拓展更多与领导力相关的其他知识要素。

实验介绍

项目名称： 领导力计算机综合实践

项目目的： 领导力训练游戏通过让同学们参与到一个计算机七巧板拼图比赛游戏的形式，通过沉浸式体验，直观深刻感受领导力相关的组织、协调、引领、凝聚等要素。

项目步骤： 每位同学在刚进入游戏时，老师将引导所有同学在电脑上通过抽签的形式，确定自己属于哪个竞赛小组，每个小组人数由系统固定在五到七人之间，在所有同学都完成抽签后，每位同学都将抽到一个确定的竞赛小组，同一个竞赛小组的同学需要互相讨论选举出唯一的中间协调人，剩余其他同学的身份都是参赛选手，需要与小组内其他同学展开拼图竞赛比拼。

完成抽签及协调人选举后，老师将引导大家开始七巧板拼图比赛，比赛开始阶段，每位同学都将从系统中随机获取若干张初始拼图板，并领取一个拼图任务清单。

每位同学可以自由选择自己任务清单中的一个未完成拼图任务来开始拼图游戏，如果发现自己手上的拼图板无法拼出选取的任务时，可以选择换一个任务或者选择与组内其他同学开展拼图板交换，系统规定了组内同学之间可以任意交换各自的拼图板，但必须经过小组的中间协调人才能完成，选手之间无法直接交换。

每位同学在完成一个拼图任务后，将获得该任务相应的积分奖励，系统界面上可以实时看到每位同学获得的累计拼图积分及在小组内与全班范围内的排名情况。

在完成全班比赛后，老师将根据教师端自动生成的数十个分析报表及图表展开领导力相关知识解析与点评，并可邀请不同学生开展更多知识主题分享。

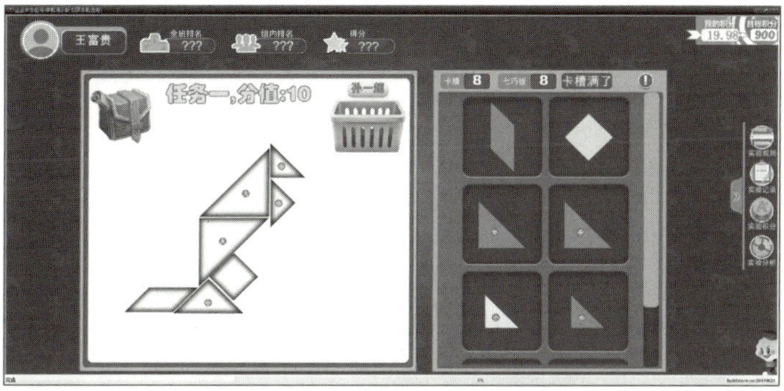

领导力计算机综合实践学生界面

课时安排

3 课时

内容	课时
教师实训前规则讲解	10 分钟
学生抽签确定竞赛小组	10 分钟
学生选举小组内中间协调人	10 分钟
学生开展拼图竞赛游戏	60 分钟
学生主题分享	5 分钟/人
教师点评解析结果	20 分钟

使用形式

1. 这是一个计算机网络实训游戏，建议在学校标准计算机实验室内开展教学；

2. 本实验需要在专业教师的统一组织协调下开展，个人学习者无法独立完成该实验；

3. 教师可扫码后点击右方“申请试用”即可获得免费教学账号。

贝腾

第三章　判断机会与风险

第一节　发现商业机会

【学习目标】

1．认识到创业的核心是找到一个好的商业机会，特别是有可成长性且能被创业者有条件利用的商业机会；

2．了解商业机会的内涵和特征，商业机会可能是被发现出来的，也可能是被构造出来的；

3．产生商业机会的方法。

实践体验

商业机会漫步

商业机会就是那些通过新手段或新目的引进新产品、新服务或新市场的机会。本实践体验让学生思考如何挖掘周围的潜在机会，将学生带到教室外面观察周围的景象并询问他们看到了什么，然后鼓励学生思考有哪些商业机会，让他们比比谁能识别到最多的商业机会。

（一）观察身边的事物

让学生走出教室漫步在校园或教学楼周边，结合自己的兴趣爱好观察身边有意思的事物，可以是“建筑”“汽车”“商店”“海报”等，把这些记录在纸上，可以写得更加具体一些。五分钟后回到教室，让大家分享观察到的有意思的事物。

（二）联想相应的公司

根据大家观察到的一切事物，尝试想出尽可能多的相关公司。比如看到汽车，可能会联想到汽车租赁公司，汽车维修4S店，新能源汽车等。花五分钟时间，让每个同学尽可能想出二十个以上的公司（见下表），剩下最后一分钟时提醒大家，给全班联想出最多公司的学生一个小小的奖励。

表 3-1-1

观察身边的事物	联想相应的公司
建筑	公司 1
	公司 2
汽车	公司 3
	公司 4
商店	公司 5
	公司 6
……	……

（三）寻找你感兴趣的公司并讨论改进方法

选出几个学生分享他们联想到的公司并写在黑板上，让其他同学思考与此相关的、能提供相应支持的其他公司，这样可以激发学生联想到更多的公司。让每位学生从这些公司中选出一家公司并想出如何让该公司发展得更好，由此可以让全班自由组合产生若干小组，鼓励学生不要受限于他们所认为的可能性，他们可以想出更具创造力、更理想的方法。十分钟后选择1～2个小组分享他们的创意。

（四）讨论该改进方法的核心价值

让各小组讨论其改进方法对顾客的价值。比如，有人提出因教学楼中购物不方便而去设置无人售货机的项目，该项目是否可以提出其他更能满足顾客需求的方法，如开设无人超市或让无人售货机可移动，更好地满足学生的购物需求。接着让学生思考这些方法是否能真正提供顾客想要的并且思考公司在其中发挥的作用，同时填写商业机会描述表，比如，星巴克不仅卖咖啡，而且通过提供聚会场所促进了顾客的社交。十分钟后选择1～2个小组分享他们的商业创意。

表 3-1-2　商业机会描述表

商业机会提供的新服务或新产品	
满足顾客的价值需求	
公司发挥的核心作用	

在实践体验结束时强调，潜在的创意和机会无时无刻不在身边，创业需要去寻找那些真正能给顾客和社会带来价值的商业机会，这也是实现成功创业的第一步。通过以上实践体验，全班同学再来分析以下问题：

1. 商业机会的主要特征有哪些？请每位同学根据生活中的经验感受，三分钟内写出不少于三个关键词来描述商业机会。

2. 商业机会来自哪里？请每位同学根据生活中的经验感受，三分钟内写出身边三个商业机会的来源。

理论解读

（一）商业机会的内涵及特征

发现、寻找和利用机会是每一个成功创业者的特征之一，它也是成功创办和管理企业的基础。创业者不仅要产生想法、识别机会，还要筛选和评估它们，从而决定把握和利用最有价值的机会。

发现商业机会

1. 什么是商业机会

商业机会就是个人、群体或者组织在环境中发现了需求，从而对拟创办的企业产生的初步设想。一家成功的企业既要满足顾客的需要，提供顾客想要的产品，又要为企业主带来利润。商业机会应当包括：

(1)你的企业将销售什么产品或服务？

(2)你的企业将向谁销售产品或服务？

(3)你的企业将如何销售产品或服务？

(4)你的企业将满足顾客哪些需要？

商业机会是能够满足消费者的需求、并能使投资者收回投资的有吸引力的商业想法或主张。可是，一个好的想法未必是一个好的商业机会，这就是企业想法和商业机会之间的区别。

商业机会需要确保收入超过成本并能够得到利润。例如，你通过一项新技术发明了一个非常有创意的产品，但是市场可能并不需要它。或者一个想法听起来不错，但是在市场上没有竞争力，不具备必要的资源，也是不值得做的。尽管有时市场有需求，但是需求的数量却不足以收回成本。事实上在新产品中有超过 80%的都是失败的。很多发明家的想法看起来很好，但是不能经受市场的考验。如何将想法转化成一个商业机会？简单的回答就是收入超过成本并能够得到利润。

2. 一个好的商业机会的特征

一个好的商业机会必须是能够践行的，并要符合以下标准：(1)真实的需求。即那些具有购买力和购买欲望的消费者有未被满足的需求。(2)能够收回投资。即在承担风险和努力工作之后，可以带来回报和收益。(3)具有竞争力。即消费者认为购买你的产品或服务比购买其他的产品或服务能够获得更多的价值。(4)实现目标。即满足那些冒险的人和组织的愿望。(5)有效的资源和技能。即在创业者的具备的资源、能力、法律范围内。

(二)如何产生商业机会

在全世界有数百万的创业者，这说明他们有很多产生商业机会的资源。下面列出了一些产生商业机会的主要方式。

1. 爱好和兴趣

爱好是业余时间特别喜欢的活动，很多人通过追求爱好或兴趣，产生建立企业想法。例如，你喜欢玩电脑、烹饪、音乐、旅行、运动或表演，你就可以把它们发展成为一个企业想法。举例说明，如果你好客或者喜欢旅行、表演，你就可以尝试进入观光和旅游行业——这是世界上最大的产业之一。

2. 个人的技能和经验

一半以上的成功的企业想法都来源于工作的经验。例如，一个拥有在大车间工作经验的机械技工，就可能创办汽车修配厂。因而，那些潜在的创业者的背景在决定创办企业的类型过程中扮演了至关重要的角色。技能和经验是你最重要的资源，不仅是在产生想法方面，而且还体现在如何利用这些想法方面。

3. 特许经营

特许经营是指特许者将自己所拥有的商标、商号、产品、专利和专有技术、经营模式等以特许经营合同的形式授予被特许者使用，被特许者按合同规定，在特许者统一的业务模式下从事经营活动，并向特许者支付相应的费用。特许经营有很多类型，但是最流行的就是提供名称、标识、操作程序和经营方式。在 20 世纪 80 年代到 90 年代，特许经营迅速增长，成为一种在美国和欧洲广泛使用的从事商业活动的方法(通过特许经营建立了数百万的企业)。仅在美国就有超过 2000 种类型的特许经营，年销售额超过 3000 亿美元，大约占零售总额的三分之一。除了购买特许经营权，也可以开发和销售特许经营的概念。有很多的目录和手册以及协会，包括国际特许经营协会都可以提供相关材料和信息。

4. 大众传媒

大众传媒是大量信息、想法和机会的来源。大众传媒包括报纸、杂志、电视和互联网等。仔细浏览大众传媒，在报纸或杂志上经常可以找到关于转让企业的商业广告，这是成为创业者很好的信息来源渠道。我们经常能在新闻出版物、互联网和电视纪录片上看到关于流行趋势或消费者需求变化的报道。例如，你能读到或听到人们对健康和减肥食品的兴趣日益增加，或许你就可以发现某个新的投资概念。

5. 展览会

另外一个产生企业想法的途径就是参加展览会和商品交易会。在报纸和杂志上经常会有展览会和商品交易会的广告。通过参观，你不仅可以看到新产品、体验新服务，而且可以见到营业代表、厂商、批发商、发行商和经销商。他们能提供很多好的创办企业的想法来源、信息。

6. 市场调查

成立一个新的企业想法的关键是消费者。首先，调查确定消费者的需求是提供产品或服务的基础。这可以通过与人们进行正式或非正式的交谈来调查，也可以通过调查问卷、访问或者观察来收集消费者的信息。你可以通过与家庭成员或朋友交谈来找出他们没有被满足的需求。例如，他们是否对现有的产品或服务满意，他们希望看到什么样的改进或改变。你也可以与厂商、批发商、代理商和零售商这些分销渠道的成员交谈。其次，预先为一个调查或访谈准备一系列问题是非常有用的，问题要紧密联系消费者和渠道成员，由此更好地判断消费者的需求。最后，你应该尽可能多的与消费者交谈——包括现有和潜在的消费者，以获得更多的信息。

除了和人们交谈，你还可以通过观察获得信息。例如，决定是否在某条街上选址开店，你可以观察和计算在特定的天数里通过街道的人数，然后和其他地点进行比较。或者，如果你对旅游者经常去的地方感兴趣，就可以进行调查，了解一下你是否可以在那里经营店面。或者，你注意到一个地区或某条旅游线路上没有正规的饭店或旅馆，就可以了解一下情况，那里是否有对正规饭店或旅馆的需求。

一个创业者应当到各种集会上走走，观察人们有没有未能满足的需求。

7. 问题(即抱怨、不满意)

一部分消费者的抱怨会促使许多新产品或新服务的诞生。无论什么时候，当你听到有人说“我多么希望能……”或“只要有一个产品或服务就能……”，你就有了一个潜在的商业想法，这个想法可以创办一个能提供更好的产品或服务的具有竞争力的企业，或者是一个可以将新的产品或服务卖给那些存在问题的企业。

8. 头脑风暴

头脑风暴是一个创造性解决问题和产生想法的方法，它的目的就是尽可能多地产生想法。它经常从一个问题或一个难题的陈述开始。一个想法会衍生出一个或者更多的想法，最后产生大量的想法。

当使用这个方法时，你需要遵守四个原则：一是不要批评和评价其他人的想法——讨论中没有负面评论；二是鼓励随心所欲地思考——欢迎那些看似疯狂的想法；三是合适的数量——需要大量的想法，想法越多，好的想法出现的概率就越大；四是在其他人的想法基础之上改善和提高——其他人的创意可以被用来促进产生新的创意。

此外，对于所有的想法，无论从表面上来看有多么不合逻辑和疯狂，都需要记录下来。

案例练习

【案例阅读】

善于发现身边商业机会十例

从经济意义上，商机无论大小，都是能产生利润的机会。商机表现为需求的产生与满足的方式，在时间、地点、成本、数量、对象上的不平衡状态。旧的商机消失后，新的商机又会出现。没有商机，就不会有交易活动。商机转化为财富，必定满足五个“合适”：合适的产品或服务，合适的客户，合适的价格，合适的时间和地点，合适的渠道。在今天的社会经济活动中，商机无处不在，无处不有，只要你是个留心观察、勤于思考的有心人，就一定会抓住属于你的商机。下面给大家介绍十个典型的商业机会。

一、短缺商机

物以稀为贵。短缺是经济牟利的第一动因，空气不短缺，可在高原或在密封空间里，空气也会是商机。一切有用而短缺的东西都可以是商机，如高技术、真情、真品、知识等。

商业机会：每年春节前夕，一些大城市人才介绍所都会发出信息，春节前后一个月内，愿以高出平常报酬 1～3 倍的待遇，招聘业务娴熟的保姆。因为春节期间，绝大多数保姆都回乡过年了，保姆市场骤然断档，一些急需保姆的家庭没有办法，只好高薪聘请了保姆。这就是短缺商机，一些会经营的中介公司，就借机稳稳地赚了一把。

二、时间商机

远水解不了近渴。在需求表现为时间短缺时，时间就是商机。飞机比火车快，激素虽不治病却能延缓生命，它们都存在商机。

商业机会：深圳是一个以快节奏闻名的城市，工作忙碌而紧张。工作日的午休时间大多集中在中午的 12 点到下午 2 点，就是在这短短的 2 小时，让当时还在北京读大学的姚向东嗅出了商机。他发现午休市场潜力巨大，发明了一种轻便美观、符合人体结构、让午休成为享受的午睡枕，并获得专利证书，产品投向市场后非常火爆。

三、价格与成本商机

在需求的满足上，能用更低成本满足时，更多人就不会追求高成本的消费。

商业机会：同样是卖西瓜，瓜也差不多，但价格低的会销量更好；同样是卖西瓜，进口西瓜比较贵，如果你能以较低的成本生产出可以与进口西瓜味道相媲美的西瓜，进口西瓜的市场份额必然会被你抢占。

四、方便性商机

随着生活节奏加快，现代人花钱买个方便成为很多人的选择，所以出现超市能与小商店并存，大排档能与路边小饮食摊并存的形式。

商业机会：陈小姐外出打工时，学习并熟练掌握的缝纫技术。一位在深圳华强北嘉华批发市场经营店铺的亲戚，邀请她过来卖衣服。一段时间后，陈小姐发现这个服装市场的服装虽然款式新颖，但几乎都是欧码服装，顾客买了衣服后经常要求店家提供修改服务。但市场内经营缩短裤腿、改大尺寸等零碎活的店却很少。她就专门干起了“改裤脚、换拉链”这些不起眼的小营生，尽管店铺很小，投入不高，但因手艺精湛，生意十分红火。

五、通用需求商机

人们的生存需求如吃、穿、住、行每天都在继续，有人的地方，就有这种商机。

商业机会：县城中学的学生大多骑自行车上学，城郊农民刘跃华就看到了自行车维修行业的需求。他主动与几个中学进行联系，在校内投资开了几家自行车维修点，因其服务规范，生意十分好。

六、价值发现性商机

天生某物必有用。一旦司空见惯的东西出现了新用途定会，身价必定大增。

商业机会：一提起在农村随处可见的麦秸，很多人会认为它不值钱。可是，湖北的打工妹张楠，却敏锐地发现了其中蕴藏的巨大商机。她将这些废弃之物加工成小巧精美的草拎包、草编筐等纯天然家居用品，卖给崇尚自然的都市人。短短 4 年她就从麦秸秆里获得了 200 万元的财富。

七、中间性商机

螳螂捕蝉，黄雀在后。人们总是急功近利，却将过程中的一些商机白白浪费。

商业机会：美国的李维斯，跟着一大批人去西部淘金，途中一条大河拦住了去路，许多人感到愤怒，但李维斯却说“棒极了”，他设法租了一条船给想过河的人摆渡，结果赚了不少钱。不久摆渡的生意被人抢走了，李维斯又说“棒极了”，因为采矿出汗很多饮用水很紧张，于是别人采矿他卖水，又赚了不少钱。后来卖水的生意又被抢走了，李维斯又说“棒极了”，因为采矿时工人跪在地上，裤子的膝盖部分特别容易磨破，而矿区里却有许多被人弃掉的帆布帐篷，李维斯就把这些旧帐篷收集起来洗干净后做成裤子，销量很好，“牛仔裤”也由此诞生。

八、系统性商机

也就是挖掘在工作或生活中的某个独立价值链上的配套性商机。

商业机会：随着生活水平提高，越来越多的人特别是都市白领平时都喜欢买上一束鲜花来美化居室环境，但等鲜花凋谢后，主人往往没有时间去花店，漂亮的花瓶里一插着“残花败柳”，大煞风景。来自湖南农村的打工妹何玲玲便干上了替人换花这一行，在都市站稳了脚跟，收入还不菲，被众多白领誉为都市“花仙子”。

九、文化与习惯性商机

即由生活方式决定的一些商机，如各种节日用品。

商业机会：每年清明节临近，不少与之有关的商品都畅销。一位扎纸的农民创造性地开发了一种既方便拿又漂亮的折叠纸花圈，此发明很受市场欢迎，仅一个清明节就赚了 20 多万元。

十、灾难性商机

由重大的突发危机事件引起的商机。

商业机会：近几年流行病比较多，如何加强对流行病的预防这一话题，引起了大家的重视。湖南农民张某就从中发现了商机，他通过土地流转承包了几百亩土地种植与提高人体抵抗力、防治流行病相关的药材，市场供不应求，他也因此致富，年纯收入超过 100 万元。

【案例讨论】

1. 分析以上十个商业机会所提供的产品或服务满足了顾客的什么需求。

2. 以上十个商业机会对你发现商业机会有什么启发，由此你是否也能找到身边的蕴藏的商业机会。

第二节　筛选商业机会

【学习目标】

1. 了解常用的商业机会评估框架与方法；
2. 通过互动模拟实践直观感受商业机会的评估；
3. 通过互动模拟实践分析并筛选出主要商业风险；
4. 通过互动模拟实践提出主要商业风险的改善策略或计划；
5. 直观理解机会风险与创业者主体及创业资源之间的动态关系。

实践体验

商机筛选模拟

针对如何全面评价创业机会，全球的学者们做了不少研究与探索，一方面，可以从“收益—成本”框架出发评价创业机会的价值创造潜力，判断值不值得追求所发现的创业机会；另一方面，可以从“个体—创业机会”框架出发评价创业机会实现的可能性，判断个体能不能够真正把握创业机会。

美国百森商学院的蒂蒙斯教授提出的创业机会评价基本框架是比较完善的创业机会评价指标体系。蒂蒙斯教授认为，创业者应该从行业和市场、经济因素、收获条件、竞争优势、管理团队、致命缺陷问题、个人标准、理想与现实的战略差异8个方面来评价创业机会的价值潜力，并围绕这8个方面形成了53项指标。

蒂蒙斯机会评价模型使创业者能在早期创业项目的商业机会确立之前，形成更为全面、严谨、细致的机会与风险比例及分布的评估过程，以进一步降低后续创业环节的风险，并为一些主要风险做好预判，提前制订应对策略。

下面我们将通过一个课堂模拟评估筛选商业机会的互动学习过程，使同学们对商业机会筛选评估过程有一个更为直观的感受与理解。

（一）游戏准备

教师需要为每个小组提前准备以下材料：

空白A3纸一张，红、绿颜色便利贴各若干张，小双头记号笔一支。

（二）项目背景

教师需要使用PPT撰写一个具有一定争议性的潜在创业项目背景，作为模拟评估过程中所有小组统一评估的背景材料。当然也可以使用下面这个背景作为参考：

在座的每个小组的同学们，接下去几个月时间里，你们将以所在小组为单位组建创业团队，在自己学校或其他更多学校内开展一个以二手书籍收购、翻新、修复、销售为主营业务的创业，在该创业项目正式开始前，大家需要根据自身团队内部实际情况，展开对该项目的商业机会与风险的筛选评估，并把评估结果记录在老师发放的A3纸相应位置上，针对评估结果中风险较大或主要风险部分，请在便利贴上写上你们团队做出的相应的风险改进措施或计划，并粘贴到A3纸相应位置上。

（三）个人评估

下表是完整的蒂蒙斯创业机会评价量表，量表分为8个主要维度，一共53个评估指标，根据上述第二点老师给出的具体项目背景或默认背景，每位同学通过一定时间，各自独立在下方表格中完成对该项目的机会风险评估，每个指标最低0分，最高10

分，依次代表机会从 0 到 10 的过程(图 3-2-1)。

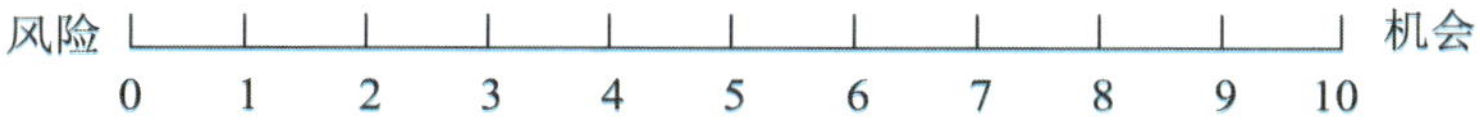

图 3-2-1

同学们对每个维度进行主观评估打分后，在每个维度的最后部分计算并记录该部分的机会分值，并在将其与该维度满分分值相除后记录该部分机会的百分比数值，对于那些短时间内没法很好判断机会值的指标，建议暂时给予中间值 5 分处理。

表格的最后部分请记录所有维度指标汇总的总机会分值，同样需要与满分相除然后记录总的机会百分比数值。

表 3-2-1 蒂蒙斯的创业机会评价框架

评估者姓名：________ 评估日期：________

评估框架	评估指标	评估结果
行业和市场	1. 市场容易识别，可以带来持续收入	
	2. 顾客可以接受产品或服务，愿意为此付费	
	3. 产品的附加价值高	
	4. 产品对市场的影响力大	
	5. 将要开发的产品生命长久	
	6. 项目所在的行业是新兴行业，竞争不完善	
	7. 市场规模大，销售潜力达到 1 千万元到 10 亿元	
	8. 市场成长率在 30%～50%甚至更高	
	9. 现有厂商的生产能力几乎饱和	
	10. 在 5 年内能占据市场的领导地位，达到 20%以上	
	11. 拥有低成本的供货商，具有成本优势	
	满分：110 机会分值：________ 机会比例：________%	
经济因素	1. 达到盈亏平衡点所需要的时间在 1.5～2 年以上	
	2. 盈亏平衡点不会逐渐提高	
	3. 投资回报率在 25%以上	
	4. 项目对资金的要求不是很大，能够获得融资	
	5. 销售额的年增长率高于 15%	
	6. 有良好的现金流量，能占有销售额的 20%～30%以上	
	7. 能获得持久的毛利，毛利率要达到 40%以上	
	8. 能获得持久的税后利润，税后利润率要超过 10%	

续表

评估框架	评估指标	评估结果
经济因素	9. 资产集中程度低	
	10. 运营资金不多，需求量是逐渐增加的	
	11. 研究开发工作对资金的要求不高	
	满分：110 机会分值：______ 机会比例：______%	
收获条件	1. 项目带来的附加价值具有较高的战略意义	
	2. 存在现有的或可预料的退出方式	
	3. 资本市场环境有利，可以实现资本的流动	
	满分：30 机会分值：______ 机会比例：______%	
竞争优势	1. 固定成本和可变成本低	
	2. 对成本、价格和销售的控制较高	
	3. 已经获得或可以获得对专利所有权的保护	
	4. 竞争对手尚未觉醒，竞争较弱	
	5. 拥有专利或具有某种独占性优势	
	6. 拥有发展良好的网络关系，容易获得合同	
	7. 拥有杰出的管理团队	
	满分：70 机会分值：______ 机会比例：______%	
管理团队	1. 创业者团队是一个优秀管理者的组合	
	2. 行业和技术经验达到了本行业内的最高水平	
	3. 管理团队的正直廉洁程度能达到最高水准	
	4. 管理团队知道自己缺乏哪些方面的知识	
	满分：40 机会分值：______ 机会比例：______%	
致命缺陷问题	不存在任何致命缺陷问题	
	满分：10 机会分值：______ 机会比例：______%	
个人标准	1. 个人目标与创业活动相符合	
	2. 创业家可以做到在有限的风险下实现成功	
	3. 创业家能接受薪水减少等损失	
	4. 创业家渴望创业式的生活方式，而不只是为了赚大钱	
	5. 创业家可以承受适当的风险	
	6. 创业家在压力下状态依然良好	
	满分：60 机会分值：______ 机会比例：______%	

续表

评估框架	评估指标	评估结果
理想与现实的战略差异	1. 理想与现实情况相吻合	
	2. 管理团队已经是最好的	
	3. 在客户服务管理方面有很好的服务理念	
	4. 所创办的事业顺应时代潮流	
	5. 所采取的技术具有突破性，不存在许多替代品或竞争对手	
	6. 具备灵活的适应能力，能快速地进行取舍	
	7. 始终在寻找新的机会	
	8. 定价与市场领先者几乎持平	
	9. 能够获得销售渠道，或已经拥有现成的网络	
	10. 能够允许失败	
	满分：100　机会分值：________　机会比例：________%	
汇总评估结果	满分：530　机会分值：________　机会比例：________%	

（四）学生分组

在所有同学都完成独立评估后，由老师统一协调，根据每个同学对项目机会的评估结果，以20%为一档，共形成5档，让同学们举手统计每档人数，并指挥评估结果在同一档范围内的同学站成一列，如下图所示：

老师位置

>0%，≤20%	>20%，≤40%	>40%，≤60%	>60%，≤80%	>80%，≤100%
学生1	学生4	学生7	学生10	学生13
学生2	学生5	学生8	学生11	学生14
学生3	学生6	学生9	学生12	学生15
……	……	……	……	……

图 3-2-2

如果教室场地有限制，不适合排队，也可以由老师提前准备编上机会范围数字的小纸片："大于0小于等于20%""大于20%小于等于40%""大于40%小于等于60%""大于60%小于等于80%""大于80%小于等于100%"，根据每位同学的实际评估结果发给大家。

随后过程中，由同学们自由组建创业团队并讨论好团队名称，每个小组5人左右，老师发放提前准备的A3纸、便利贴、笔等道具给每个小组，每个创业团队要求尽量保持成员之间的评估结果处于不同分档范围内，如：

姓名	评估结果
张三	16.35%
李四	28.33%
王五	56.12%
赵六	79.87%
孙七	93.17%

图 3-2-3

形成各自评估结果差异较大的团队结构，目的是为了在每个团队内尽可能形成更为全面的团队内部各自评估逻辑检验，并形成更为激烈的内部讨论，当然还涉及团队的组织协调及领导力问题。

（五）团队评估

在完成分组工作后，老师给予每个小组一定时间，由每个小组在领取的A3纸的其中一面上绘制出表3-2-1评估量表，该过程除了增加了小组内部讨论外，其他部分与个人评估过程类似，记录评估结果写在A3纸上。

（六）改善风险

在完成团队集体评估后，通过团队内部的进一步讨论，要求每个团队在A3纸的余下空白面上，按评估量表8个维度机会比例从小到大排序，依次列出机会最小的3个维度与机会最大的3个维度，并在下方留一定空间用于粘贴便利贴，如下图：

团队名称： 团队成员：
No. 1 风险维度：________ 机会值：________% 粘贴便利贴
No. 2 风险维度：________ 机会值：________%
No. 3 风险维度：________ 机会值：________%

续表

No. 1 风险维度：________ 机会值：________%
No. 2 风险维度：________ 机会值：________%
No. 3 风险维度：________ 机会值：________%

图 3-2-4

在填写完 6 个维度后，每个团队需要围绕机会最小的维度，讨论出若干个具体的机会提升改进策略，换言之，就是需要围绕这部分维度讨论出若干个降低风险的具体策略。

对于机会较大的 3 个维度，每个团队则需要讨论出各自的支撑理由，即为什么认为这些维度的机会很大？

改进策略及支撑理由均通过便利贴的形式，由每个团队黏贴在自己的 A3 纸相应位置上，为了醒目起见，建议可以用红色的便利贴写机会最少的部分的改进策略，用绿色的便利贴写机会较多的部分的支撑理由。

（七）上台路演

该环节将由老师依次邀请每个小组的成员到讲台上来，并给予一定时间，由其中一位组员向全班同学展示小组的 A3 纸，其他成员分享组内评估讨论过程中大家是如何从差异较大的状态达到相对一致统一的，并围绕团队分析得出的最少机会部分分享改善策略，针对最大机会部分分享理由支撑。

台下其他同学作为评委观众，可以在老师的引导下对台上小组进行自由提问及交流。

通过以上实践体验，全班同学还可以再来分析以下问题：

1. 在商机筛选过程中，相同项目背景下不同同学评估的结果会一样吗？为什么评估结果会有差异？

2. 在商机筛选过程中，相同项目背景同一个同学时隔一年再次评估，结果会一样吗？为什么评估结果会有差异？

3. 哪些要素会对商业机会形成较大的影响？

4. 个体对商业机会的判断与团队其他成员做出的判断发生较大差异时，怎么办？

理论解读

接下来我们会针对创业机会的市场与效益面，提出一套评估准则，并说明各准则因素的内涵，目的是为创业者提供是否投入创业开发的决策参考。

筛选商业机会

（一）市场评估准则

1. 市场定位

一个好的创业机会，必然具有特定的市场定位，专注于满足顾客需求，同时能为顾客带来增值的效果。因此评估创业机会的时候，可由市场定位是否明确、顾客需求分析是否清晰、顾客接触通道是否流畅、产品是否持续衍生等，来判断创业机会可能创造的市场价值。创业带给顾客的价值越高，创业成功的机会也会越大。

2. 市场结构

针对创业机会的市场结构进行分析，包括进入障碍、供货商、顾客、经销商的谈判力量、替代性竞争产品的威胁，以及市场内部竞争的激烈程度。由市场结构分析可以得知新企业未来在市场中的地位，以及可能遭遇的竞争对手反击的程度。

3. 市场规模

市场规模大小与成长速度，也是影响新企业成败的重要因素。一般而言，市场规模大者，进入障碍相对较低，市场竞争激烈程度也会略为下降。但如果要进入的是一个十分成熟的市场，纵然市场规模很大，由于已经不再成长，利润空间必然很小，因此这项新企业恐怕就不值得再投入。反之，一个正在成长中的市场，通常也会是一个充满商机的市场，所谓水涨船高，只要进入时机正确，必然会有获利的空间。

4. 市场渗透力

对于一个具有巨大市场潜力的创造机会，市场渗透力（市场机会实现的过程）评估将会是一项非常重要的影响因素。聪明的创业者知道选择进入市场的最佳时机，也就是市场需求正要大幅增长之际。

5. 市场占有率

从创业机会预期可取得的市场占有率目标，可以显示这家新创公司未来的市场竞争力。一般而言，要成为市场的领导者最少需要拥有20%以上的市场占有率。如果只拥有低于5%的市场占有率，那么这个新企业的市场竞争力就不高，自然也会影响未来企业上市的价值。尤其处在具有赢家通吃特点的高科技产业，新企业必须拥有成为市场前几名的能力，才比较具有投资价值。

6. 产品的成本结构

产品的成本结构，也可以反映新企业的前景是否宽广。例如，从物料与人工成本所占比重之高低、变动成本与固定成本的比值，以及经济规模产量大小，可以判断企业创造附加价值的幅度以及未来可能的获利空间。

（二）效益评估准则

1. 合理的税后净利润

一般而言，具有吸引力的创业机会，至少需要能够创造15%以上的税后净利。如果创业预期的税后净利是在5%以下，那么这显然不是一个好的投资机会。

2. 达到损益平衡所需的时间

合理的损益平衡实践应该能在两年以内达到，但如果三年还达不到，恐怕就不是一个值得投入的创业机会。不过有的创业机会确实需要经过比较长的耕耘时间，通过这些前期投入，克服进入障碍，保证后期的持续获利。在这种情况下，可以将前期投入视为一种投资，才能容忍较长的损益平衡时间。

3. 投资回投率

考虑到创业可能面临的各项风险，合理的投资回报率应该在25%以上。一般而言，15%以下的投资回投率，是不值得考虑的创业机会。

4. 资本需求

资金需求量较低的创业机会，投资者一般会比较欢迎。事实上，许多个案显示，资本额过高其实并不利于创业成功，有时还会带来稀释投资回报率的负面效果。通常，知识越密集的创业机会，对资金的需求量越低，投资回报反而越高。因此在创业开始的时候，不要募集太多资金，最好通过盈余积累的方式来积累资金。而比较低的资本额，将有利于提高每股盈余，并且还可以进一步提高未来上市的价格。

5. 毛利率

毛利率高的创业机会，相对风险较低，也比较容易取得损益平衡，反之，毛利率低的创业机会，风险则较高，遇到决策失误或市场产生较大变化的时候，企业很容易就遭受损失。一般而言，理想的毛利率是40%。当毛利率低于20%的时候，这个创业机会就不值得再考虑了。软件业的毛利率通常都很高，所以只要能找到足够的业务量，从事软件创业在财务上遭受严重损失的风险相对会比较低。

6. 策略性的价值

能否创造新企业在市场上的策略性的价值，也是一项重要的评价指标。一般而言，策略性价值与产业网络规模、利益机制、竞争程度密切相关。而创业机会对于产业价值链所能创造的加值效果，也与它所采取的经营策略与经营模式密切相关。

7. 资本市场活力

当新企业处于一个具有高度活力的资本市场时，它的获利回收机会相对也比较高。不过资本市场的变化幅度极大，在市场高点时投入，资金成本较低，筹资相对容易。但在资本市场低点时，投资新企业开发的诱因则较低，好的创业机会也相对较少。不过，对投资者而言，市场低点的成本较低，有时投资回报反而更高。一般而言，新创企业在活跃的资本市场比较容易创造增值效果，因此资本市场活力也是一项可以被用来评价创业机会的外部环境指标。

8. 退出机制与策略

所有投资的目的都在于回收，因此退出机制与策略就成为一项评估创业机会的重要指标。企业的价值一般也要由客观鉴价能力的市场交易来决定，而这种交易机制的完善程度也会影响新企业退出机制的弹性。由于退出的难度普遍高于进入，所以一个具有吸引力的创业机会，应该能为所有投资者考虑退出机制，以及退出的策略规划。

（三）有价值创业机会的特征

机会评价是创造过程中仔细审查创业并分析其可行性的阶段。评价是创造过程中特别具有挑战性的阶段，因为它要求创意者对创意的可行性采取一种公正的看法。创意需要符合一定的标准，才是真正的创业机会，而且创业机会只有符合创业者的能力和目标才是有价值的。

有价值的创业机会具有四个主要特征。

1. 有吸引力

商业机会总会带来市场需求，使创业产生盈利，因而受到创业者与投资者的追寻与青睐。

2. 持久性

商业机会取决于市场变化，市场的环境变化是持久的，而商业机会客观存在于一定的市场环境之中，也是持久的。

3. 及时性

商业机会产生于一定条件下，随着环境的变化，消费者需求的转移，商业机会也会随之改变。为此，创业者必须及时地捕捉机会，科学地加以利用，以取得良好的经济效益。

4. 客观性

无论经营者是否意识到，市场机会总是客观存在于一定的市场环境之中。一个企业未能发现的机会，会被另一个企业捕捉和利用。因此，企业应积极从市场环境变化的规律中寻找机会。

（四）评估个人与创业机会之间的匹配程度

对每个人来说，有些机会只能看见，却不能为自己所把握。即使创业机会的价值再大，如果自己缺乏相应的必备条件和因素，盲目行动带来的后果往往也可能是血本无归。那么，如何才能判断创业机会是否适合自己，至少需要从个人经验、社会网络、经济状况三个方面评价。

在个人经验层面，要考虑以前的工作和生活经验是否能够支撑后续开发创业机会所必需的知识和技能。此时，经验的广度和深度扮演着重要角色。个人的工作经验越广，对把握创业机会的帮助就越大。

在社会网络层面，要考虑自己身边认识、熟悉的人们能否支撑后续开发机会所必需的资源和其他因素。研究证实，社会关系网络在创业活动中会起到重要的作用。在创业过程中，社会关系网络不仅为创业者提供了信息、知识和资源，而且为创业者提供了必要的情感和心理支持。此时，需要对社会关系网络做出自我评价：有没有朋友可以资助或借贷资金，可能性有多大；有没有朋友能带来生意，可能性有多大，等等。

在经济状况层面，要重点考虑的是创业者能否承受从事创业活动而带来的机会成本。大量研究表明，在创业之初，大部分成功创业者并没有充足的自有资金用于创业，但都有着报酬丰厚的工作机会。也就是说，需要考虑创业机会的价值潜力能否在长期内弥补因放弃工作而承担的损失。大规模问卷调查也发现，创业前的收入水平越高，个体越不愿意放弃当前工作机会去创业；相应的，一旦个体做出了创业的选择，创业活动的价值和利润创造潜力也较那些创业前机会成本较低的创业者更高。

当然，上述三个因素是打算创业的人们在评价创业机会时需要考虑的因素。但由于创业本身就是一项具有高度风险的活动，没有一个创业机会是完美的，也没有任何创业者是在完全适合自己的条件下开展创业活动的，因此，在评价创业机会之后是否决定投入创业，仍然是一个比较主观的决策。

案例练习

【案例阅读】

王向东航拍项目的商机评估①

王向东，1980 年生于山西省交口县。2005 年毕业于武汉华中科技大学电子学专业。作为一个地道的北方人，2001 年初到武汉上学的他很强烈地感受到了南方人浓厚的经商意识，所在大学周边的很多小商铺都是在校生经营的，这在他眼里分外新鲜，看到自己身边很多同学也在课业之余经营着各自的生意，每月生活费都不用向父母要，还可以自己购买很多学生羡慕但消费不起的东西，这激发了他内心想要自己赚钱的冲动。于是在大二时当他看到在学校后门旁边有个饰品玩具的小店要转让，就和几个志同道合的同学合伙开了一家便利超市，因为武汉天气热，超市的生意维持得挺不错。这个经历让他体会到了一种自由惬意，心中埋下了创业的种子。

毕业后他由导师推荐和几个同学一起到深圳某知名电子科技企业工作，深圳是创业家的摇篮，是中国第一个经济特区，有很多人在这个城市实现了自己创业的理想。

① 白永丽：《创业商机的识别与筛选——以新生创业者王向东为例》，硕士论文，北京师范大学，2012。

朝九晚五的规律生活过了不到半年时间，他体内那种不安分的因子又开始蠢蠢欲动了。他在电子科技企业的工厂实习时发现电子加工其实很简单，主要是靠机器，技术含量并不高，进入门槛也比较低，只要有资金买先进的机器就能起步。同时他发现电子加工行业有巨大的市场前景，当时正值MP3等便携电子产品刚刚兴起，于是他和几个大学时志同道合的好友合资成立了一家电子代加工企业。团队中王向东为人正直，有自己的思想，而且执行能力比较强；李某资金实力雄厚，协调能力强；武某的资金也比较充裕，为人随和。创立企业时他们的注册资金200万，三个合伙人平均出资，因为他们三个都是电子专业背景，专业水平技术较为了解，对工人要求比较严格，代加工产品返工率低，赢得了不错的口碑，公司业务发展很快，一年后要更新设备他们进行了第二轮融资，当时注册资金500万，又过半年完成了第三轮融资，在第二、第三次融资时王向东出资比例较低，另外两位合伙人出资比例较高，这就打破了原先团队的和谐，另外两人由于出资比例的加大，在面临决策时不再像曾经那样三个人商量做出合理决策，而是偏向出资额多的合伙人的意见。这样的决策机制使王向东有些心灰意冷，于是在合作两年半后，他自己主动退出团队。王向东在这次合伙创业过程中得到了人生第一桶金。

此时，一个在小型无人机应用器材领域做研究的朋友，希望与他合伙成立一个航拍公司。该朋友长期致力于研究航拍领域，目前已基本成功研制一款适合在无人直升机上使用的红外遥感仪，一旦这种产品走向市场即可成为该公司在供应环节的成本控制方面的竞争优势。航拍是指用直升机，固定翼飞机或超轻型飞机在空中飞行过程中对实景实物，根据不同的高度、角度、多方位进行摄影，摄像。航拍又称空中摄影或航空摄影，是指从空中拍摄地球地貌，获得俯视图的项目。

该创业团队认为在政策方面是一个契机，2010年国务院、中央军委颁发了《关于深化我国低空空域管理改革的意见》。阶段性目标为：试点阶段(2011年前)，在长春、广州、沈阳飞行管制区进行深化试点，为全面推进低空空域管理改革奠定基础。推广阶段(2011—2015年)，在全国推广试点，在北京、兰州、济南、南京、成都飞行管制区分类划设低空空域，基本形成全国一体的低空空域运行管理和服务保障体系。深化阶段(2016—2020年)，进一步深化改革，使低空空域管理体制机制先进合理、法规标准科学完善、运行管理高效顺畅、服务保障体系可靠完备，低空空域资源得到科学合理开发利用。低空空域，通常是指真高1000米(含)以下的空间范围。低空空域分为管制空域、监视空域和报告空域三类。其中，管制空域通常划设在飞行比较繁忙的地区，机场起降地带、空中禁区、空中危险区、空中限制区、地面重要目标、国(边)境地带等区域的上空。在这个空域内的一切空域使用活动，必须经过飞行管制部门批准并接受飞行管制。监视空域通常划设在管制空域周围。在这个空域内的一切空域使用活动，空域用户向飞行管制部门报备飞行计划后，即可自行组织飞行并对飞行安全负责，飞行管制部门严密监视空域使用情况，并提供飞行情报服务和告警服务。报告空域通常划设在远离空中禁区、空中危险区、空中 限制区、国(边)境地带、地面重要目标以及飞行密集地区、机场管制地带等区域的上空。

在市场方面，随着无人机在民用方面的应用，市场前景非常大，目前航拍应用于航空测绘、森林防火、政府规划、航空护林、电力线巡检、管道巡检、大型工厂企业航拍宣传、晚会、婚礼庆典航拍、影视、广告航拍，最近还有报道称保险赔付也用航拍定损，应用领域非常广泛。至于市场定位，该创业团队想广泛覆盖，他们认为目前国内的技术还不成熟，国外这方面技术对我国是封闭的，高端的飞行器不对我国出口，国内航拍市场整体属于发展的初级阶段。直升机航拍效果最好，但成本太高，选择消费的客户有一定局限性；选择成本比较低的无人直升机航拍，搭配载入动力三角翼，就可以基本满足各种客户的需求。动力三角翼飞行器在近年来电影和电视纪录片的创作中很受欢迎，拍摄出来的影像画面非常流畅稳定，无抖动，最突出的是它拥有非常出色的超低空飞行能力，可以在距地面2～3米的距离超低空平稳飞行，也能飞行在6000～7000米的高度。巡航速度达60～170公里每小时，在空中不间断飞行巡航里程达750公里，此外它还能大角度旋转，它的高速俯冲也是其他飞行器材很难做到的，这种优势使摄影师能拍到以前不能拍摄的镜头，把镜头里速度感展现得淋漓尽致。

经团队多方面考察市场，包括厂房、设备等的市场行情和性能调查，估算要像模像样地成立一个航拍公司至少需要200万元的启动资金，他们计划航拍所需的各种设备都要配备，办公场地也要配套，市场推广和后勤人员也要配齐。团队对航拍市场的运作收入进行调研后觉得未来利润非常可观，如果公司做起来得到了市场的认可，应该一两年就能回本。他的合伙人比较注重研发，认为应该同时开发销售适合无人机使用的红外线遥感仪，王向东则比较看重直接做航拍业务，他目前能拿出80万元的资金，其余的部分可以跟身边的朋友融资。

据有关数据显示目前在国内大大小小的航拍公司已不下百家，在北京、河北、青岛、上海、南京、苏州、杭州、广州等地已经有一些规模相对较大的航拍公司，如蓝天航拍、北京龙脉航空摄影、环球佳视、广州飞影等，但航拍市场目前仍属于一个新兴市场，无论从技术方面还是市场方面都有待开拓。2017年，我国航拍无人机市场规模约40多亿元，中国航拍无人机市场将以86.5%的年复合增长率快速成长；预计到2020年，市场规模将高达250亿元人民币。在“互联网+”的热潮中，通过搭载高清摄像头，小型无人机可以进行高空拍摄、录制影视素材，包括拍摄极限运动航拍作品、风景航拍作品以及商业宣传片等，无人机航拍在社交视频平台中也愈加受欢迎。但也要关注到无人机航拍获取到的影像、声音、地理位置的影像数据，会涉及安全隐私、第三方责任、国土安全等诸多问题。

【案例讨论】

1. 利用蒂蒙斯商机评价框架，从行业与市场、经济性、收获问题、竞争优势、管理团队、致命缺陷、创业者个人标准、战略差别等八方面分析该项目是否是一个有吸引力的商业机会？

2. 利用市场评估准则和效益评估准则分析该项目是否为一个有价值的商业机会？

第三节　评估创业风险

【学习目标】

1. 理解风险的概念、特点和不同类型，具备风险意识，了解“创业有风险，三思而后行”的重要性；

2. 掌握风险识别和风险评估的基本原理和方法，学会识别和评估创业风险；

3. 掌握处理和应对风险的基本方法和技巧。

实践体验

风险投球①

学生可以通过进行这个投掷游戏来理解风险承担中的各种因素。活动中的器具大小、距离等可以根据实际情况进行一定调整。

（一）游戏准备

在教室里放 1 个篮子（大小一样）并准备 3 个弹力球（或有一定重量的纸球）当作投掷物；或在地上立 1 个柱子，并准备 3 个可作投掷用的塑料环。

确定每个篮子（柱子）所对应的投掷位。最远投掷位和篮子之间的距离约为 3 米。在最远投掷位和篮子（柱子）之间分 10 个等距。每个等距为一个投掷位（共 10 个投掷位），用粉笔在地面上用横线来表示每个投掷位，并标出分数（从离篮子或柱子最近的

---

① （1）报数。活动前，教师应让学生报数，学生的“报号”就是他（她）正式投掷时的比赛顺序。

（2）站位。要求参与者站位基本与地面垂直，不能过度前倾。这样可以保证科学的投掷距离，体现比赛的公平性。

（3）试投。正式投掷前，每位参与者可进行 3 次试投，不计成绩。

（4）记分。工作人员记分时，应当结合“站位”进行。比如，张三比赛投掷时，三次站位分别为 5、6、7，结果只有第一次投中，记录成绩组合为 500，积分 5 分。

投掷位开始依次从 1 到 10 标注，如图 3-3-1 所示）。

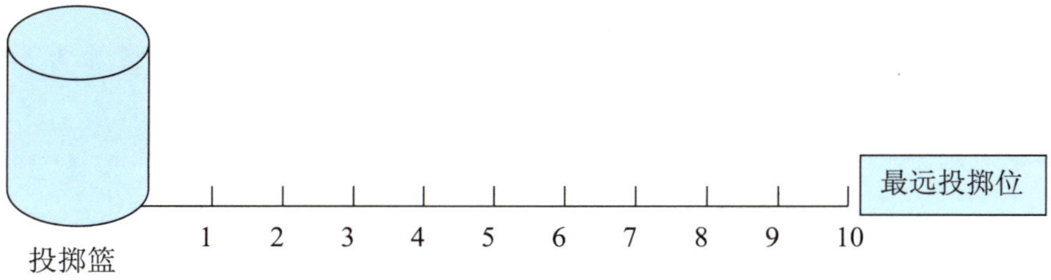

图 3-3-1

（二）个人投球

游戏开始前主持人宣布游戏规则和奖品。游戏开始，每个参与者可以投掷三次，可以自行选择离目标物不同距离的投掷位。请一个工作人员作记录员，依次完整记录投掷者每次投掷（球进篮中或环套在柱子上）的分数，失败投掷记“0”分（分数记录在“个人投球得分记录表”），当前一个学员投球时，下一个投球的学员去捡球，如此循环。

表 3-3-1

个人投球得分记录表									
学员	得分 1	得分 2	得分 3	总分	学员	得分 1	得分 2	得分 3	总分
1					16				
2					17				
3					18				
……					……				
15					30				

个人投球结束后讨论以下问题：

1. 那些得分最高的参与者有哪些成功的做法？比如，怎样使风险最小化？承担风险前收集了哪些信息，做了哪些准备？最大目标实现没有，没有实现的最大障碍在什么地方？

2. 那些得分较低的参与者的问题出在什么地方？比如，这个目标值得冒险吗？决定承担风险前，需要收集哪些信息？

3. 那些得分居中的学生对于游戏中的风险采用了什么方法应对？

4. 如果进行第二轮游戏，参与者做了哪些调整来提高比赛成绩，为什么？

通过游戏，不难发现游戏获胜的是两类人：一类是投掷技巧娴熟，“艺高胆大”者；另一类是善于搜集信息，“知己知彼”者。这两类人在自己试投时，善于评估自己的投掷实力，确定投掷风险；在别人投掷时，会注意他们的试投表现，收集对方信息；在“知己知彼”的基础上，确定自己的投掷目标；在正式投掷比赛中，实施方案。

（三）小组投球

把全班学生分组，每组五或六人。告诉学生，每组有三分钟的准备时间，每组有六次投掷机会，每次投球者由各组自行决定，每组所有组员的成绩相加为小组成绩。仔细观察学生们在三分钟的准备时间里所做的事情（不要告诉他们该做什么）。有些组可能会在练习投掷，有些组则可能会进行讨论。在投球进行到一半时和最后一轮投球前，可以让各组讨论一下，分析存在的风险和应对策略。

表 3-3-2

小组投球得分记录表								
组名	得分 1	得分 2	得分 3	得分 4	得分 5	得分 6	总分	名次
A								
B								
C								
……								

小组投球结束后讨论以下问题：

1. 在这部分活动中学生们使用了什么其他资源？（如之前得分的大致范围、每个人之前的成绩、群体的意见等）

2. 小组投球和个人投球有哪些不同？（参与者有了更多的资源，同时可能要服从群体压力，这可能会导致个人目标和群体目标之间发生冲突）

3. 在商业情境下哪个游戏更真实？（这个问题是要引发学生思考创业者在设定目标时所承受的压力，包括来自客户、下属、以往的标准、对失败成本的估计以及成功后的成就感等）

4. 第二部分活动中小组的成绩总和是否高于第一部分活动所有学生的成绩总和？如何解释这种差异？（例如，团队合作、对技巧的改进、团队成员间的讨论、第一部分活动中得到的得分范围、群体压力）

通过小组投球，我们要去思考实现创业过程中的目标值得去冒风险吗？怎样使风险最小化？在决定承担风险前需要什么信息？人力资源或其他资源如何有助于最小化风险？在承担这个风险时我担心的是什么？我愿意尽最大努力去实现这个目标吗？承担风险能使我获得什么？在承担风险之前，我需要做哪些准备？在实现目标的过程中，最大的障碍是什么？

在商业活动中我们无法逃避风险，在承担风险的时候，你能够发现自己的能力，并能够更好地控制自己的未来，你会更加自信，并因此对承担风险有了更积极的态度。你会把风险视为一种挑战来接受，并尽自己的最大努力去实现心中的目标。

理论解读

（一）风险的概念

风险是损失或收益发生的不确定性，即风险由不确定性和损失（或收益）两个要素构成，是在一定条件下、一定时期内某一事件的预期结果与实际结果间的变动程度，变动程度越大，风险越大；反之，风险则越小。

评估创业风险

风险的特点有：(1)风险的客观性。表现为风险不是以人的意志为转移，是由客观存在的自然现象和社会现象引起的。(2)风险的不确定性。指的是风险发生的条件、风险的程度和种类都是不确定的，有时候就是防不胜防。(3)风险的相对性。指的是风险因为面临的对象不同，基于时间和空间的差异，不同的对象面临的风险大小不尽相同。(4)风险的可测量性。随着科技的进步和人们对风险认识的加深，企业可以通过定性或定量的方法对风险进行评估和测量，为风险管理提供可靠依据。

市场经济中企业的出生率高，死亡率也高。英国贸工部1988—1993年企业寿命的统计显示，7%的新建企业在开业后六个月内关闭；40%的新建企业在开业后六个月后到三年这段时间内关闭，即近一半的新建企业在开业后六个月后到三年这段时间内关闭，即近一半的新建企业“活”不过三年；企业成立三年后，关闭率逐渐下降，但“活”过六年的只有35%。美国小企管理局的资料也反映了类似情况，小企业在开业后六年内的存活率为40%。

（二）风险的分类

(1)按风险对所投入资金即创业投资的影响程度划分，可分为安全性风险、收益性风险和流动性风险。创业投资的投资方包括专业投资者与投入自身财产的创业者。安全性风险，是指从创业投资的安全性角度来看，不仅预期实际收益有损失的可能，而且专业投资者与创业者自身投入的其他财产也可能蒙受损失，即投资方的财产安全存在危险。创业风险应该如何分类？收益性风险，是指创业投资的投资方的资本和其他财产不会蒙受损失，但预期实际收益有损失的可能性。流动性风险，是指投资方的资本、其他财产以及预期实际收益不会蒙受损失，但资金有可能不能按期转移或支付，造成资金运营的停滞，从而使投资方蒙受损失的可能性。

(2)按风险来源的主客观性划分，可分为主观创业风险和客观创业风险。主观创业风险，是指在创业阶段，由于创业者的身体与心理素质等主观方面的因素导致创业失败的可能性。客观创业风险，是指在创业阶段，由于客观因素导致创业失败的可能性，如市场的变动、政策的变化、竞争对手的出现、创业资金缺乏等。

(3)按创业与市场和技术的关系划分，可分为改良型风险、杠杆型风险、跨越型风险和激进型风险。改良型风险，是指利用现有的市场、现有的技术进行创业所存在的风险。这种创业风险最低，经济回报有限，即风险虽低，但要想生存和发展，获取较高的经济回报也比较困难，一方面会遭遇已有市场竞争者的排斥或进入壁垒的限制，另一方面即便进入，想要占有一定的市场份额也非常困难。杠杆型风险，是指利用新的市场、现有的技术进行创业存在的风险。该风险稍高，对一个全球性公司来说，这种风险往往是地理上的，常见于挖掘未开辟的市场，如彩电行业，利用原有技术进入农村市场。跨越型风险，是指利用现有市场、新的技术进行创业存在的风险。该风险稍高，主要体现在创新技术的应用方面，往往反映了技术的替代，是一种较常见的情况，常见于企业的二次创业，领先者可获得一定的竞争优势，但模仿者很快就会跟上。激进型风险，是指利用新的市场、新的技术进行创业所存在的风险。该风险最大，如果市场很大，可能会带来巨大的机会，对于第一个行动者而言，其优势在于竞争风险较低，但是知识产权保护力度很弱，市场需求不确定等。

(4)按风险的内容划分，可分为技术风险、市场风险、政治风险、管理风险、生产风险和经济风险。技术风险，是指由于技术方面的因素及其变化的不确定性而导致创业失败的可能性。市场风险，是指由于市场情况的不确定性导致创业者或创业企业损失的可能性。政治风险，是指由于战争、国际关系变化或有关国家政权更迭、政策改变而导致创业者或企业蒙受损失的可能性。管理风险，是指因创业企业管理不善产生的风险。生产风险，是指创业企业提供的产品或服务从小批试制到大批生产的风险。经济风险，是指由于宏观经济环境发生大幅度波动或调整而使创业者或创业投资者蒙受损失的风险。

(5)按创业过程划分，可分为机会的识别与评估风险、准备与撰写创业计划风险、确定并获取创业资源风险和新创企业管理风险。机会的识别与评估风险，指在机会的识别与评估过程中，由于各种主客观因素，如信息获取量不足，把握不准确或推理偏误等使创业一开始就面临方向错误的风险。另外，机会风险的存在，即为创业放弃了原有的职业所面临的机会成本风险，也是该阶段存在的风险之一。准备与撰写创业计划风险，指创业计划的准备与撰写过程带来的风险。创业计划往往是创业投资者决定是否投资的依据，因此创业计划是否合适将对具体的创业产生重要影响。创业计划制订过程中各种不确定性因素与制订者自身能力的限制，也会给创业活动带来风险。确定并获取资源风险，指由于存在资源缺口，无法获得所需的关键资源，或即使可获得，但获得的成本较高，从而给创业活动带来一定风险。新创企业管理风险，主要包括管理方式，企业文化的选取与创建，发展战略的制订、组织、技术、营销等各方面的管理中存在的风险。

(6)按创业中技术因素、市场因素与管理因素的关系划分，可分为技术风险、市场风险和代理风险。其中，技术风险和市场风险在前面已提到，这里就不再赘述。代理风险，是指高级经营管理人才、组织结构以及生产管理等能否适应创业的快速增长或战胜创业企业危机阶段的动态不确定性因素的风险。这三类风险之间相互作用，使得创业企业运作的各个层面上的诸多因素的不确定性更加复杂，并且在创业企业不同的发展阶段上，各因素的风险性质也将产生一定的变化。

（三）风险分析①

风险分析包括风险识别和风险评估两个方面。风险识别是指在风险事件发生之前，风险管理人员在收集资料和调查研究之后，运用各种方法对尚未发生的潜在风险以及客观存在的各种风险进行系统归类，其基本任务就是查明不确定性因素和风险来源，各风险之间的关系及风险的后果；风险评估是在风险识别的基础上，对可能发生的某类风险的预计、度量和估计后果等工作。

1. 风险识别

风险分析的第一步就是确定是否存在风险。选择某个备选方案，是否意味着要承担一些潜在的损失呢？例如，你可能为了满足日益增长的需求而增加生产，你可以有以下这些选择：

(1)维持现有需求满足水平；

(2)购买更多设备来满足需求；

(3)租借更多设备来满足需求；

(4)向小生产商转包生产合同。

如果经营中有较好的现金流、充足的现金储备或良好的信用度，而且需求在可预见的未来一定会增长，那么选择以上任何一个备选方案都没有太大风险。虽然第一个备选方案可能会导致错失利润增长的机会，不过需求也不一定持续增长，例如，一种产品或服务可能会因为有竞争力的创新产品或服务的出现而失掉市场，更多的公司可能涉足这一领域，再或者市场可能正在接近饱和。另外，在没有利润保证的情况下，公司可能不具备足够的能力投入所需量的资金。在这种情况下，是否扩大生产的决策显然会潜在一定风险。不过，不同备选方案所存在的风险大小程度有明显的区别，相应的潜在回报(成功)也相应有所区别。那么你该怎样评估这些备选方案呢？

2. 确定目标

公司的目标可能是缓慢增长，或者稳步增长，也可能是零增长，或在其他产品领域增长。某个存在风险的决定是否与公司目标一致呢？如果是，决策程序将会继续，并要对备选方案进行详细评估。

3. 分析备选方案

如果存在一定程度风险的决定(如扩大生产的决定)与公司目标一致，下一步就是通盘考虑各种备选方案。要对这些备选方案进行详细的充分分析，这样才能客观评估其成本。大部分成本是经济成本，但在有些时候，也应将个人、社会和自然成本包括

---

① 共青团中央、中华全国青年联合会、国际劳工组织组编：《大学生KAB创业基础》，北京，高等教育出版社，2007。

进去。例如，一个备选方案是否需要付出过多的个人努力？如果失败会不会带来社会声望的损失？要在经济及其他方面的成本的角度上对每个可行的备选方案进行详细分析。

4. 收集信息，权衡备选方案

创业者要收集大量信息，这样才能对每个备选方案的成败可能进行现实评估。要对各种预计情况下的需求进行市场评估，还要评估竞争行为的可能性，并预计这些竞争行为会带来什么样的影响。要通盘考虑各种可能产生的结果，并得出合理结论：

(1)如果需求接近饱和，改进产品能否刺激新市场中需求的增长？

(2)如果竞争活动使市场份额下降，是否还存在新的市场？

(3)设备是否易于改进，从而转型生产其他产品？

(4)如果需求增加，供应商和转包商是否会提高收费？

要在对市场信息、对未来需求的预测、对竞争行为的评估和其他一些方面因素(诸如对信贷公司或设备生产商的反应的预测)的分析基础之上，对每个备选方案为公司带来的可能回报进行评估。

5. 最小化风险

创业者要对左右结果成败的影响程度进行现实评估，评估的要素包括：

(1)对创业者个人能力和公司能力的清楚认识；

(2)在确定成败如何变化(朝着有利于创业者方向)过程中的创新能力；

(3)策划能够影响变化的战略和策略的能力；

(4)实施战略的动力、活力和热情。

6. 规划、实施最佳方案

一旦选择了某一备选方案，就要为实施方案草拟出计划，其中要包括时间表、对目标的明确定义、应对可能结果的计划以及反馈程序，这样才能迅速实施计划并做出必要的改变。

(四)风险的处理

风险处理是指通过不同的方法和措施，使因风险而产生的损失最小。常用的方法有：(1)回避风险；(2)转移风险；(3)控制风险；(4)自留风险。

回避风险是指对所有可能发生的风险尽可能地规避，这样可以直接消除风险损失。回避风险具有简单、易行、全面、彻底的优点，能将风险的概率保持为零，从而保证项目的安全运行。通常用于风险损失程度大、发生频率高的风险。

转移风险是指企业为避免承担风险损失，有意识地将损失转嫁给其他主体承担。转移风险有非保险转移和保险转移两种形式。保险转移是指向保险公司缴纳保险费并同时将风险转移给保险人。

控制风险是指在风险发生时或在损失发生后为了缩小损失程度所采取的各种措施，

如在损失发生后采取自救的措施可以避免损失的扩大。

自留风险是指企业自己承担风险发生的损失，该方法主要应用于发生频率低和损失程度小的风险的处理。

案例练习

【案例阅读】

失败之后才明白①

2002 年 8 月 26 日 10 点 30 分，上海世贸商城 7 楼 G26 展厅，夏小飞和他的创业伙伴小梁花了两个多小时，将电脑、打印机、传真机、办公桌及不少五颜六色的化纤面料搬回了自己租住的宿舍里，离开了这个曾经撒下自己第一颗创业种子的地方。

一、一拍即合　共同创业

夏小飞毕业于复旦大学企业管理系。一个偶然的机会，在与同学小梁聊天时，他得知小梁家在江苏吴江，父母都做化纤面料生意。小梁还说，吴江是中国化纤面料的重要生产基地，许多上海的客户都到那里进货。小飞心里不由一动："如果在上海做化纤面料的中介生意，一定能赚钱。"两人谈得投机，便开始规划起创业的具体细节来：小飞扎根上海，寻找客户、承接订单；小梁长驻吴江，负责解决供货渠道问题。小梁说，创业前期所需的资金可以请他的父母帮助解决。

他们的创业目的很明确，一来给将来打基础，二来多赚点钱。"我希望能在 35 岁前积累足够的资本，然后做自己最想做的事业——影视制片人。光靠有限的工资收入，一辈子恐怕都无法圆这个梦。"小飞说。

2002 年春节前，他们在世贸商城找到了一个 30 平方米的展厅，房租按甲级写字楼的标准收，每月 4100 多元，加上电费、电话费和日常开支，月支出在八九千元上下。前期固定资产投资和小装修需要两万元。小飞把自己仅有的 5000 元都拿了出来，大部分投资靠小梁家里支援。他们初步确定，如果业务发展顺利，到年底，两个人的股权按 30%和 70%分配。想好了新公司的名称，但他们没急着注册，暂时打着小梁父亲在吴江注册的公司的牌子。小梁的父母答应支持他们一年，公司所需的费用，每月结算后找小梁的父亲报销。

春节，小飞回家跟父母提到创业的事，家里坚决反对。父亲以前做电器生意吃过亏，所以劝他打消这个念头，"生意场远非你想的那么简单"。"那个年过得特别不舒心。我觉得，年轻的时候应该大胆去干"，初五他就离家直奔上海。

① 创业失败案例之失败之后才明白：www.qdchuangye.com/info/?789.html，2018-9-28。

适逢世贸商城有个一年一度的面料展示会，两人都觉得机不可失，花4000元租了块4平方米左右的展区，开始搭建展台。从收集布料到展览布置，他们都自己动手。刚布置完，再看人家的展台，产品种类多达百种。小梁立即赶回吴江，又收集了几十种布料，凑足100种，两人心里这才踏实起来。

“三天展览会，真是热闹，每天都有上百个客商来展台前咨询。”小飞和小梁忙得不亦乐乎，名片发了几百张，也收了几百张，其中有海外的订货商，也有本地的中间商。两人都很兴奋，仿佛才打开窗户，就有阳光射进来，照出光明的前景。

该公司资金方面有以下问题：夏小飞创业前就应该跟小梁家里谈清楚，签好合同，把投资、回报和风险等细则明确下来。不该因为是同学的父母，就不好意思谈，含含糊糊地过去。另外，前期投资最好一步到位，不应像他们那样每月报销。

二、经验欠缺　起步艰难

3月6日，展览会一结束，他们就正式搬进了世贸商城开始创业。小飞每天的工作都很忙碌，他把展览会上收集到的名片输入电脑，做成数据库。借着展会的后续效应，每天都有十几个客户打电话或上门找他们谈业务。他又忙着收集客户的需求，接收样布，记录样布的规格、密度、材质等详细数据，用最快的速度把资料邮寄到吴江，等小梁提供价格信息。与商城内竞争对手的产品相比，小飞自认为他们提供的产品质量有保证、价格合理，应该具有竞争力。

但是，匆匆忙忙地过了一个多月，小飞察觉到事情有些不对劲。“每天都有客户来咨询，要求提供样品或报价。但他们拿了我们的资料和报价后就绝少再有回音。”眼看着客户们都像悬在半空中的气球，看得见摸不着，没一个落地签订单的，小飞着急起来。得知此事，小梁的父母帮他们分析了原因：化纤面料这个行业情况很复杂，发展到现在，国内外厂商和供应商之间的关系相对稳定。因此，产品质量好、价格低未必能争取到客户。“我们是小公司，人家没跟我们长时间打过交道，对我们监控产品质量或大规模供货的实力不够信任。”小飞细想后，也看出了某些原委。许多客户向他们咨询，并非真有订货意向。拿到他们的报价资料，如果比原来供货商价格低，就有理由要求降价，如果低不了很多，一般不会轻易改变合作关系。

小飞也想过变被动等人上门为主动上门洽谈，以增加跟客户的直接沟通。“试着到外面跑过两天，找服装工厂，因为无的放矢，效果很差”。加上公司就他一个人，也不太方便走开。他还草拟过一个销售计划，想招几个业务员，但由于要增加投入，小梁的父母没同意，只好作罢。

管理和营销经验不足也是小飞和小梁创业失败的重要原因。一方面，他们没有认真地调查市场、分析行业特点。另一方面，小飞此前根本没有接触过化纤布料，对各类产品的性能还不熟悉，碰到一般客户尚能应付，面对行家提到的有关具体指标方面的问题，他就显得力不从心了。

三、盲目信任　赤壁受骗

两个多月一晃就过去了，公司滴“水”未进，小飞心急如焚。“五一”节前夕，事情突然有了转机。一天，他接到湖北赤壁某外贸公司的传真，说需要一种布料，如符合要求，可以签下高达150多万元的订货合同。几次的传真和电话联系后，对方约小飞节前去趟赤壁。小飞欣喜若狂——如果能做成这笔生意，起码能挣30多万元！

一路颠簸到了赤壁，与他电话联系的副总到车站接他。这位副总50岁上下，看上去态度温和。小飞有点奇怪——那位副总不是开着公司的车，而是打车把他送到了宾馆。

根据“行规”，签合同前要有所表示。小飞提出晚上请客，这顿饭花掉了他2000多元。吃饭的间歇，那个副总还把他偷偷叫出去，希望他再意思意思，买点烟做礼物。小飞爽快地答应了，买了800元左右的香烟送给他们。第二天，小飞到那家外贸公司签合同。那家公司的办公场所看起来比较简陋，好在公司的手续、执照还齐全。他没多想，签好合同盖完章，约好“五一”过完便付30%的订金。

买不到直接回上海的车票，小飞只好先去浙江金华。路上，小飞睡得很沉。凌晨4点多，火车快到金华站，小飞才发现装在西装口袋里的钱包不翼而飞！1000多元的现金和有效证件被偷。虽然出差一趟花了7000多元，又丢了1000多元，但想想这笔生意的利润，小飞心里还是喜滋滋的。

5月8日，节后上班的第一天。小飞给这家外贸公司打电话，公司人员说“订金今天就打过来”。小飞等到快下班时，银行里还没见钱进来。他再次打过去时，公司便没人接听了，打那副总的手机，却说那号码已停机。“我当时马上有一种不祥的感觉。第二天上午和下午连着打电话，都没人接，感觉可能上当了，但还不死心。第三天再打电话，还是没人，才不得不接受现实——我们碰上了骗子！”

出发前，小梁的父母曾经告诫过，这可能是个骗局，但他们当时都没在意。“花那么多精力把我们骗去，就为了吃顿饭，拿点好处，世上竟然有这种事！”事后好几天，小飞都没缓过神来。

生意场很复杂，如果没有很好的判断力和足够的经验，急功近利，盲目地轻信别人，很容易落入圈套、遭受损失。

四、合伙失败　黯然收兵

赤壁受骗后，小梁家里对他们的支持热情越来越低了。

小飞改变了工作策略，不再有求必应，而是先跟客户充分沟通，有所选择地提供报价。6月初，小飞总算吃到了创业后的第一只“螃蟹”，“螃蟹”虽小，但味道不错——上海一家服装贸易公司从他们那进了一批“尼丝纺”布料，合同金额1万多元，利润1000元出头。紧接着，又陆续签了几笔业务，都是小单子，赚了两三千元。

7月中旬，有个台湾老板来跟小飞接洽。“那个台湾人每个月需要两到三个集装箱的布料，40万米左右。每米能赚5分到一毛，利润低，但量大，如果谈成，每个月有2万至3万元的收入。我很看重这笔单子，心想着，再熬一段时间就会走出低谷。”

没想到，8月中旬，小梁从吴江打来电话，说家里不支持他们创业了。那一刻，小飞感觉自己就像好不容易滑翔上天的风筝，突然迎头直跌下来。他很希望能够再拖一拖，等手头几个正在谈的单子敲定，但考虑到粮草已断，再坚持也是枉费精力。决定不做之后，台湾老板还打电话过来，表示想去吴江看看货。小飞直言相告，他们已经不做了，那老板颇觉可惜。

刚起航的船，没行多久就这样触礁搁浅了。小飞叹口气说：“当时说好能支持我们一年，没料到才半年时间，他们就不支持了，怪只怪我当初没跟他们签订正式的合约。”他还说，如果能在同类的外贸公司做两三年，积累一定的经验和客户资源，他工作起来绝不至于那么被动。现在，小飞正在积极地找工作，他想给自己五年左右的时间，在一个相对规范的公司里踏实工作，积累经验，然后找机会东山再起。

由于两人异地办公，一个负责销售，一个负责产品，平时不常见面，两个人之间的沟通就有了问题。另外，创业过程中会面临很多困难，如果有人在身边不断鼓励、一起商量，或许他们的创业之路就能走得更远。

【案例讨论】

1. 请分析小飞创业失败的原因。

2. 请说出从小飞这次失败的创业中你明白了什么。

3. 创业前应做什么准备工作？

第四节　商机识别筛选路演综合实践

【学习目标】

1. 通过对具体详尽的创业项目的量化评估，系统掌握商业机会与风险所涉及的各个要素；

2. 通过对系统内置机会风险筛选器的使用，通过实训掌握有效的机会风险筛选识别方法与工具；

3. 通过对筛选器原理的了解，培养为自己的创业项目设计筛选器的能力及筛选器在自己未来创业过程中的实践应用的可能；

4. 通过商机策略画布的应用，掌握降低创业项目中潜在风险，提升创业成功概率的方法；

5. 培养严谨做事与量化分析管理决策的思维与习惯。

实验介绍

项目名称：商机识别筛选路演综合实践

很多人日常工作生活中时常会有好的创意或创业点子产生，但这样的点子如果实际去实施，其中所蕴含的机会与风险到底处于什么情况？我们如何用一种实际有效的通用工具或方法去相对精确识别一个创业项目中的机会与风险？商机筛选应用就是为解决这个问题而设计的。

商机筛选应用是一个基于网络的商业机会与风险识别实训系统，系统内设计了一个创业项目展示数据库，内置了数十套内容详尽，各个角度，不同类型的创业项目，这些项目大部分还未在现实生活中成熟运营，普遍处于项目筹划期或初创期，即使是创业者本人也很难准确预估若干年后项目会以什么结果呈现，可能是一败涂地，也可能是成就一个知名企业。

系统同时为每位学生设计了一套可供实践动手的机会筛选器工具，每名学生根据自己接收到的创业项目本身的详尽描述，使用筛选器对该项目做数十个维度的详尽商业机会与风险识别甄选，通过该过程掌握到一种严谨可实践使用的商机与风险识别方法与技巧。

该实践课程中，学生除了需要掌握一种量化评估分析创业项目中的商业机会与风险的工具与方法之外，还需要进一步围绕分析评估结果给出自己的解决方案，即如何进一步提升机会并降低风险，该方案的设计过程中，系统内置了一套完整的商业机会与风险分布画布工具，通过该画布工具，学生可以清晰高效地设计并表达自己的解决思路。

在大部分学生完成解决方案的设计后，教师可以在学生自愿前提下邀请部分学生上台围绕自己的解决方案进行路演，向所有其他同学阐述自己的对当前创业项目的商机与风险的判断情况，以及自己围绕如何进行改进与提升的思路与方案部分的路演。此时其他所有同学均作为投资者参与对路演者的评价过程，每位投资者手中将获取到教师给予的固定额度的投资金额，投资者根据自己的判断给予路演者一个确定金额的投资。教师最终根据不同路演者获得的投资总额度排行情况，可进行进一步的课程延伸教学。

真实创业中，并非所有的创业项目都有高价值的商业机会，学生如何考察哪些创业项目更具潜力正是通过这种机会筛选器来评估不同项目，机会筛选器提供了一组涵盖各种类型的指标，潜力大的机会要比潜力小的机会在指标上更有吸引力，通过机会筛选器工具进行创业过程中的项目机会与风险评估是一种切实有效的方法。

该应用如果用于实训课堂教学，老师可在课堂中根据学生完成情况，对大部分同学已经参与筛选识别的创业项目，进行创业机会或风险的筛选讨论，并通过相关分析统计报告及报表，引导学生参与到针对某个特定创业项目的探讨与分享。

通过该实训，学生可以练习并掌握一种有效的商机识别筛选工具，并为自己未来可能的真实创业提供帮助，同时也可以利用筛选器完成具体创业项目的机会风险方面的市场调研，为自己的创业项目量身定制一个筛选器，并制作成问卷形式，附上自己的项目描述，分发给自己的潜在客户或身边朋友等，通过量化分析的方法对自己项目有一个更加客观的机会与风险的判断与考量。

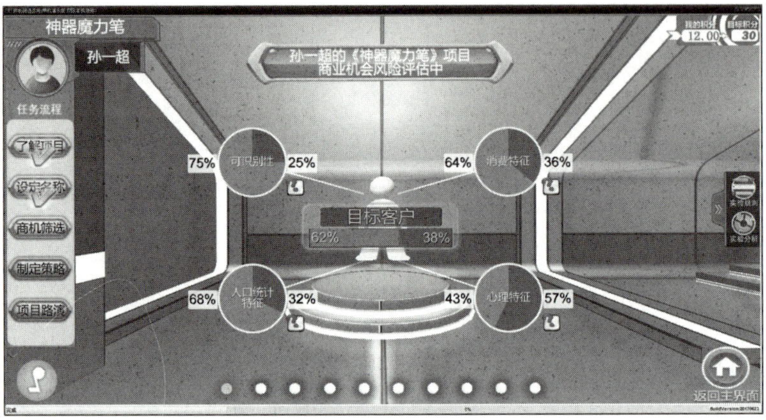

商机识别筛选路演综合实践学生界面

课时安排

4 课时

内容	课时
教师实训前规则讲解	10 分钟
学生了解创业项目	5 分钟
学生评估商机风险	20 分钟
学生设计应对策略	20 分钟
学生路演创业项目	5 分钟/人
虚拟投融资过程	5 分钟/人
教师结果评价及教学解析	5 分钟

使用形式

1. 这是一个计算机网络实训游戏，建议在学校标准计算机实验室内开展教学；

2. 本实验需要在专业教师的统一组织协调下开展，个人学习者无法独立完成该实验；

3. 教师可扫码后点击右方“申请试用”即可获得免费教学账号。

第四章　从商机到价值创造

第一节　用设计思维激发创意

【学习目标】

1. 了解设计思维的产生背景；
2. 掌握设计思维的核心理念和思想；
3. 掌握设计思维的应用流程；
4. 掌握客户探索价值与任务。

实践体验

礼物魔法师

活动形式： 两两组合

活动类型： 设计思维训练

活动时间： 1课时

活动道具： A4白纸、A3白纸、彩笔、过程信息记录表等

活动目的： 通过两人组合，一方为另一方设计一次送礼物的体验。活动提供了在尽可能短的时间内，体验设计思维流程的一个完整循环，让参与者借此了解实践设计思维创新体系的基本价值原则：以人为中心进行设计的理念、积极行动的态度、迭代循环优化的文化和快速实现原型的路径。

游戏步骤：

1. 全班同学分为 A、B 两组，随机指定两两组合。A 方为设计者，B 方为被设计者。（角色也可自行商议决定）

2. 双方开始第一轮交流访谈、相互沟通。（记录交流内容，并形成意见）

3. 快速画出 3 个设计方案草图。（根据第一次交流后形成的洞见，形成 3 个方案草图，不求完美，只需要能快速、清晰地表达出想法即可）

4. 双方进行第二轮交流访谈：展示 3 个设计方案，并取得有效反馈。

5. 反思并产生和设计新的创意方案。（得到反馈后反思各方案的可取与不可取之处，并产生新的想法，迭代原有 3 个方案，确定最终方案）

6. 分享最终方案，并获得反馈。（与同伴展示最终的新方案，并获得有效反馈）

7. 小组复盘、反思与总结。

理论解读

（一）设计思维的产生背景

用设计思维激发创意

一切创业的本质都是围绕着为用户创造价值进行的，而创业者自身和新创企业则从中获取一部分价值。也就是说，价值创造是一切创业的本质。

在价值创造的过程中，有两个最关键的要素：一个是用户痛点的捕捉，也就是说，我们需要解决的问题到底是什么、用户痛点到底在哪里；另一个是如何提供一个方案，来解决这个用户痛点。一切企业的关键所在无非就是两个要素，即捕捉用户痛点和提供解决方案。设计什么样的产品或服务既是创业者对用户痛点的把握和理解程度的反映，也是解决方案的核心与关键。

传统的产品研发过程一般是：先做市场调查，了解客户需求，拆解竞争对手产品，循序渐进地改善功能和样式，按部就班地优化和推出新产品。这种模式面临的挑战越来越多，伴随着供过于求的商品时代到来，我们感受到客户越来越挑剔的目光，感受到他们对品牌越来越缺乏忠诚度，对同质化产品越来越没有耐心。原有的模式主要存在以下问题：

（1）未深入了解客户心里的需求，因为有时候顾客自己也不知道。传统市场调查无法奏效，通过受访者只能获得渐进式的创新，传统市场调查工具无法产生打破规则、改变赛局，进而翻转模式的突破性想法。福特汽车公司创始人亨利·福特说：“假如我问顾客想要什么，他们会告诉我‘一匹更快的马’。”乔布斯则认为，iPhone 在产品概念阶段顾客是无法描述他需要的手机究竟是怎样的。

（2）以技术或工程的角度思考顾客要什么，甚至仅以开发人员自己的“天才观点”出发进行设计。

(3)浅显的调查无法了解顾客，缺乏深入了解顾客的文化脉络或生活脉络的思路和方法。

(4)原有的模式常常是粗浅的创意或繁杂的功能，导致企业分工太细，以职能分组，每个人只掌握一点，未能全盘掌握顾客的需要，也没有整合需求。

所有的企业在面临这种挑战时都不得不思考一个问题：我们的产品研发如何才能创新？我们的产品如何才能打动客户？难道只有依靠“乔布斯”这样的天才才能带给我们眼前一亮、内心狂喜的新产品吗？很显然，我们需要新的、有突破性的创新思维和方法来研发出令人感动的产品。设计思维(Design Thinking)就是这样一种方法。

由全球最大的管理软件供应商SAP公司创始人哈索博士赞助，和全球著名创新公司——IDEO设计公司创始人、斯坦福大学机械工程学教授戴维·凯勒合作，在斯坦福大学建立了设计学院，并命名为哈索·普拉特纳研究院。在担任院长期间，戴维·凯勒把他过去数十年来从设计角度思考解决问题的经验，萃取成一门硕士级课程，建立了设计思维的学术地位。现在已经被哈佛、麻省理工学院等顶尖名校争相采用，《彭博商业周刊》(*Bloomberg Business Week*)甚至称它是未来即将取代商学院教育的创新思维。

(二)何为设计思维

IDEO设计公司总裁Tim Brown这样定义设计思维：“设计思维是以人为本地利用设计师的敏感性以及设计方法在满足技术可实现性和商业可行性的前提下来满足人的需求的设计精神与方法。”简单来说，设计思维既是一套高效的创新方法，也是一种设计理念。设计思维通过分析问题、观察用户，发现用户未被满足的需求，并挖掘背后的洞察。根据洞察，提出解决问题的多种创意方案，用创意做成“产品原型”，通过多次测试，不断验证、思考、改善、迭代等，寻求商业延续性、技术可行性和需求满足性之间平衡的创新解决方案。

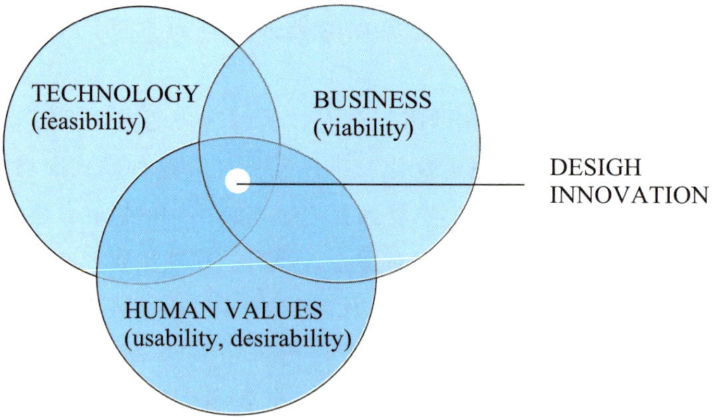

图 4-1-1

设计思维的核心是以人为本，采取同理心的模式，利用一套创新的流程，实现产品、服务、运营、流程、战略、商业模式等的创新设计。在世界范围内，设计思维正在成为创新者的共同语言。作为创新观念体系，设计思维包括以下核心思想：

(1)以用户为中心，进入真实世界找到新视角，获得新洞察。

(2)重新界定问题，拓展解决问题的思路。

(3)邀请用户、合作伙伴、利益相关方共同参与变革。

(4)高速迭代，在实践和反馈中不断摸索，持续改进解决方案。

现在很多著名的创新公司，如SAP、西门子、宝马、辉瑞制药、新加坡电信、华为等都将设计思维作为公司创新的方法论。IBM也将设计思维作为企业咨询的一个战略工具。在应用设计思维时，设计者所关注的重点不再是“使用”本身，而是通过理解用户内在心智模型、用户所处的环境以及观察在心智模型和所处环境双重作用下的使用行为，去设计一种真正能够融入到他们的生活，被他们所依赖的产品。

(三)设计思维的应用阶段

设计思维的应用流程有如下五个阶段：共情，定义(问题)，构思，原型和测试。(如图4-1-2)

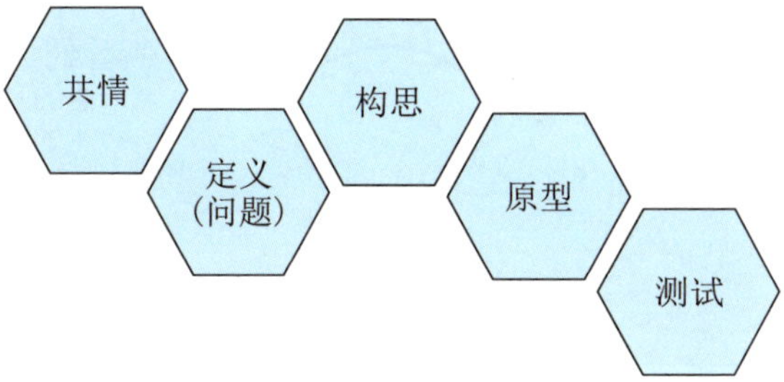

图4-1-2

一、第一阶段：共情阶段

设计思维流程的第一阶段是获得试图解决问题的共鸣。设计团队可以咨询相关领域的专家，也可以观察，参与其中，与目标用户产生共鸣，从而了解他们的经验和动机，也可以沉浸在物理环境中，以便更深入地了解所涉及的问题。

作为以“用户为中心”为设计理念的设计团队，必须了解所服务的用户。需要用设计解决的问题很少是设计团队自己遇到的。设计团队必须建立起一种“共情”的态度，去关注用户觉得重要的。

想要知道用户在干什么、在想什么，那就去观察用户在干什么以及他们怎么和周围的环境互动，这些观察会给设计者很多线索，并且会让设计者知道用户想要什么。通过观察他们的行动和语言，可以捕捉到他们的身体语言和话语中描述的感受。但掌握深刻的洞察技能，是一件有难度的事。因为我们的大脑会自动过滤掉很多信息，要解决大脑“一叶障目”的问题，我们就要用一种全新的视角看待问题，这个工具就是“共情”，是以人为中心的设计思维，更是一双新的“眼睛”。

在与人沟通的过程中，就能看到他们的思维方式和拥有的价值。很多时候用户的想法和能创造的价值并不会明显地展示出来。一次深入的交流会给设计中的两方(设计师和用户)都带来一些惊喜，一些观点会被理解得更透彻，一些洞见会被剖析得更深刻。所以好的设计师一定要将对用户扎实的理解建立在以下几点的基础上：

(1)发现用户最真实的需要：有些时候他们自己也不知道需要什么。

(2)努力引导创新。

(3)辨别设计真正在为哪些用户服务。

(4)发现左右用户行为的情绪。

当然除了和用户交谈互动，设计团队还需要在自己的设计项目中用到一些个人经验，更深入、更好地理解用户需求。

工具推荐介绍：共情图。

工具形式：如图 4-1-3。

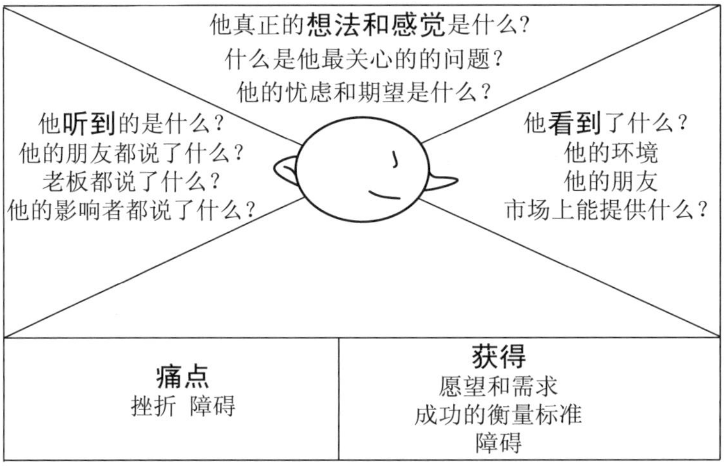

图 4-1-3

作用：

(1)共情图可以帮助设计团队讨论、提升对客户的理解。

(2)讨论是以观察到了什么，推断出客户群体信念和情感是什么。

(3)完全站在客户的角度，充分理解他们的需求、痛点以及需要解决的问题。

何时使用：

探索讨论和观察阶段需要共情、移情的时候使用。

(1)对角色进行分析，从各个角度理解用户的时候。

(2)在方案设计、产品设计之前的想法酝酿阶段，以客户为中心的时候。

(3)在想法合成阶段，完全站在客户的角度考虑问题的时候。

(4)讨论的问题与客户主题相关的时候。

使用结果：

产生共情用户角色的身份，来评估先前假设的正确与否，讨论团队能否满足用户的需求以及是否能解决用户的问题。

二、第二阶段：定义(问题)阶段

定义是指把通过共情得到的结论和用户的需求和我们所洞察的情况进行整合，对一个具体又有意义的挑战进行仔细研究。它是一种“集中焦点”的模式，而不是“转瞬即逝”的模式。对设计过程的定义是至关重要的，因为它明确地表达了这个问题，设计者正努力来解决这个问题。通常，为了得到真正的定义，首先必须重构见解，然后重新定义问题。定义阶段有两个目标，一是深入了解用户，二是基于第一点提出可操作的问题陈述，即设计者的观点(Point of View)。观点包括在共情模式下发现的见解和需求以及根据特定用户所提出的指导性意见。观点不仅仅只是定义问题，还要根据共情模式中的发现进行独特设计。

一个好的问题观点会具备下列中的一些特征：

(1)表明问题的重点和核心。

(2)深入人心。

(3)暗示解决问题的思路和框架。

(4)激发人员的创造力。

(5)竞争差异化。

比如，我们不能按自己的想法或公司的需要来定义问题：“我们需要将年轻女孩的食品市场份额增加5%。”更好的定义方式是：“十几岁的女孩需要摄入有营养的食物，才能健康茁壮成长。”

工具推荐介绍：问题描述和定义图。

工具形式：如图4-1-4。

<table>
<tr><td rowspan="2">1. 谁的问题
(用于具体描述问题存在的主体及相关关联方)</td><td>2. 发生情境
(用于具体描述问题发生的情境，特别是发生的条件、时间和地点等)</td><td rowspan="3">4. 问题的过去/现在/未来
(用于描述这个问题不同阶段的表现情况，用于描述问题发生的来龙去脉)</td><td>5. 问题重要性、紧急性的理由
(用于描述问题需要解决的重要性和紧急性)</td><td rowspan="2">7. 问题本质原因
(用于描述导致问题发生的原因，甚至是原因的原因)</td></tr>
<tr><td>3. 问题的组成
(用于描述这个问题可能包括哪些子问题、关联问题以及延伸问题)</td><td>6. 问题的约束条件
(用于描述制约问题解决的关键要素)</td></tr>
<tr><td colspan="2">8. 解决关键
1.
2.
3.
4.</td><td colspan="2">9. 解决难点
1.
2.
3.
4.</td></tr>
<tr><td colspan="5">需求描述：
(用于描述各方的具体需求)</td></tr>
</table>

图 4-1-4

作用：

通过发散聚敛式的问题描述，使得设计者对待解决的问题有清晰的、系统的认知。

何时使用：

(1)在和客户制订主题，讨论出更合适主题的时候。

(2)需要将问题陈述的更清楚、更确切定义的时候。

(3)对主题的陈述更具有挑战性、会带来更多创新想法的时候。

(4)希望扩展对相应问题的想法，而没有偏离太远的时候。

使用结果：

通过问题描述和定义图，有助于系统把握对问题的局部要素和对整体认识的重新定义，有助于产生问题重构的思路，有助于问题的格式化呈现与表达。

三、第三阶段：构思阶段(创意形成阶段)

在第三阶段，设计者开始创造想法，也就是创意形成的阶段。在共情阶段，设计者已经逐渐了解用户的需求，并且在定义阶段分析、合成了自己的观察结果，最终提出以人为本的问题陈述。有了这个前提，设计者和团队成员可以开始跳出思维局限，为创建的问题寻找新的解决方案，设计者可以从另一个角度来思考问题。在构思开始阶段尽可能多地获得想法或问题解决方案。在构思结束阶段选择一些其他技巧，调查和测试自己的想法，找到解决问题的最佳方法，或列出规避问题所需的条件。

IDEO公司为了确保员工在脑力激荡时的品质，全公司都遵循以下创意激发原则：

1. 暂缓评论

先不急于对别人的观点发表是非对错的评论，这样会打击提出点子者的积极性，且把集体思维的联想和延展打断，同时也是对提点子者的尊重。

2. 异想天开

有人总是怕自己说错话，在别人发言时，脑子想的是“我要怎么讲是对的”“我要怎么讲才能表现我的水准”。只有允许异想天开，才能鼓励每个人真正去思考设计，而不是思考自己的水准和对错。

3. 借“题”发挥

有些时候别人会提出很疯狂的点子，你虽是专家，知道行不通，但其他人仍能从疯狂的点子中得到启发、获得灵感，在这个疯狂点子的基础上提出更切合实际的方案。所以只有在“暂缓评论”的环境下，才能让更多的人借“题”发挥。前三个规则是鼓励出好点子的环境基石。

4. 不要离题

每一次讨论要定一个明确的题目。

5. 一人一次发挥

讲话的时候，一次由一个人讲，七嘴八舌便没法进行记录。

6. 图文并茂

鼓励大家在想点子的时候把这个点子用图文并茂的方式画出来，有利于他人的理解与个人的记忆，从而有利于讨论信息的保存。

7. 多多益善

在规定的时间内，鼓励参与者提出尽量多的点子。

工具推荐介绍：SCAMPER 奔驰法。

工具形式：如图 4-1-5。

<table>
<tr><td colspan="5">讨论主题：</td></tr>
<tr><td>借鉴</td><td>改进</td><td>扩展</td><td>转换</td><td>消除</td></tr>
<tr><td>组合</td><td colspan="3" rowspan="2">想法</td><td>逆向</td></tr>
<tr><td>替代</td><td>重组</td></tr>
</table>

图 4-1-5

作用：

通过 9 种提问这种发散思维的方法，启发大家。设计者获得新的点子、想法和创意。

何时使用：

(1)在围绕着主题讨论，了解主题背景，对主题也有充分的理解后，需要提出有创意的、天马行空的点子的时候。

(2)对美好的未来进行探索，希望获得未来愿景的时候。

(3)希望通过提出问题，寻找新的观点的时候。

(4)解开问题的真面目，从不同的角度进行研究的时候。

使用结果：

通过 9 种提问的方法，探索问题，产生新的想法，设计出创新的产品、服务、流程等。

四、第四阶段：原型阶段

原型的本质是得到想法，是在大脑以外的对于客观世界的探索。原型可以是任何具有物质形态的东西，一堵贴满报告的墙、一场角色扮演的活动、一个空间、一个对象、一个借口甚至是一个情节串联板。原型解析应该与项目进展相称。在早期的探索中应保持原型的简略且快速地让自己学习和探究许多不同的可能性。当人们(设计团队、使用者和其他人)能共同使用并对原型做出反馈时，原型法是最有效的。设计者从这些反馈中学到的东西可以推动更深层次的移情作用以及塑造成功的解决方案。

在原型阶段，设计团队将做出许多粗糙的、简单的产品或产品中的特定功能的原型，这样他们能够测试上一阶段提出问题的解决方案。原型可以在团队中，其他部门或设计团队之外的一小群人中共享和测试。这只是一个实验阶段，目的是为前三个阶段确定的每个问题找出最佳可能的解决方案。所有解决方案通过原型中实现，并对每个方案进行调查，基于用户体验的这些方案可能会被接受，改进和重新检查，或者被拒绝。到本阶段结束时，设计团队将更好地了解产品内部的局限性和出现的问题，对用户与终端产品的互动过程中的行为、想法和感觉有一个更全面的理解。

原型法被认为是测试产品性能的一种方法，建立原型的好处：

(1)用户代入感：原型法是一种工具，它可以加深你对设计空间和用户的理解，即使是在项目解决方案之前的阶段。

(2)探索：建立思考，开发多个解决方案的选项。

(3)测试：创造原型去测试并且和用户一起去改善解决方案。

(4)激励：通过展示你的预想来激励他人(团队伙伴、员工、客户、投资者)。

(5)学习：假如一张图抵得上 1000 个文字，那么一个原型抵得上 1000 张图。

(6)解决分歧：原型法是一个很有力的工具，它可以消除歧义，帮助构思，减少误解。

(7)开启交谈：原型可以成为跟用户进行不一样的交谈的方式。

(8)失败成本低：制作方便粗糙的原型，可以测试很多不同的创意，却不需投入太多的时间和金钱。

(9)管理解决方案的构建过程：识别可变因素，探究鼓励将一个大问题分解成一些更小的、可测试的小部分。

工具推荐介绍：草图描绘法。

工具介绍：

用纸和笔来描绘一个创新想法。让其他人理解我们讨论的是什么，这样使得大家在同一频道说话；可以表达一个创新想法或问题，希望彼此增强各自的理解；使其他人可以捕捉理解到最重要的部分；分析一个流程，制作路线图；表达一段体验的精髓等。也可借助其他材料把需要讨论的创新想法通过连环画的形式清晰地展示出来。

何时使用：

(1)快速直观展现一个想法的时候。

(2)对想法的描述比较模糊，大家没有统一认识的时候。

(3)澄清想法是什么，从而可以探讨下一步做什么的时候。

(4)表达一个创新想法，快速增强理解的时候。

(5)将离散的想法进行整理的时候。

使用结果：

快速了解创新想法背后的初衷，将想法、解决方案快速地展现出来，使大家相互了解彼此的观点，完成产品的原型设计等。

五、第五阶段：测试阶段

设计人员或评估人员使用原型设计阶段确定的最佳解决方案严格测试整个产品。这是五级模式的最后阶段，但也是在一个迭代过程中，在测试阶段所产生的结果常常用来重新定义一个或多个问题，并告知对用户使用条件，用户思维方式，行为和感觉的理解，并产生同理心。即使在这个阶段，为了排除一些问题，解决方案还会进行改进，并尽可能深入地了解产品及其用户。测试是一个重复的环节，在这个环节中需不断把粗糙的产品放置到用户生活环境中进行测验。以“我是对的”的心态来制作原型，以“我是错的”的心态来做测试。

以上已经概述了一个直接和线性的设计思维过程，一个阶段完成后进入下一个阶段，在用户测试阶段得到逻辑结论。然而，在实践中，这个过程将会以更灵活和非线性的方式进行。例如，设计团队中的不同组同时执行多个阶段，或者设计者可以在整个项目期间收集信息和制作原型。此外，测试阶段的结果可能启发一些新的见解，这又可能促成一次头脑风暴会议(想法)或新原型的开发。

设计思维应用中有两个关键。

关键一：客户探索是激发创意的关键。

设计思维作为一种全新的创新式思维方式，能被整合到从商业到社会的所有层面中去，个人与团队可以用它创造出突破性的想法，在真实的世界中实现这些想法并使它发挥作用。设计思维将设计方法交给那些从不认为自己是设计师的人，并让他们运用这些方法来创新性地解决更大范围内的问题。设计思维从本质上来讲是一个探索的过程。那么，设计思考者如何探知人们的潜在需求——创新的起点，这就是客户探索的过程。

客户探索中最重要的是认识到创业项目的目标用户(客户)是谁？他们是什么样的一群人？“用户画像”常用来描述对用户的认知。用户画像又叫做用户角色(Persona)，作为一种勾画目标用户、联系用户诉求与设计方向的有效工具，是对用户群体真实特征的勾勒，是真实用户的综合原型。那么怎么来做好用户画像呢？用户画像是真实用户的虚拟代表，一个产品可以有不同类型的用户画像。做出靠谱的用户画像，有以下7个关键点，也可以叫做用户画像的PERSONA七要素。

P代表基本性(Primary)指该用户角色是否基于对真实用户的情景访谈。

E代表同理性(Empathy)指用户角色中包含姓名、照片和产品相关的描述，该用户角色是否引同理心。

R代表真实性(Realistic)指对那些每天与顾客打交道的人来说，用户角色是否看起来像真实人物。

S代表独特性(Singular)每个用户是否是独特的，彼此很少有相似性。

O代表目标性(Objectives)该用户角色是否包含与产品相关的高层次目标，是否包含关键词来描述该目标。

N代表数量性(Number)用户角色的数量是否足够少，以便设计团队能记住每个用户角色的姓名，以及其中的一个主要用户角色。

A代表应用性(Applicable)设计团队是否能使用用户角色作为一种实用工具进行设计决策。

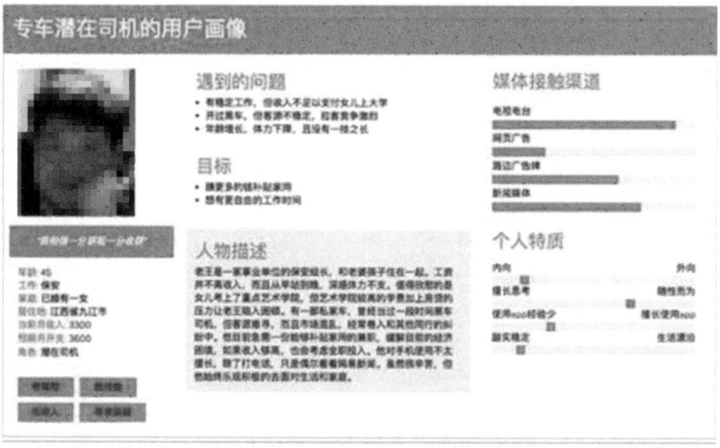

图 4-1-6　潜在用户画像示例

画像出来之后，要有代入感，要有同理性、真实性，画像的用户不是虚拟出来的，要真实地去访谈。(图 4-1-6)

定义正确的问题本身比解决问题更重要。客户探索的第二大任务是要全面、透彻地了解客户身上有待去解决的问题。明白目标客户身上到底存在什么样的问题就需要进行客户问题探索。问题探索可借助问题画布工具进行全面、系统的信息采集和分析，为创意方案的制订提供决策依据。

当我们通过洞察，找到问题的本质即用户的真正需求之后，就可以尝试着去重构一个有想象空间的问题。常用的提问方法是“我们怎样才能”。用英文表达就是“How Might We”，简称“HMW”。通用形式有我们该(如何)、为(谁)、做点(什么)、解决(什么问题)。问题的定义过程本身也是洞见形成过程的前奏。

2. 关键二：形成客户洞见

洞见是引发创意的触发器，客户洞见是产生新产品或服务、新商业模式的起点。宝洁公司的全球品牌塑造官马克·普里查德眼中的洞见是公司品牌致力于应对的“人类的真实需求、动机和压力”。他认为对客户的洞见是“能够形成重大创意的火花”，还提到“由洞见激发新鲜创意，由人们的思考和感知方式激发洞见”。其他许多公司对洞见也有类似的说法，如“对客户行为的深入理解”或者“对客户问题、需求和欲望的透彻了解”。毫无疑问，许多初创公司也需要发动深入的调查，从而使创业团队获得有关客户需求和客户行为的洞见或者是有关新兴市场趋势的洞见。此外，很多互联网创业公司还会借助数据挖掘技术来帮助自己获得统计性洞见，以此影响自己的商业决策、改进运作方式、揭示新的商业机会和创造新的竞争优势。洞见是引发创意的触发器，客户洞见是产生新产品或服务、新商业模式的起点。

客户洞见的核心任务是要具体洞察到客户的真实需求，而要了解客户的真实需求，创业团队必须走出实验室或办公室，走进目标客户群体的生活或工作现实中，用“空杯”心态去体验他们的真实需求场景。宝洁公司前 CEO 雷富礼一直强调消费者必须是宝洁公司一切行动的核心，并推行了一项叫“体验生活”的活动。活动要求为宝洁公司的研发人员提供机会去消费者家里待几天，跟他们同吃同住，还跟他们一起去购物。装备有摄像机的人类学者们被派遣到世界各地的家庭，记录人们怎样洗衣服、怎样清理浴室及怎样喂养孩子等。其目标在于对消费者的生活、日常惯例与个人护理习惯，乃至他们的需求、愿望和情感产生发自肺腑的理解，对家庭预算、店堂陈设、产品包装及营销策略对购买决定的影响形成认识。同时这种方法也帮助宝洁公司形成关于不同国家和文化背景中当地人所具有的生活方式和习惯的重要洞见。一切都必须以消费者价值创造为起点。如果仅仅是通过客户访谈和问卷调查等方式去倾听客户要求，了解他们的需求是不够的，因为有时候客户自己也不知道自己的真实需求。进行客户洞见时要非常注重洞见者的“移情”和“共情”，要站在客户的角度深入了解其面对问题或使用产品时的所思、所想、所需等。洞见的信息可借助“客户移情图”来系统呈现。

当设计团队有了对客户的独特洞见后，便借助于设计思维的应用模型开展非线性的、系统性的迭代设计。

一切创新，都源于对问题的认知！

案例练习

【案例阅读】

丝绸大腕万事利转产口罩[①]

万事利集团有限公司创办于 1975 年，经过 40 多年的发展，已经成为了一家以丝绸纺织、文化创意为主业，辅以生物科技、资产经营、金融管理等产业，运用“中国特色

① 浙商联：《全球抗疫，携手同心，万事利再次行动》：https://www.sohu.com/a/384364456_100010985，2020-03-30。

现代企业管理模式”的现代企业集团。万事利集团深入挖掘中国传统丝绸文化，致力于中国丝绸的复兴崛起，将传统丝绸文化与现代科技相结合，从丝绸产品的生产延伸到丝绸文化的挖掘，产品畅销全国各地。近年来，万事利积极跨出国门，实现民族品牌国际塑造，以丝绸为载体，以品牌为核心，以科技为支撑，以文化为依托，开启从“文化创造”到“品牌塑造”的飞跃，实现从“服务型品牌”向“消费型品牌”的转型，致力于成为中国丝绸第一高端品牌，如今，万事利成为了中国丝绸行业的领导品牌，完成了从文化创造到国际化品牌塑造。

公司秉持“从产品制造转向文化创造”的战略方针，成功确立起丝绸文化产品、高端丝绸装饰品及丝绸艺术品三大核心业务。在借力国际盛典与移动互联网潮流的品牌推广过程中，集团贴合时代需求，开拓出一条崭新形态的“中国丝绸之路”。在品牌战略方面，公司把品牌作为文化经营的重点，重视品牌形象宣传，同时，公司也将不断创新管理和探索新的营销模式。万事利集团的发展大体经历了三个阶段：一是以产品品质为核心竞争力的发展阶段，使万事利在丝绸行业站稳了脚跟；二是以服务、技术为核心竞争力的发展阶段，赢得了市场；三是在现阶段，万事利则走上了以文化底蕴为重心的品牌化发展道路，确立了“万事以人为本、事以和为重、利以社会为责”的企业文化，着力打造“中国丝绸第一品牌”。

2020 年，一场新型冠状病毒肺炎疫情突如其来，随着全球疫情的蔓延，防护口罩成为了紧缺物资，主要原因一是人们对口罩需求急剧飙升；二是春节放假，工厂停工；三是由于交通限制，原料供应受阻；四是原料及人工等成本增大，利润空间缩小；五是增加生产线需要时间。所以社会巨量需求与有限产能之间的矛盾凸显。以中国为例，在疫情发生之前，全国日产量为 2000 多万只，是世界最大的口罩生产和出口国，年产量占全球约 50%。疫情发生后，就武汉一地日均口罩需求量也快达到 1000 万，更别说全国 14 亿人民的需求量了，口罩的缺口极大。

面对国内疫情防控形势严峻的紧急关头，万事利集团迅速转产民用口罩，带领 100 多人的团队，全国各地采购原材料，解决疫情管控带来的物流运输难题，在 2 月 19 日下午，加紧生产出第一批口罩产品。在随后 20 多天时间为一线投放口罩多达 3000 万只，极大缓解了浙江乃至全国的疫情防控与企业复工复产的口罩短缺困难。从疫情初期捐款捐物、集中力量转产口罩到如今上马自动化生产线，提升生产效率，万事利集团一直走在支援疫情防控的最前沿，体现着万事利集团在非常时期的责任担当。

做了数十年的丝绸，转产民用口罩，万事利还是头一回。而这次“转型”，从采购原料、研究缝制，到最后出品，他们仅仅用了 9 天时间。事实上，万事利的口罩生产基地，是刚刚开辟出来的一条生产线，本是用来生产丝绸服装的。“我们没有生产口罩的专业机械化设备，但有基本的缝纫设备，和一批技术娴熟的工人。”万事利集团负责人李建华说，“我们把服装生产线进行了改造，用来生产口罩。”为了赶制口罩，万事利还专门组织了员工进行专业学习，并根据口罩的生产条件、卫生许可等进行了整个流程改造。

此外，集团旗下万事利丝绸充分发挥企业所长，结合真丝特有的健康时尚属性，推出一系列功能与设计创新的真丝口罩，并在持续深入研发，未来万事利的真丝口罩还可以支持个性化定制。万事利不仅要进一步扩大丝绸类健康消费品的产品研发和生产营销，还将积极开拓“丝绸+”系列产品的故事，努力从疫情影响中突出重围，化挑战为机遇。万事利未来将研发更多集功能性、健康性于一体的真丝口罩等新产品，改善大家的佩戴体验。另外，因为戴口罩而产生的“口罩脸”，也将给公司的小分子蚕丝蛋白面膜带来更多的市场机会。在万事利丝绸看来，戴口罩可以更艺术、更时尚、更健康。

后疫情时代，健康消费品必然会迎来一段时间的消费需求增量。而国人日常佩戴口罩的习惯的养成，必将带来口罩需求的增加。因此挖掘消费需求，就会为企业带来新的商机。这也坚定了今后万事利继续聚焦新消费需求，继续发力将传统丝绸与文化创意、高科技相结合的定位。疫情给企业带来了危机，但危机背后更有商机，抢口罩这波潮流迟早会过去，随着疫情减缓，需求肯定会逐步下降，利润也不可能长时间保持在高位上。但是长期佩戴口罩使得人们养成了“戴口罩”的习惯，便是企业可以在接下来一段时间抓住的客户需求的机遇。在一次性口罩需求大体满足后及时转型，根据消费者习惯制定创新耐用型口罩及其他健康衍生品便是该公司抓住的商机，同时也是为口罩的设计和价值创造指明了方向。

【案例讨论】

1. 如果由你负责万事利转产口罩项目，请运用设计思维理论谈谈你会如何实现成功转型。

2. 团队经过内部头脑风暴选定一个创业训练项目，并对项目的以下要素进行第一轮探索，并准备3分钟的项目介绍演讲。

项目主题	一两句讲清楚这是一个关于什么的项目
目标群体	可用图文并茂的方式清晰形象描述出项目的目标受众
团队洞见	用一、二、三……罗列出团队目前对项目有待解决的问题的理解
解决方案	初步描述问题的创意性解决方案或思路
设计依据	阐述设计以上解决方案的依据
后续迭代	后续需要改进和完善的地方

图 4-1-7

第二节　用精益创业构建产品

【学习目标】

1. 了解精益创业产生的背景和特点；
2. 掌握精益产品开发的原则；
3. 掌握产品原型的制作方法。

实践体验

棉花糖塔游戏

活动类型： 团队建设

活动时间： 1 课时

活动道具： 放在牛皮纸袋中的 20 根未经煮熟的意大利面条、胶带、1 米长的用手易折断的细绳(若绳子太粗则配备剪刀)、标准尺寸的棉花糖。

教师工具： 测量尺、秒表或倒计时设备(最好投影在屏幕上，以便学生及时看到倒数计时，如方便，可在计算机上使用在线秒表)。

活动目的： 通过具体活动来说明，熟练运用团队分工协作的方法可以使创业活动达到更好的效果。

游戏描述： 小组竞争(最好 4～6 人一组)，看哪一组能运用现有材料建造最高的独立结构来支撑顶端的棉花糖。获胜小组是指课桌最高表面到棉花糖顶部距离最长的结构的创造小组(不能从更高结构上悬挂，如椅子、房顶或吊灯)，通过练习来例证在不确定环境中创业者采用实验和迭代学习的方法发现有关环境的信息，强调进入新的未知环境时进行市场测试和实验的重要性。

注意事项：

1. 整个棉花糖须位于结构的顶部，切除或吃掉部分棉花糖取消该小组比赛资格。
2. 按照自己的选择使用工具中的材料，但是不能将纸袋作为结构的一部分。
3. 可依据自己的选择，自由折断意大利面条、细绳或胶带来创造新结构。
4. 挑战时长为 18 分钟，超时继续搭建的小组将被取消资格。
5. 确保每个人都了解规则，至少重复规则 3 次，正式挑战活动开始前询问是否有人不明白规则。

游戏步骤：

第一步(5 分钟)：

将工具箱分发给每个组，介绍任务，解释清楚棉花糖挑战的目标和规则，告诉学生们在全球范围内已经有好几万人完成过这个挑战。

第二步(18 分钟)：

1. 启动计时，开始挑战，并在教室内走动观察不同小组采用的流程。

2. 向各小组提示时间，接近尾声时，提高提醒频率(如可在距离最终时间 9 分钟、5 分钟、3 分钟、2 分钟、1 分钟、30 秒和之后每隔 10 秒提醒一次)。

3. 大声喊出各小组是如何做的，让所有小组知道其余小组的进展，创造友好的竞争氛围，并鼓励组员环视四周。

4. 提醒各小组若对塔结构采用人工支撑，将被取消资格，获胜的塔结构必须是稳定的。

第三步(2 分钟)：

1. 计时结束后，要求所有成员在各自位置上坐好。

2. 按照从最矮到最高的顺序测量各组棉花糖塔的站立结构，大声喊出其高度并记录高度数据。

3. 宣布获胜小组。

第四步(15 分钟)：

教师基于在挑战过程中观察到的小组情况，询问某些小组搭建结构的流程。

教师通常会发现有些小组花费大量时间计划最终反而失败，而那些通过试错进行试验和学习的小组一般会做得更好，即首先从结构坍塌的小组开始，课堂效果会更好。

例如，在搭建结构时你们使用了什么流程?

(1)小组花费大量时间进行计划和草绘。

(2)突出与未知因素有关的问题，如相对于结构棉花糖有多重?

(3)指出事实：小组缜密的计划没有给调整留下较多空间，由此导致了“危机”。

最后，在成功的团队中重复上述问题，努力捕捉各小组之间的差异和共性。

该挑战的创造者汤姆·伍捷克(Tom Wujec)在观察不同类型的小组展开的多次挑战中发现：

(1)最佳执行者一般是工程师，他们理解结构和压力，因此对他们而言这是一种更为确定的环境；

(2)最差执行者一般是刚毕业的商学院学生，他们往往考虑到有限的关于结构的知识，并处于一种极不确定的环境中；

(3)排在工程师之后的最佳执行者是刚毕业的幼儿园孩子，他们也处于不确定环境之中，但他们更倾向于通过试验来看什么会起作用，从中学习并在原有基础上创建更有趣的结构。

关键要点：

1. 在不可知环境中，采取行动要胜于制订计划。
2. 从小规模试验和试错学习中可以产生更独特的方案。
3. 失败可以为改进产品或服务提供重要的经验。

理论解读

精益创业逻辑框架

在传统的以执行商业计划为主的创业模式里，创业团队首先通过商业计划产生基本的产品概念，然后导入资源，组建团队，进行产品开发以及内、外部的测试，最终产品得以发布，投放市场。

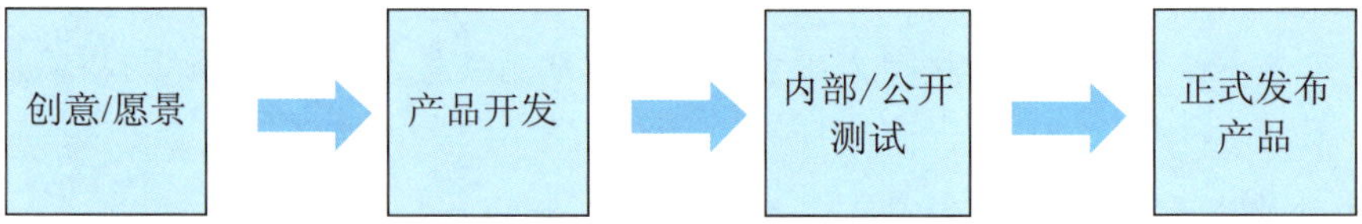

图 4-2-1　传统产品开发方法图

这种传统的计划执行模式的缺陷在哪里？在于所有的正确的认知都来得太晚。尽管在拟订商业计划的时候会用一些用户调研的手段，但对象都不是真正的用户，用户一直到最后环节才会真正参与进来。换句话说，直到产品已经开发完毕，进入测试阶段，团队才真正开始学习和认知的过程。所以尽管计划执行模式看起来非常完美，但它往往正是新创公司走向死亡的原因，因为创业过程中最关键的不是某个产品或服务，而是在于是否具备正确的认知，用户的反馈过程是否从一开始就结合在创业过程中，包括创业项目中利益相关方的真实需求。

所以在传统的产品开发模式中，有两个隐含的假设，即用户痛点高度确定，解决方案也高度确定。而在精益创业的框架里，这两个假设根本就不存在。再完美的商业计划也经不起和客户的第一次亲密接触，再完美的商业计划和客户第一次接触时基本也就完成了历史使命。新创公司的失败大致有两种，一种是因缺乏客户而失败，二种是因产品开发而失败。因缺乏用户而失败的企业数量要远远超过因产品开发而失败的数量。如何在创业中解决缺少初期客户和产品开发不当的问题，以此提高创业的成功率？精益创业就是有助于解决这两个问题的创业法论。

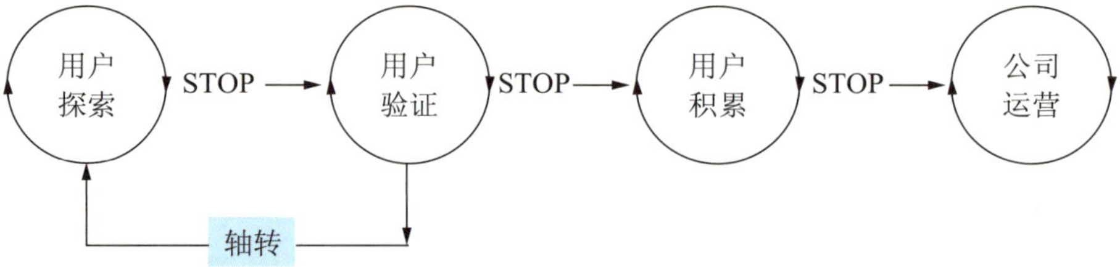

图 4-2-2　精益创业的逻辑框架

（一）精益创业简介

近年来，美国硅谷发起了一场创业思维运动，从依赖天才人物的天才设想、完美计划和完美执行的火箭发射式创业思维，转向了科学试错、民主创业的精益创业式思维。很多初创公司失败的原因是不能及时做出用户想要的产品，虽然自以为找准了产品设计和开发的方向，并也花费了大量的时间、金钱和精力，最终仍以失败告终。为了解决这一问题，美国硅谷创业家埃里克·莱斯首度提出精益创业的理念。精益创业的核心思想源于"精益生产"的理念，通过"验证性学习"模式，首先向市场推出极简的原型产品，然后积极收集用户的反馈信息，经过不断地试验与改进，最后以最小的成本和最有效的方式验证出原型产品是否符合用户的需求。如果原型产品被用户认可，这时就要乘胜追击，不断地挖掘用户的痛点需求，迭代优化产品，帮助创业者在创业的过程中最大限度地达成"产品/市场匹配"。如果在验证过程中，产品不符合市场需求，那么公司就可以快速地失败、廉价地失败，而不以昂贵的代价失败。精益创业模式能以最小消耗、最少时间获得用户的反馈意见，这样公司很容易随时进行战略调整。

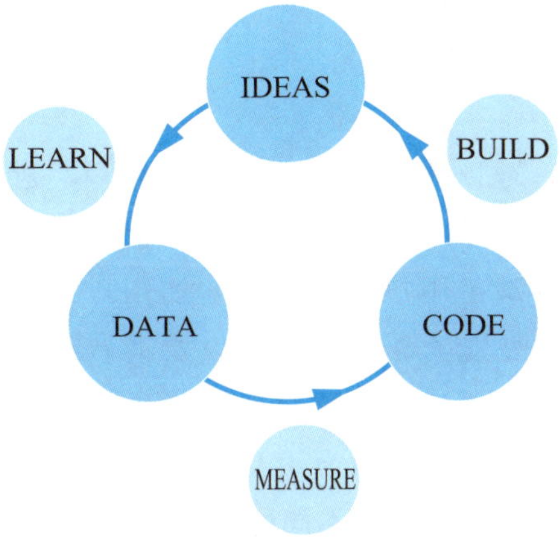

图 4-2-3

与精益创业模式中的产品开发方式相比，传统产品开发方式的最大问题是，与用户的第一次亲密接触往往是在产品投放市场以后，其缺点是公司对产品的缺陷认知得太晚，这往往是初创公司失败的原因。因为对初创公司来说，资金、资源都是有限的，在投入大量的资金之后，再推倒重做，无疑会对初创公司造成致命打击。所以，公司越早将创意变成产品投放市场，让用户进行验证，创意就越有可能获得成功。可以说，市场验证就是创意赖以生存的氧气。概括来说，精益创业中的产品开发流程有三大特色。

1. 最小可行性产品

把创业者或者大公司新产品的核心创意先用最小的金钱和精力开发出最简的原型，不在许多细枝末节上耗费过多的精力。不过，这个原型的产品要能体现出产品的核心价值。它可以是产品界面，也可以是能够交互操作的原型。

2. 高速迭代

针对用户的反馈意见，初创公司或大公司以最快的速度进行调整和优化，在不断的反馈和循环中测试产品，同时公司快速迭代、优化产品，挖掘用户需求，从而让产品达到爆发式增长。

3. 不断试错

创意能否实现，在产品生产之前都是一个未知数，当然对创业者和大公司来说都是一次挑战。先选择一个可能的解决方案应用在待解问题上，经过验证后，如果失败，那么可以选择另一个可能的解决方法再接着尝试下去，如此循环，直至找出正确的解决办法。在这个过程中，初创公司最重要的是必须在消耗完启动资金之前保持低燃烧，即以最小的成本，在最短时间里找到最有价值的认知。

（二）精益产品开发实践的基本原则

精益创业思维是在用户痛点和解决方案都不可知的情况下，创业者创造出可行性产品并投入市场，通过一系列测试和用户反馈，不断地迭代优化，最终确立产品和商业模式。基于精益创业思维的产品开发模式需遵循以下基本原则。

精益创业五大原则

1. 用户导向

精益创业思维是百分百地以用户为中心，专注用户，进而拉动市场。火箭发射式思维则是以“自我为中心”，不考虑用户的需求，完全按照创业者自己的假设去设计产品。用户导向是指公司要以满足用户需求、以增加用户价值为经营出发点，在经营过程中，特别注意对用户的消费能力、消费偏好以及消费行为的调查分析，重视新产品开发和营销手段的创新，动态地适应用户的需求。精益创业思维认为，创业者在创造产品时，要始终以用户需求为导向。因为用户是人，其内心的需求不仅多种多样，而且会随时产生变化，而且不同的用户有不同的需求，对产品功能的要求也不尽相同。

实现用户导向原则的要做好两方面的工作。一是寻找到用户的真正需求。用户的潜在需求如同埋在地下的宝藏，只有满足了用户的真正需求，才能顺利地找到通向宝藏的路径。初创公司不能盲目地研发产品，碰运气似地寻找用户需求，这样不仅耗费时间、精力和资本，而且会迷失在寻找用户导向的道路上。做好用户导向定位，要了解用户的痛点、要寻找用户盲点、要挖掘时代趋势点。二是实现以自我为中心到用户为中心的转变。创业不能追求火箭式思维，陷入自己设计的宏伟蓝图中，而是需要从实际出发，从以自我为中心的错误思想转变为以用户为中心的崇高理念中去。公司创造的一切都是为用户服务，脱离了用户，公司便不会茁壮成长，更何谈持续发展。

2. 快速行动

精益创业强调产品的投入要快速敏捷，一边研发产品，一边根据用户的体验反馈来改制产品，不断测试和修正，最终生产出满足用户需求的产品。这种用行动来牵动计划的原则不同于火箭发射式的完美计划导向。精益创业原则要求初创公司要有立竿见影的行动。若想让产品更快地得到用户的满意反馈，则需要快速行动。快速行动就是要与时间赛跑。初创公司要在发现市场需求后的第一时间内投入生产最简的可行产品，及时通过用户的反馈进行调整，赢得市场的主动权，在发现的市场需求中占有绝对优势。快速行动的精益创业原则是根据实际出发，打破创业者的幻想，给初创公司打下坚实的基础，加快公司发展。

精益创业强调的是行动导向而不是计划导向，需要不断地将产品投放到市场中进行科学试错，由此获得正确的认知。这种从行动中获得认知的方式是研发产品的第一个循环。然后根据获得的反馈信息对产品进行调整，这是将获取的认知转化为行动的环节，是研发产品的第二个循环。不断地重复这样的循环，不但会让创业者在认知上不断更迭，还会让创业者在行动中不断调整。这种行动导向的精益创业原则也被很多大型公司利用，并且达到了超出预想的效果。

3. 单点聚焦

精益创业思维强调单点突破，寻找一个切入点，然后从这个切入点攻入市场，根据这个切入点找准自己的目标用户，设计个性化的产品和服务，满足用户需求。火箭发射式思维强调整体的系统思维，在一开始就设定好一个完美无缺的大系统，这个大系统里包含着自以为是的用户痛点数据和完美的解决方案。

如今的互联网时代，再也不能采取传统的创业系统思维，而应该跟随时代的潮流进行创新。在日新月异的时代，公司只有不断地创新，才能保持发展。精益创业的单点突破原则是创业者进行颠覆式创新的一个重要方法，采取单点突破原则而成功的商家不计其数，很多大型公司也正是利用这种方法成就了日后的现在。

从系统思维到单点突破，可使企业聚焦天使用户的方式，一方面寻找用户的核心痛点，另一方面寻找从天使客户的反馈信息中修正项目中存在的问题，及时地进行测试和调整，提高产品或服务的需求度。此外，通过满足天使用户需求过程中积累的经验，通过产品的多元化和系列化，来进一步开发用户，实现点到面的开发。再优秀的产品在市场变化的趋势下也会有生命周期。所以，公司不要妄想靠一种核心产品生存。只有在单品得到市场认可后，通过点上突破，赋予单品的品牌效应，才能够带动整个系列产品的提升。系列产品的知名度和影响力得到提升后，就会代替单一产品的竞争力，从而大大提高产品群的竞争力。

4. 优化迭代

精益创业思维强调对产品进行预测只是一个非常抽象、模糊的评估，预测不能十分精确，只有把产品的模型研制出来，投放到市场后，再根据市场反馈的信息不断地优化迭代，才能最终定型。火箭发射式思维强调在设计产品之前，就要把产品的每一个细节都想到位，再进行封闭式的研发。优化迭代思维要求创业者要对产品进行否定再否定，达到最好的效果。这种以人为核心、不断否定的开发方式，允许产品出现残缺，可以通过科学试错，不断地测试验证，从而获得更多的认知，根据认知不断对产品进行调整，在坚持不懈的修正过程中不断完善产品。

优化迭代和传统的产品开发模式之所以不相同，是因为传统生产模式最大的特点是对产品进行长周期的开发，并且在这个过程中是完全封闭的。优化迭代最大的两个特点：一是少量创新；二是敏捷开发。少量创新是指将产品与用户习惯相结合，敏捷开发是指创业者要敢于不断尝试，勇于进行科学试错，在测试中不断地改善产品，经过多个优化迭代周期，最终研制出最优的产品。优化迭代思维的真正含义是在用户反馈信息的基础上不断地获得认知，积累经验，不断地调整产品，最终将产品从“好”升华到“更好”。这种螺旋式上升的方式，对产品的研发有着十分重要的意义。

5. 科学试错

精益创业过程中，产品从不完美到完美的过程中，只有不断进行科学试错，重复测试和修正，才能接近完美。火箭发射式思维强调，产品进入研制开发阶段，就要按照完美的计划去进行完美的执行，要照搬图纸和商业计划书实施，不可在任何小细节上产生误差。在创业初期，创业者确定开发什么样的产品十分重要。如果创业者只是在假设中确定了产品的方向，而没有进行实践验证，那么一旦将这个假设变成现实，用尽全公司的精力和资源去研发这款产品，等到产品成型后，投入到市场中，却发现用户并不需要这样的产品，这种结果对创业者来说无疑会是个巨大的打击。因为在耗尽全部心血打造产品的同时，还浪费了宝贵的时间和有限的资源。

科学试错原则强调：创业者在创业初期，要将假设的产品先做出一个简单的模型，即最小可行性产品，然后投放到市场中进行验证，通过市场的反馈信息来确定假设的产品方向是否可行。如果假设的产品方向可行，那就进一步投入资源进行调整完善；如果假设的产品方向不可行，那就把产品的测试当成一次科学试错，并且查找问题，快速调整产品的方向。

（三）产品原型制作与测试

产品原型是指产品设计人员为了更好地与产品利益相关者沟通，将概念产品可视化为最简产品的实物、图、视频等阶段性产品形态。当我们得到大量的创意概念，要将之付诸生产产品时，通过快速制作廉价原型让创意变得可见、可感，便于得到他人的精准反馈。产品原型的价值体现在便于用户测试、得到更深刻的共情、激发制作者的设计灵感以及降低失败风险等方面。产品原型的制作因保真程度的不同以及测试目的的不同，可采用不同的制作类型。常用的原型类型有：

1. 纸原型

当希望测试形状、大小或者属性而又不希望付出过于繁重的劳动时，纸原型是最好的选择。纸原型制作时可粗糙也可精确。粗糙的概念模型可用于说明定性的问题，但当涉及定量的分析时，纸原型就有可能需要制作得非常完善。

2. 故事板

故事板的概念源于影视行业，是指用一系列的照片或手绘图纸表述故事。故事板用来表示各个角色、场景、事件是如何串联在一起的，从而给人们带来一个完整的体验。

3. 制作模型

借助于平面绘制、3D打印技术、电子元器件以及各种物理道具，制作立体式的场景模拟模型。

4. 角色扮演

当解决方面是面向一种服务和流程时，团队成员可以扮演服务和流程中的相应角色，对用户的使用情景和步骤进行模拟和复盘。

5. 视频制作

把用户产品使用场景和使用细节制作成视频，用于广泛测试和传播。

在完成产品的原型制作后，要找到最理想的目标用户进行测试，用探索的心态和他们一起回顾问题，并获得最真实的反馈，甚至共创新的产品原型。以此快速进行迭代，直至获得大众主流客户的认可。

(四)在不断试错中改善产品

精益创业的核心思想是三个关键词：研发、测试和认知。创业者首先要把有限的资源聚焦在研发核心价值的产品上面，也就是最小可行性产品，然后将产品快速推广，在用户中获得反馈信息后，再对产品进行高速迭代，增加新的功能，最后引导公司进行良性运营。精益创业法则能使创业者规避风险，用有限的资源去验证产品。在这期间，用户的反馈是相当重要的。获得用户反馈常用方式有：

1. 现场使用

现场邀请目标用户体验和使用初级产品，产品开发人员通过与使用者的互动获得真实的需求，从而进行不断地改进和优化，打造出更加极致的产品。

2. 实地观察

“走出办公室”，通过实地访谈，走访潜在用户以及观察用户在实际生活环境中遇到的问题，为产品设计解决这些问题的方案，并根据用户的反馈信息来思考产品的设计方法。实地观察的最大优势在于其直观性和可靠性。

3. 定性检验

产品定性检验的主要任务是获取用户对产品品质的评价。产品品质是创业公司的一条生命线，可展现公司的综合素质，并体现公司的整体实力。产品的品质保证是赢取用户信任的第一要诀。用户一旦信任了产品的品质，就会认可产品的价值。

4. 定量验证

所谓定量验证是指借助一定手段和方式来获得用户对产品的具体使用程度或认可度。比如说用户转换率核算、增长率核算、流失率核算等，通过设置具体的衡量指标来动态观察真实用户数量的变化情况。

（五）测度产品原型（MVP）的工具

测度产品原型时，对比试验是一个非常重要的工具。对比多个产品版本，需要同时对测试结果进行定性和定量的分析。测度过程中需要定量数据，也需要定性数据，包括后续对用户的访谈与观察。下面简单介绍几个主要的测度工具。

1. 工具 1：对比测试

对比测试也叫 AB 测试，在硅谷，许多初创公司与行业巨头都广泛采用这种方法。谷歌是 AB 测试的主要使用者，它每年大约有 6000 个研究项目，在研发过程中进行超过 10000 次的 AB 测试。

比如，谷歌要将公司的 LOGO 移动一点，尽管是一项极其细微的调整，但它也会测试用户点击数的反应，而决定是否应该进行这项调整。再比如，谷歌计划微调广告背景颜色的排序，谷歌会将调整之后的 B 方案先应用到 0.5%的谷歌用户界面中，而非面向大多数用户，继而观察调整后点击量是否有明显变化？如果确有显著变化，再进行后续调整。

2. 工具 2：同期群分析

同期群分析是一个分期分析的工具，可以帮助我们把用户分成不同时期的用户群，对每一个用户群的行为和趋势进行更加精确的判断。同期群分析是一个针对总量概念的对比。比如我们只关注用户数的增长，只能单纯看到一条曲线，虽有可能看到用户数的不断增长。但这种总量测度会掩盖很多不同时期不同用户群的行为差异或者活跃度差异。总量增长可能会有很多方面的原因，以一家网站来说，可能总的注册用户在不断累积，网站登录用户也在不断增长，但前期用户的活跃度在下降，前期用户也在大量流失，而这个趋势在总量增长的繁荣中被忽视，由于后续用户不断涌入无法被观察到，因为无法正确分析不同时期不同用户群的行为以及状态。

同期群分析就是试图把这种总量指标分解开，把用户分解成不同时期的群组，对每一时期获得的用户进行不同时期的分析，这样就可以看到用户的活跃度、进入、退出、流失的数据。则可以得到整个用户群在不同时期更加准确、完整的图景。

3. 工具 3：净推荐值（Net Promoter Score，NPS）

净推荐值非常重要，它直接表明了 MVP 是否有增长或后续增长的潜力。换句话说，它是产品最终生命力的风向标。为什么净推荐值如此重要？因为它是和增长密切相关的一个指标。对于初创公司来说，增长有三大引擎。第一大引擎是黏着式增长，也就是用户的新增长率超过流失率，通过创造黏度来创造增长。第二大引擎是新创公司渴求的增长方式，即病毒式增长，它的基本前提是推荐系数大于 1。推荐系数是指现在用户群推荐的比例。比如，你有 10 个用户，如果其中有 1 个人推荐你的产品，推荐系数就是 0.1，推荐系数大于 1 是指现有 10 个用户通过推荐能带来 10 个以上的新用户，这是病毒式增长的必要条件。第三大引擎是付费式增长，通过传统推送式的营销方式来获取用户。付费式增长的基本前提是，用户的终生价值要大于用户的获取成本。

只有高的净推荐值才能转化为高的推荐系数，并最终转化为我们希望的用户增长方式。

（六）设计思维与精益创业

设计思维和精益创业有诸多相似之处，它们的目的都是为了发起创新、倡导快速试错、从反馈中学习。它们同样都是将顾客、潜在用户以及其他利益相关者纳入开发或设计的流程中。但另一方面两者又有的差异性。根本差异在于目的的不同。设计思维希望通过解决方案的设计创造性解决一个群体的问题，关键词是“人”“问题”和“解决方案”；而精益创业关注的是如何把一个已经存在的想法变成一门生意，关键词是“商业构想”“市场”“顾客”。从这个角度上说，它们似乎并无交集，技术和方法也各异，只是部分理念相似。但它们又可以很巧妙地衔接，即设计思维在前，精益创业在后。假设你还没有一个成型的商业构想，那么可以用设计思维的方法找到一个契合一部分人需求的产品原型，然后再用精益创业的想法将这个产品原型转化为一门生意。

案例练习

【案例阅读】

青蛙公司的精益创业设计案例①

在国际设计界最负盛名的欧洲设计公司当数德国的青蛙设计公司（FROG DESIGN）。作为一家大型的综合性国际设计公司，青蛙设计以其前卫，甚至未来派的风格不断创造出新颖、奇特，充满情趣的产品。公司的业务遍及世界各地，包括 AEG、苹果、柯达、索尼、奥林巴斯、AT&T 等跨国公司都采用了其公司业务。青蛙公司的设计范围非常广泛，涉及家具、交通工具、玩具、家用电器、展览、广告等各个领域，但 90 年代以来，该公司最重要的领域是计算机及相关的电子产品，并在该领域取得了极大的成功，特别是青蛙的美国事务所，成为了美国高技术产品设计机构中最有影响的设计机构。

青蛙公司的设计原则是跨越技术与美学的局限，以文化、激情和实用性来定义产品。青蛙公司的设计过程包括深入了解产品的使用环境、用户需求、市场机遇等，充分考虑产品各方面性能在生产工艺上的可行性等，以确保设计的一致性和高质量。此外，青蛙公司还将产品设计与企业形象、包装和广告宣传统一起来，使传达给用户的信息具有连续性和一致性。青蛙公司创始人艾斯林格曾说：“设计的目的是创造更为人性化的环境，我的目标一直是将主流产品作为艺术来设计。”由于青蛙的设计师们能应

① Graene Waitzkin：《大品牌如何精益创业》，载《经济观察报》，2013 年 4 月 22 日第 54 版。

付任何前所未有的设计挑战，从事各种不同的设计项目，大大提升了工业设计职业的社会地位，向世人证明了工业设计师是产业界最基本的重要成员之一以及当代文化生活的创造者之一。

“精益创业法则”是近年来最热门的创业方法讨论话题之一，精益创业的核心是在初始阶段推出最低可行产品（MVP）——这个版本往往是粗糙而有缺陷的，用于判断评估顾客对产品的兴趣与满意度。MVP迭代更新策略有助于避免公司在未经证实的产品或技术上耗费太多，而将宝贵的研发资金倾注于更有潜力的核心产品上。

青蛙公司资深策略师Graene Waitzkin认为，青蛙的客户，大多是所在行业的领先品牌之一，他们都对精益创业充满兴趣，但对于精益创业能否适用于自己这样庞大体系的企业而感到困惑：它们背负着有效利用资金的负担，但因顾忌潜在的风险，往往不敢贸然改变自己的品牌和客户之间已存在几年甚至是几十年的关系。其实，精益创业既然能适用于试图在组织内部建立起创新机制的机构，在大企业内也同样能有所作为，但这一切的前提是要清醒认识到，不论在何种商业环境内，创新体系与现有体系所需的管理模式都会有很大不同。事实上很多创业公司都意识到了这点，它们运用精益创业模式，成功地在市场中站稳了脚跟，下面看青蛙公司的三个典型设计案例：

一、让客户成为联合创始人

为让早期客户与自己处于同一战线，Sharethrough公司首席执行官Dan Greenberg提出了“让客户成为联合创始人”的理念。Sharethrough是一家在线广告公司，它的主要商业模式是大企业客户的批量广告展示业务。为了获得客户更多的理解与支持，Sharethrough将它们的第一个客户定位为创业之旅的“合作伙伴”。这为它们在第一个产品表现不佳后赢得了改进后续产品的机会与时间。

与Sharethrough有异曲同工之妙，作为一家以创新为主导的设计公司，青蛙发现，如果在每一次创新产品推向市场的过程中，都将客户的愿景视为己出，通过为顾客提供更具有差异化的体验，满足客户颠覆性的创新需求，就能为客户与我们自己的价值链创造更多价值。这种理念，也帮助我们获得了合作企业更多的认同，这样我们才能够共同摸索实践新的观点，在产品到达消费者的手中前，不断改进它们。

二、顾客是否为你的产品而心动

TheMuse.com是一个页面经过精心设计的求职网站，但它并不是一开始就像现在这样完善。网站的CEO Kathryn Minshew告诉我们，在创业早期，当网站还处在研发阶段时，投资者保罗·格拉汉姆(Paul Gra-ham)对她的团队说，“先上线，别管其他。”回顾当时情景，Minshew笑言，当时的网站简陋得不想多看第二眼。而今，The-Muse.com已在不断地迭代演变中，成功进化到与最初有云泥之别的网站，不论是界面美观度，还是用户体验，都十分值得称赞。

现实中，在将一个新的产品推向市场前，我们很难预知消费者是否会喜欢它。为尽可能地消除这种不确定性，我们往往要使用如消费者调研或验证测试这样的工具。在零售行业，零售原型实验是一个可以在有限时间与预算内进行验证实验的有效方法，如星巴克这样的知名企业都是它的实践者。近期兴起的弹出式商店(由 Mitch Murphy 首次提出)是一个零售实验的成功范例，它能够让企业在一个无风险的环境下尽情试验各种商业点子。

但对 IT 企业而言，要想进行这种试验，它们所面临的挑战更为艰巨——与零售业相比，它们很难进行本地化的市场测试，而这往往就伴随着新品无法获得良好的市场反响所带来的对品牌形象的风险侵蚀。为降低这种风险，我们鼓励客户提炼出产品最宝贵的、创新的、可交付的属性，同时绝不在用户体验上做出让步，在有效降低开发成本和风险的同时，为消费者提供最有市场吸引力的产品。在市场站稳脚跟后，企业在保持出色的使用体验的同时，可以根据消费者的反馈更有针对性地修改产品特性和功能。

三、收益与品牌指标

HotelTonight. com——正如它的名字所暗示的，这是一家酒店预订网站，消费者可以通过它订购那些即将空置的酒店客房。经过最低可行产品的不断演变，它们判断经营成功与否的指标也发生了变化。最初，该公司专注于酒店网络、特殊访问、客房预订等服务数据。而今天，它们已关注于两个完全不同类型的指标：收益和品牌建设。

如果你愿意，你可以定期关注、跟踪、分析一切数据——但这样乏味的、成本高昂的、分散注意力的甚至很多时候不可行的行为，有多少价值呢？青蛙公司则鼓励客户抵制关注、控制一切环节的诱惑，在财务与用户体验两个关键指标上，提炼出经常涉及的、简洁的、明确的、可衡量的属性，如出货量增长率、营业收入、盈利能力、客户满意度和顾客忠诚度等。

常言道，“以己为镜”，如果你只专注于经济上的利益，你很可能会设计出一款你的客户难以接受的产品。但是如果你过于执着于用户体验的完美，你又可能会错过稍纵即逝的商机。从表面上看，精益创业的关注指标——如客户关系管理和产品迭代等，与企业们关注的现有指标并无二致。但在现实中，企业所面临的商业环境比精益创业要微妙且复杂得多。企业需要对未来进行更为深入的分析、思考，以将精益创业带来的增长延续。

【案例讨论】

1. 利用精益创业理论分析青蛙公司设计的 Sharethrough，TheMuse. com 和 Hotel-Tonight. com 三家公司是如何做到用户导向、快速行动、单点聚焦、优化迭代和科学试错?

2. 为团队第一节训练的创业项目制作解决方案的可视化原型，并进行目标客户群体的市场测试与反馈。通过向目标客户群体的访谈与产品或服务原型的展示，获取信息反馈，并完成以下测试反馈表。（图 4-2-4）

客户最赞赏的：	客户认为需改善的：
客户不明确的：	客户提出的新建议：

图 4-2-4

第三节　用技术创业提升竞争力

【学习目标】

1. 了解技术创业的特点以及基于技术创新的创业对提高竞争力的重要性；
2. 了解技术创业和技术创新的联系和区别；
3. 掌握技术创业的流程；
4. 掌握影响技术成果商业化的因素；
5. 了解高校科技成果转换的基本流程。

实践体验

销售纸飞机

活动形式： 选取 5 位同学制作并销售纸飞机

活动类型： 产品设计和推广训练

活动时间： 1 课时

活动道具： 胶水、彩纸、剪刀等

活动目的： 选取 5 位同学制作并销售纸飞机，由其他同学进行投票选择。通过对投票同学的访谈总结出影响投票选择的因素。最后对投票最多和最少的个例进行总结和分析，并对美国波音公司、欧洲空客公司基于技术创新的成功创业案例进行分析。

游戏步骤：

1. 选取 5 位同学进行纸飞机的设计和制作；其他每位同学写出前 5 大影响自己选择哪款纸飞机的因素，并对影响权重由高到低进行排序。
2. 5 位同学依次进行 2 分钟推荐演讲。
3. 其他同学依据自己的选择偏好进行投票选择。
4. 统计得票数。
5. 总结和分析。
6. 引出基于技术创新的创业对提高竞争力的重要性。

理论解读

近几年，新技术的快速发展和普及应用极大地推动了新一轮的创业热潮，基于特有技术能力基础上的新技术企业层出不穷，并蓬勃发展。技术创业是科技成果商业化的重要方式，是连接技术发明、技术创新与新产品或新服务的桥梁，正日益成为经济发展的重要推动力。

新产品开发与创新(一)

新产品开发与创新(二)

技术创业是开发先进技术知识的企业创立行为，是创业者为追求机会而整合相关技术系统、战略目标及组织资源的过程，通过创造全新资源组合实现创新的一系列活动。它有三个特征：

(1)技术创业是技术、创业和创新相互作用、紧密协作的结果，三个因素不可分离。

(2)技术创业成功的前提是技术机会要与市场机会相匹配。

(3)技术创业需要创新组织管理模式，尤其是商业模式。

(一)技术创业和技术创新

技术创业和技术创新是两个跟“创造”有紧密联系的概念，但前者强调创造新的事业，后者强调创造新的产品或工艺。此外，技术创业与技术创新两者都涉及技术活动，但创业活动毕竟不同于创新活动，因此两个概念存在较大差别。技术创业是创建新的资源组合，使创新可以实现的一系列活动，它以一种可以盈利的方式把技术和商业结合起来。技术创业可能只涉及一个人(独立技术创业)，也可能是公司内部多个人参与的一系列活动(公司技术创业)。

从上图中可以清晰地看出技术创业和技术创新的联系和区别。虽然技术创业包括

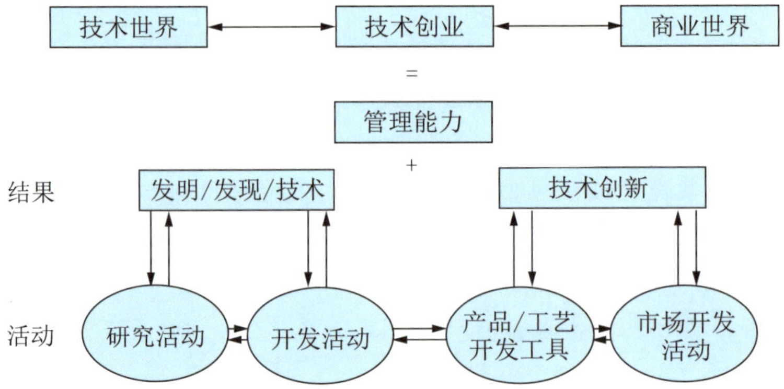

图 4-3-1　技术创业概念

技术创新，但技术创业者也可以利用别人的技术创新成果进行市场开发活动，即技术创业可以不进行技术创新活动，而只是利用技术创新结果开发市场。但技术创业一定包括创新活动。比如，一个生产型企业通过购买国外成熟技术在国内进行加工生产，如果在此过程中企业不断吸收国外技术，通过引进、吸收和消化，最后形成了自己的核心技术优势，就可以称为技术创业。如果只是简单复制国外技术，没有创新，就只能算做加工贸易型创业。技术创新活动是指企业不断进行产品或工艺的改进，其结果是新产品或新工艺的产生；而技术创业活动是指企业对一项新产品或新工艺不断开发其商业用途。技术创新是发现并开发技术的新用途，而技术创业是考虑如何实现这些新用途。

(二)技术创业的主要类型

技术创业根据不同创业要素及基础要素情况，可分为研发单位衍生企业、技术创业家自创企业、公司内部衍生企业、技术转移衍生企业、合作发展新创企业五种基本类型，具体内容包括：

1. 研发单位衍生企业

由国家大型研究开发机构转制形成的、内部研究人员组成的、促成部分重要研究成果商业转化的新企业。

2. 技术创业家自创企业

掌握成熟技术的技术专家从原单位脱离后，自行出资后从金融机构融资创办的新企业。

3. 公司内部衍生企业

部分高技术企业对具有广阔发展前景的高技术项目进行独立运营管理，相当于企业内部创业形式，拥有大型企业强有力的资金支持和人才供给。

4. 技术转移衍生企业

通过技术转移方式将新技术在大型公司内部独立运营，也是企业内部创业的一种重要形式。

5. 合作发展新创企业

创业企业家通过风险投资创立的新企业，通过技术专家的技术支持实现技术转化。

(三)技术创业的过程机理

1. 线性顺序发展模型

依据线性顺序发展模型理论，技术创业过程分为基础研究、技术创新、技术开发和商业开发四个主要阶段，每个阶段都形成相应的创业成果和核心能力。第一阶段基础研究形成创新技术知识；第二阶段技术创新形成创业机会构想；第三阶段技术开发进行新企业的创建；第四阶段商业开发形成新产品的商业模式。该线性模型通过环境扫描发现新的创业机会，每个阶段均涉及一系列创业能力的开发，包括获取资源的能力、把握机会的能力和学习改进的能力。技术创业的线性发展模型是研究技术创业阶段最为直接和显著的分析框架，由于每个阶段均明确划分且具有独立、特定的实现效果，为下一阶段创业型企业新技术商业化过程模型的研究提供有益的理论参考。

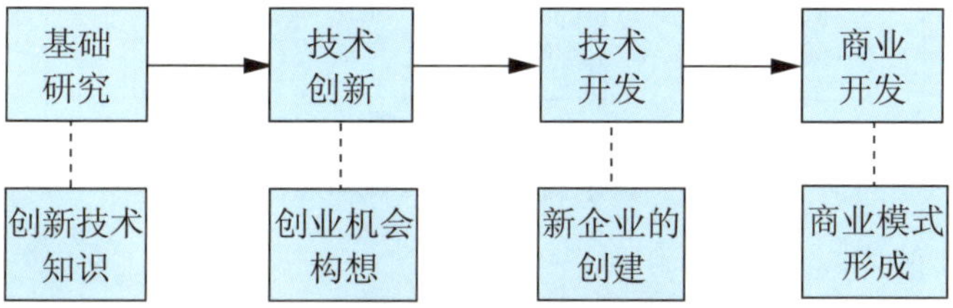

图 4-3-2　技术创业的线性顺序发展模型

2. 线性往复发展模型

技术创业的线性往复发展模型认为技术创业过程是具有先后顺序的不同阶段，具体包括技术研发、机会锁定、组织预备、重新定位和持续成长五个阶段。但各个阶段之间并不是依据时间推进而依次发展的。从前一阶段到后一阶段的发展有一个关键过渡期，在此过渡期需要满足一定的条件，具体条件包括机会识别、创业投入、新企业合法化和持续回报，只有条件都满足时，技术创业才能顺利进入下一阶段，否则，当条件不足时，技术创业过程可能会回到之前的阶段。这种线性往复发展模型强调创业企业要保持向前的持续发展，必须不断开发自身资源和内部能力。每个阶段的跨越都是一次提升自身资源和能力的过程。若技术创业无法具备相应的发展条件，创业过程会步步倒退并最终导致创业的失败。

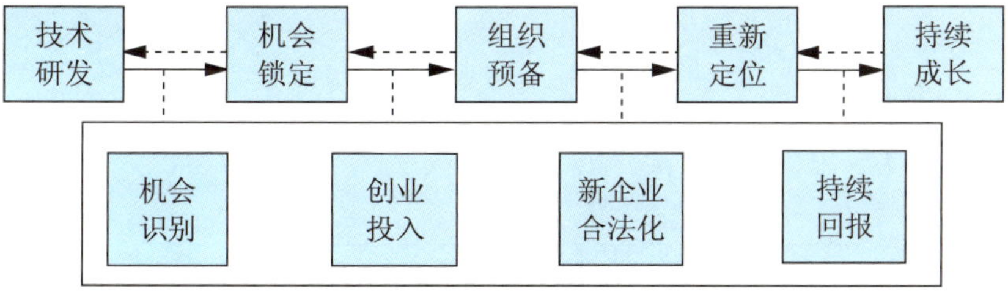

图 4-3-3　技术创业线性往复发展模型

3. 非线性动态发展模型

技术创业的非线性动态发展模型认为技术创业过程具有动态性、循环性和非线性的特征，旨在降低新技术开发的不确定性并最终实现新企业的初期成长。技术创业始于创新技术的发明产生，创新技术是创业机会的来源，通过科学的机会识别将不具备创业潜力和易于模仿的创新技术排除在外，而选择具有较好发展前景的新技术进行后期创业活动。在创业机会稳固形成后，通过创业组织的生成达到新技术企业的创建，再通过新技术商业化阶段完成新企业的初期成长。不仅如此，由于新企业继续成长的需要，新企业内部也要进行下一轮创新技术的识别和发展，机会识别、组织生产和新技术商业化环节也随着新一轮技术开发产生循环作用。

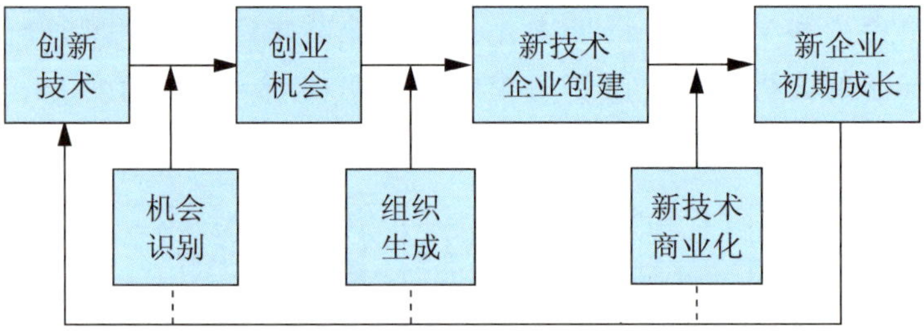

图 4-3-4　技术创业的非线性动态发展模型

（四）新技术的商业化

新技术商业化涉及发明产生和推向市场的两个主要过程，始于新产品或新工艺设想，是经过研究、开发、工程化、商业生产和市场应用一系列完整活动的总和。新技术商业化具有高度的管理风险、技术风险和市场风险，是在利益驱动下形成的科技与经济综合行为。新技术商业化作为技术创新过程的一部分，能够打破政治、经济、社会和文化等诸多环境限制，将极富潜力的技术与产品构想经由具体商业活动实现，并保持技术价值与使用价值的高度统一，为企业发展增加市场附加值并创造利润。

实现商业价值是新技术商业化的最终目标。作为技术活动链的后端，新技术商业化是对技术原型进行深入试验，生产出推向市场的新产品或转化为成熟工艺进行实践应用的活动。这种新技术商业化会经历产品化阶段、商业化阶段和产业化扩大阶段，并最终获得预期的商业价值。

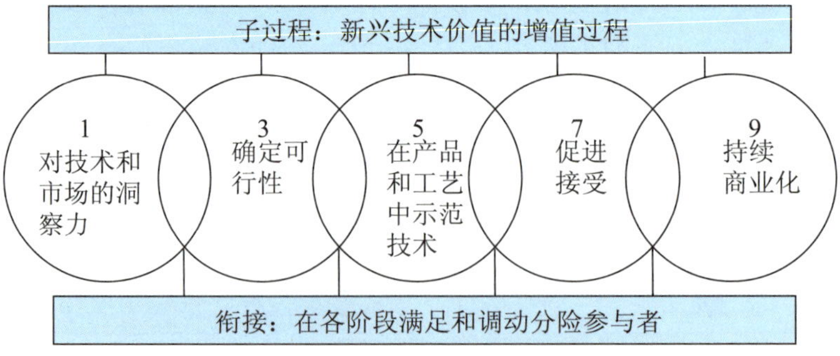

图 4-3-5　Jolly 的新技术商业化多阶段衔接过程论

新技术商业化作为一个复杂、连续和长期的过程，由多个子过程完成价值增值，并在各子过程之间实现有效衔接。其中，新兴技术价值的增值通过子过程实现；子过程的衔接旨在满足和调动风险参与者，具体通过鼓励兴趣支持、调动资源、调动市场因素、调动互补资产实现。五个子过程阶段和四个衔接过程组成了完整的系列工作，并完成每个环节的技术增值。多阶段衔接过程论指明了新技术商业化的核心过程阶段，并对跨越每个过程阶段需要实现和调动的资源予以重视。所有子过程阶段的目标是将新技术最终推向市场并使客户广泛地接受。子过程阶段要努力解决营销问题和技术问题，主要作用对象是技术和管理。衔接环节则是子过程阶段顺利推进的资源保证，一旦资源投入无法保障，衔接环节断裂就会最终导致新技术商业化的失败。

（五）大学生技术创业模型

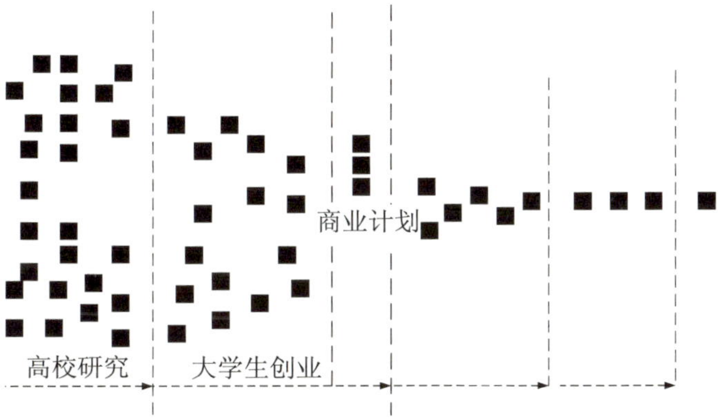

图 4-3-6　大学生高技术创业模型

大学生技术创业是一个创新的过程。其模型大致呈漏斗状（如图 4-3-6），最前端创新技术的萌芽处于模糊阶段，创新的技术一般在高校的研究中，学生们在教师的指导下诞生。在这个阶段，学生们往往并不会刻意地想要创业。创造力和发掘新事物的天赋在此尤为重要。对于小型企业，这个阶段最为关键——以技术为基础创业的公司产品的核心价值在这里诞生。大量技术的创新价值在最初得到专家的认可，然后这些选项进入第二阶段并接受筛选和发展。一般筛选的依据是通过概念试验和市场情报来评价技术的可行性和市场成功潜力。有创业志向的学生们对选项进行筛选，第二个阶段以开始商业计划结束，同时技术创业也由此开始。学生技术创业将创新的技术进一步推进，真正开始运行公司，把研究成果变成能在市场中发展的新产品。为此，学生们要对知识产权保持应有的谨慎态度，并和潜在竞争者确保他们的技术是新颖且有继续研究价值的。在产品的商业化阶段，学生们整合各项资源，运用商业知识，对于获得的各方面资源进行投资组合管理。最后，新产品在市场中发布，伴随着的价值是私人拥有知识产权，对社会来说，技术创业创造了工作岗位，对当地经济有贡献作用，甚至有技术革命的意义。

（六）高校科技成果的转换

高校职能可归纳为培养人才、发展科学和提供社会服务，其中发展科学占据了重要的一环。高校实现科技能力的条件、科技的主题及科技成果的产生方式及驱动力从来就是受诸多因素的影响。以知识经济、信息技术为代表的经济增长方式，决定了科技的实现已经突破了传统的实验室，这种转变引发了高校职能在促进经济和社会发展中的社会定位思考。

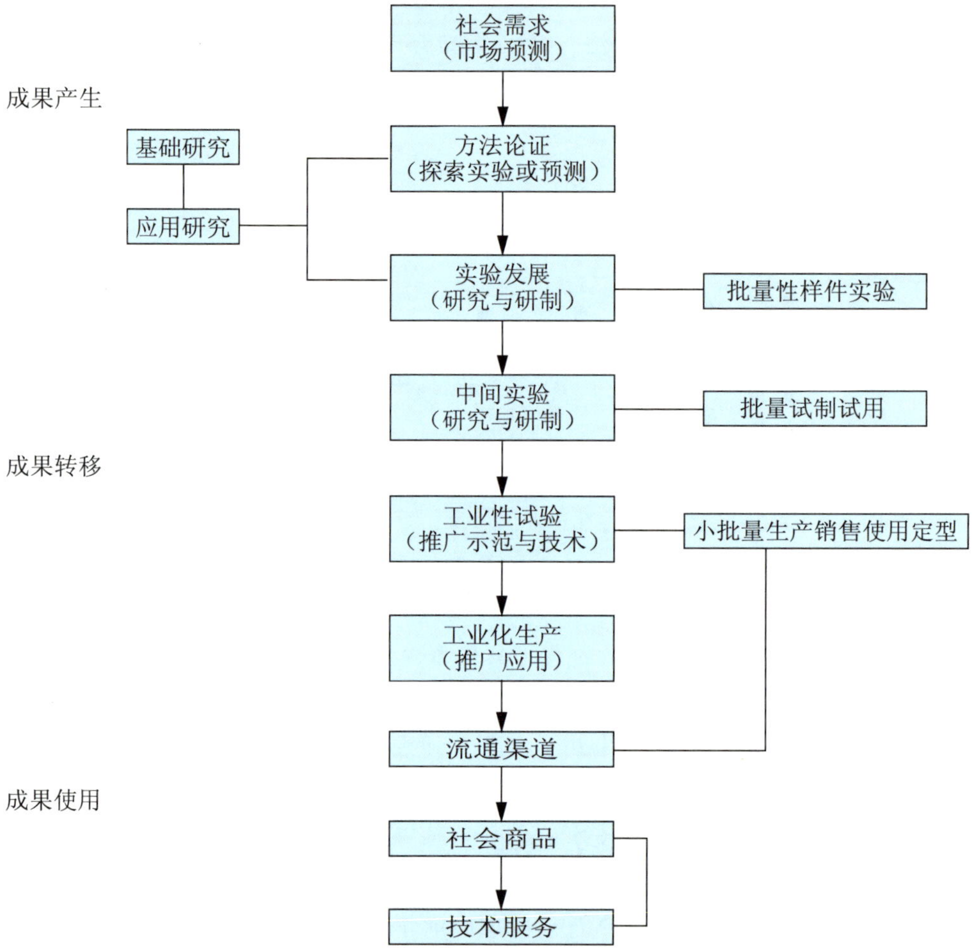

图 4-3-7　高校科技成果转化过程示意图

案例练习

【案例阅读】

环境对大学生技术创新创业的影响[①]

Bio::Neos，Inc. 是一个由美国爱荷华大学 3 名工程类学生在本科学习期间创办的公司。重点研发的是一个为支持基因研究和帮助研究者更有效鉴定基因疾病而设计的生物信息学软件包。该软件包结合了生物和信息技术，可发现制药中的变异问题。公司是在爱荷华大学的计算基因学协调中心(Coordinated Laboratory for Computational Genomics，CLCG)成立的。CLCG 是一个由国家卫生所、国家科学基金会和一些其他非盈利及盈利私人组织创建的跨学科研究实验室。这 3 名大学生最开始是在 CLCG 的本科生实验室当助手开发软件时接触到这些科学知识的。因此学生们在研发出的软件雏形中运用到的核心部分理论知识是教学项目的产物。学生在学校实验室里以助理研究员身份被雇用时，所开发出来的软件的版权问题是很复杂的。为了避免这种复杂的知识产权归属问题的出现，爱荷华大学研究基金会采用不获取任何学生研究成果的知识产权的政策。一般情况下，学生在校期间为了完成相关学位的作品，特别是在被学校研究所雇用期间所研究出的成果，往往被学校占有其知识产权。然而，根据爱荷华大学的知识产权和版权的相关政策规定，学校不拥有关于任何与学生在完成学位期间有关的信息或材料的版权。爱荷华大学希望通过这项规定来获得学生创作的知识产权，但是放弃了对作品的所有权。因为学生对于知识产权的拥有权关系到他们是否可以从当地政府获得资金支助来创业。关于产权问题，实验室的指导教师虽然没有参加产品研发，但是他们参加了科学指导，所以他们持有很少一部分该公司的产权。爱荷华大学工程学院除了让学生们接受传统工程类课程的理论知识教育之外，在应对经济全球化方面，他们还推出了知识产权和以市场营销为导向的课程。这些新颖的课程给学生们提供了清晰明了的创业知识。爱荷华大学工程教授提到，工程学是与销售相联系的。他鼓励学生们把工程理念卖给正在寻找项目的投资者。创办 Bio::Neos 的学生在工程类课程之外还接受了正式的创业培训。正是这些课程，大大地帮助了创办 Bio::Neos 的学生到更进一步地接触市场营销知识和技能。

爱荷华大学的创业教育中心对 Bio::Neos 软件的商业化起了很大的作用。该创业教育中心让创办 Bio::Neos 的学生们有机会参与到创业学习中。而且中心和工程学院还让学生能够接触到外部经济来源。首先，他们给学生提供了在生物科技、信息技术

---

① 侯典牧，郑云云：《美国大学生技术创业典型模式探析》，载《经济视角(下)》，2013 年第 12 期。

和创业战略方面的专家队伍，并允许学生创业团队中至少一名成员可以参加创业课程。其次，学生可以在创业中心外运行学生们自己的公司。他们给学生们提供了办公场所和设备。学校投资赞助学生们在学校内建立研究园和场所房屋。当学生创办的企业从创业孵化基地中转型到市场后，大学生创业者能够以低于市场价格来租这些房屋。而且，创业教育中心也帮助大学生创业者获得私人投资资金。例如，通过创业教育中心举办创业大赛，创办Bio::Neos的学生们获得超过5000美元的种子基金，基金全部来自于私人投资者。Bio::Neos就是在获得融合了公共机构、非营利机构和私人营利机构的资助下创办出来的。这个创业教育中心最初是商学院为了给学校教育带来更多市场机遇而通过私人捐款创立的。John Pappajohn和Tom Bedell是使创业教育中心创建及扩大规模中重要的个人捐资者。其中爱荷华州著名的风险投资人Pappajohn为了促进当地经济和商业的发展，在创业中心投资了超过15亿美元来扩大创业培训的规模。Bedell捐赠了66万美元创立了大学生创业孵化基地(Bio::Neos就是在这里创建的)，这些都为大学生创业提供了一个很好的平台。该中心致力于对爱荷华大学内所有学科专业的学生进行创业教育。除了科学、技术和商科专业之外，他们在其他学科也有成功的创业教育的例子。教育中心要求学生利用学生创业孵化基地完成至少一门创业课程。在爱荷华大学，每学期有超过1000名学生参加到创业课程。课程包括技术创新的战略管理、创业市场营销、创业咨询、商业计划等，不但包括创业中最重要的理论知识，还有具有成功技术转移潜力的高科技经济知识。爱荷华大学的这个创业学习环境从各方面鼓励了大学生创业。该校的教职员工鼓励工程类学生将产品商业化，无论是在编程课中的作业还是创业竞赛中的成果。

【案例讨论】

为什么有些科技型企业可以蓬勃发展，而另一些科技型企业则逐渐萎缩？

第四节　设计思维计算机综合实践

【学习目标】

1. 学习如何运用设计思维方式开展设计实践；
2. 训练如何洞察、分析、描述痛点需求；
3. 训练如何围绕确定痛点开展需求整理分析；
4. 训练如何围绕确定需求开展产品或服务的创意设想；
5. 训练如何用精益产品原型的方法描述产品原型；
6. 训练如何使用最小化原型(MVP)进行市场测试并改进原型。

实验介绍

项目名称：设计思维计算机综合实践

设计思维发源于设计界，后来被各行各业借鉴，斯坦福大学设计学院把它归纳成一套科学方法论后，迅速风靡全球高校和中小学。

设计思维演练游戏是一个围绕设计思维综合实践训练的创新创业教育系统，在教师的统一带领下，参与该课程的同学们将在课堂中经过洞察痛点、分析需求、构建创意、设计原型、检验原型等一系列实践环节，通过行动式学习方式，掌握与理解设计思维的核心要素，提升创新设计能力。

在开始各个环节之前，老师将在游戏中给全班同学建立一个空白共享地图。随后老师将在系统中挑选一个确定的实验背景发给大家，以供每位同学用作为设计思维训练的方向。

在洞察痛点环节中，根据老师给出的相应确定背景，每位同学需要花费几十分钟时间，尽最大努力设想在该背景下，哪些主体存在哪些具体的痛点问题，并把设想出的某个痛点以多边形积木块形式任意放置于全班共享地图上。每块多边形积木上，学生需要填写具体的痛点问题，并且主动在班内寻找若干名同学为自己的这块积木提供支持盾牌。针对某个确定的痛点，如果获得其他同学的支持盾牌越多，则表示在大地图上占据的位置就越稳固，否则该位置有可能会被其他同学更优异的痛点问题取代而出局。

在经过班内互相竞争后，全班大地图上将出现一个相对最优痛点分布图，有些同学可能会多一些，有些同学可能会少一些。

在随后的分析需求环节，每位同学都需要根据自己在地图上的每个痛点，进一步使用用户画布分析明确需求。每个痛点的需求同样将以积木块的形式体现，每个需求积木块也需要主动寻找班内其他同学的支持，只有获得至少三位同学的三根柱子支撑的需求积木块才能顺利的搭建在痛点需求积木块上方，支持的人越多，搭建的越高。

完成分析需求环节后，大家还需要使用创意画布进一步设想多个创意来满足需求，每个创意画布将同样以灯泡积木块形式搭建在上一步需求积木块之上，每个创意小灯泡均需要获得至少三位其他同学支持后才能点亮，支持的人越多，亮度越高。

在设计原型阶段，每位同学使用空白画板形式，使用合适的各种颜色及粗细画笔，为每一个创意更为形象的画出自己设想中的产品原型或服务应用情景，每个原型将以一个宝石积木形式出现，在最后的原型验证阶段，同学们为自己的每个原型积木寻找班内其他同学的支持，每个支持都将使宝石变得更大。

在所有学生完成实践环节后，老师将为大家展示一个有趣的结果，全班同学通过几节课的时间，围绕一个相同的背景材料，在一块原来空无一物的地图上，建立起了一个丰富多彩、高低错落的虚拟城市，当然这个城市的所有“建筑材料”都来自同学们使用设计思维从而产生的贡献。老师同样将邀请一部分同学来分享他们的设计过程及各自的精巧之处，以起到全班同学互相启发思维的效果。

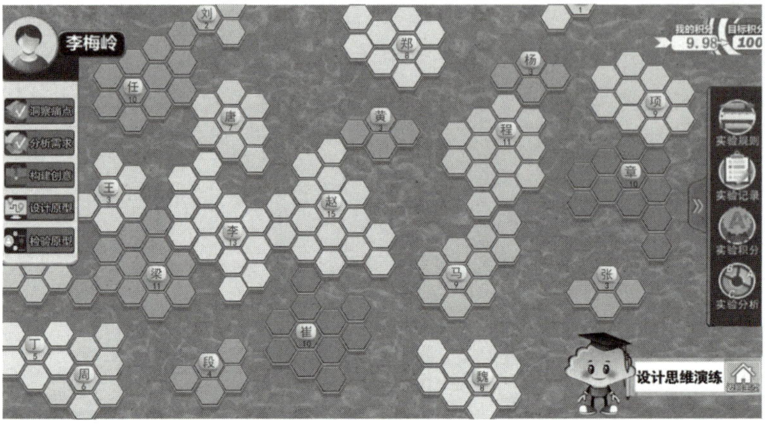

图 4-4-1　设计思维计算机综合实践学生界面

课时安排

4 课时

内容	课时
教师实训前规则讲解	10 分钟
了解背景材料	5 分钟
洞察痛点	30 分钟
分析需求	20 分钟
构建创意	20 分钟
设计原型	45 分钟
验证原型	20 分钟
教师总结与学生分享	30 分钟

使用形式

1. 这是一个计算机网络实训游戏，建议在学校标准计算机实验室内开展教学；

2. 本实验需要在专业教师的统一组织协调下开展，个人学习者无法独立完成该实验；

3. 教师可扫码后点击右方“申请试用”，即可获得免费教学账号。

第五章　创新设计商业模式

第一节　商业模式设计

【学习目标】

1. 理解商业模式的概念和重要性，具备商业模式设计意识；
2. 掌握分析和设计商业模式的工具，学会利用画布分析商业模式；
3. 掌握商业模式设计的基本方法和技巧。

实践体验

商业模式画布填填看

建议实践学时数：1 课时

下面这个商业模式画布填填看游戏，可以说明商业模式设计的各种因素及其内在逻辑。游戏中的道具等可以根据实际情况进行调整。

（一）游戏准备

上课前将设计商业模式的九大要素制作成卡片，九大要素如图 5-1-1 所示。课堂上对九大要素逐一进行介绍，并解释其内涵。

另外，上课前再准备一块画板。画板采用的是作家兼创业者 Alexander Osterwalder 和瑞士学者 Yves Pigneur 所设计的商业模式画布(Business Model Canvas)。

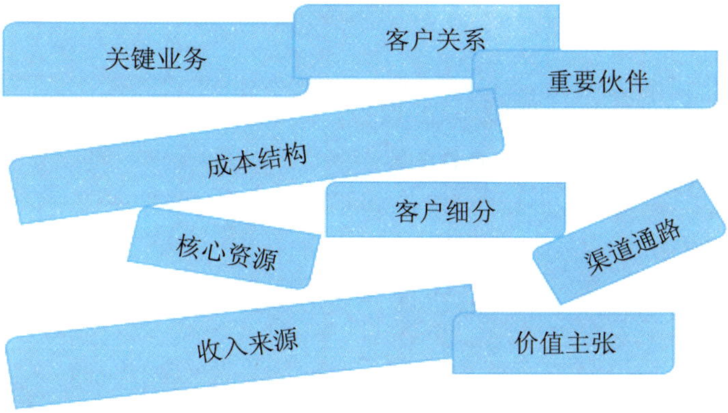

图 5-1-1　商业模式画布

(二)游戏过程

简单介绍来自作家兼创业者 Alexander Osterwalder 和瑞士学者 Yves Pigneur 的商业模式画布(图 5-1-1)，然后让各组展开讨论，将商业模式九大要素填充在画布上(图 5-1-2)，最后各组对填充的结果进行展示和汇报。

图 5-1-2　填充画布

小组展示汇报结束后，讨论以下问题：

1. 各组填充的画布内容有哪些差异?
2. 画布可以分为左边部分和右边部分，左右两边各描述企业的哪些视角?
3. 商业模式设计从关注哪些内容开始?

通过讨论商业模式设计工具——画布法(九大要素填充如图 5-1-3 所示)，深刻理解商业模式是关于价值创造、价值传递和价值获取的原理，但是往往要先关注价值创造，即优先考虑画布的右边部分，才能突破资源和成本的约束，实现更好的创新。

<table>
<tr><td rowspan="2">Key Partners
重要伙伴</td><td>Key Activities
关键业务</td><td rowspan="2">Value Propositions
价值主张</td><td>Customer Relationships
客户关系</td><td rowspan="2">Customer Segments
客户细分</td></tr>
<tr><td>Key Resources
核心资源</td><td>Channels
渠道通路</td></tr>
<tr><td colspan="3">Cost Structure
成本结构</td><td colspan="2">Income Sources
收入来源</td></tr>
</table>

图 5-1-3

（三）制作你的商业模式画布

基于各组已经确定的创业项目，结合商业模式画布的学习成果，要求各组开展讨论，制作小组确定创业项目的商业模式画布，最后各组对制作的结果进行展示和汇报。

小组展示汇报结束后，讨论以下问题：

1. 各组制作的商业模式画布各个模块内容是否完整？
2. 各组制作的商业模式画布各个模块内容是否可以进一步细化？
3. 各组通过制作的商业模式画布反观已确定的创业项目是否存在问题？

通过制作商业模式画布，深刻理解已确定创业项目的商业模式；通过讨论和反思，更好地对已确定的创业项目商业模式进行优化、设计和创新。

理论解读

（一）商业模式的概念

据调查统计，近十多年来迅速成长的国内优秀企业，在初创阶段有几点特征，如不具备垄断资源、没有丰富的资金资源（如表 5-1-1 所示）、能准确把握市场趋势、发展速度呈现指数级增长、拥有更加有效的商业模式。

表 5-1-1

公司名称	启动资金
携程	200 万
如家	1000 万
阿里巴巴	50 万
脑白金	50 万
红孩子	200 万

分析这些特征，不难发现商业模式起到了至关重要的作用。管理学大师彼得·德鲁克曾说过："现代商业的竞争，已不再是单一的产品或服务的竞争，往往是商业模式的竞争。"在当今，商业模式已成为了企业界和学术界最热的话题之一。然而商业模式的内涵和概念却不是人人都能准确地把握。

商业模式最早的研究来源于德鲁克，他将其定义为组织理论或公司经营理论。之后，国内外诸多学者在此基础上开展研究，得出诸多定义。Alexander Osterwalder 和 Yves Pigneur 在 2005 年发表的《理清商业模式：这个概念的起源、现状和未来》中提出的定义："商业模式是一种包含了一系列要素及其关系的概念性工具，用于阐明某个特定实体的商业逻辑。它描述了公司所能为客户提供的价值以及公司内部结构、合作伙伴网络和关系资本等用以实现(创造、营销和交付)这一价值并产生可持续、可盈利性的收入的要素。"[①]较为被学术界所接受。更有学者在此基础上进行概括，认为商业模式就是企业基于价值创造的逻辑，是描述企业价值创造、价值传递和价值获取的基本原理。

我们可以以奇虎 360 公司的发展，来进一步诠释商业模式的内涵。作为现今国内杀毒软件市场占有率第一的产品，它在市场上普遍接受付费购买杀毒软件的背景下，提出 360 杀毒软件免费为用户服务。不仅帮用户俭省了支出，而且为用户提供了良好的体验。从此，奇虎 360 公司以杀毒软件产品为切入口，不断给用户传递各类产品，如 360 浏览器、360 搜索等。随着用户规模的扩大，奇虎 360 公司通过流量分包、搜索排名等方式获取了经济利益。由此可见，商业模式作为描述企业价值创造、价值传递和价值获取的原理得到了充分印证，价值创造、价值传递和价值获取是商业模式的核心。

好的商业模式有以下几个特征：(1)独特性。一方面表现为商业模式本身的独特，另一方面表现为价值创造环节的独特。(2)难模仿性。指的是竞争对手发现了你的商业模式，却无法进行复制模仿，主要表现为你的竞争壁垒和资源优势。(3)灵活性。指的是商业模式随着市场的变化，能够进行及时修正，取得有效进步。

(二)商业模式的分类

商业模式的分类方式有多种，基于产品和服务的角度，有独特产品模式、个性化定制模式、客户系统解决方案模式、品牌模式、产品金字塔模式、基础产品模式等；基于企业运营的角度，有平台模式、连锁模式、互联网模式等；基于企业价值链的角度，有价值链定位商业模式、价值链延伸商业模式等。鉴于商业模式诸多的分类情况，重点介绍以下几种：

---

① Osterwalder, A, Yves Pigneur, Christopher L Tucci: "Clarifying Business Models: Origins, Present, and Future of the Concept," in *Communication of the Information System*, 2005, 15(5).

1. 独特产品模式

独特产品指的是具有非同一般的生产工艺、配方、原料、核心技术等优势，又有长期市场需求的产品。如家传秘方、进入门槛很高的新产品等。该模式能够快速形成市场差异化，帮助企业获取丰厚利润。应用独特产品模式的公司有3M、王老吉、东阿阿胶等。

2. 个性化定制模式

随着移动互联网、大数据等技术的日渐成熟，以及工业化4.0的发展，个性化定制将会在未来的商业中越来越普及。通过在线数据采集，分析用户的个性化需求，给用户提供个性化的产品，如现在比较流行的服装定制。

3. 客户系统解决方案模式

客户系统解决方案模式是指企业通过满足用户显性需求为切入点，继而挖掘用户的隐形需求，以一整套的服务与解决方案来满足用户的需求链条。比如，通用电气公司通过客户系统经济学分析方法，了解客户如何购买和使用产品，在这一过程中所支付的金钱、时间以及所产生困扰，然后提供具有针对性、个性化的客户解决方案，即向客户提供自选配置、提供零部件和附件、提供融资和检修维护等售后服务来帮助客户克服遇到的困难，完成这个昂贵而耗时的过程。通过提供解决方案的业务，通用电气掌握了大量客户的详细资料，并与之建立了友好的商业伙伴关系，比对手更快更好地了解客户的偏好，迅速满足其需求。通用电气这种将制造业当成服务业来做的思维，使其在各个业务领域都能领先对手，获得持续盈利和长足发展。

4. 品牌模式

品牌模式是指企业在产品或服务打造的过程中，塑造产品或服务的品牌，并对其进行经营管理，致力于提高品牌知名度、信誉度和顾客忠诚度。采用品牌模式的企业前期需要进行较大规模的营销投资，以增加公众对自己产品的了解，获得认同、赢得信任和信誉。

5. 产品金字塔模式

产品金字塔模式是通过满足不同用户对产品风格、材质、颜色等方面的不同需求，结合个人收入上的差异化因素，企业不断推出高、中、低各个档次的产品，从而形成产品金字塔，达到客户群和市场拥有量的最大化。在塔的底部，是低价位、大批量的产品，靠薄利多销赚取利润；在塔的顶部，是高价位、小批量的产品，靠精益求精获取超额利润。

6. 基础产品模式

基础产品模式指的是企业推出一种基础产品，进而带动后续利润款产品的销售，从而带来长期的后续业务。在许多应用基础产品模式的业务中，基础产品的利润往往不高，但其衍生产品的利润极有吸引力。

7. 平台模式

平台模式指通过互联网平台开展商品或服务的销售。比如唯品会、聚美优品等平台，通过 B2C 模式将诸多商品卖给用户；淘宝、美团等平台，通过搭建交易平台从中获取利润。

8. 价值链定位模式

价值链定位型商业模式是指企业通过分析市场环境和自身优势，结合产业价值链的高低附加值区域，确定自己在价值链中的有利位置，明确今后的发展方向。

外包是价值链定位模式的一种，是指企业将其非核心业务或职能活动进行分拆、剥离或外包交由合作企业完成，自己只保留核心价值活动(具有竞争优势难以被模仿的价值活动)和相对优势的价值活动，以获得比单纯利用内部资源更多的竞争优势。该模式遵循的原则是企业从事基础价值或非核心价值活动的总成本高于其通过价值链分拆、职能外包的总成本。通过这种模式，企业可以和伙伴企业之间在资源、要素和能力等方面实现优势互补，提高企业的敏捷性和柔韧性，增加企业超额利润。比如耐克公司，分析了其产业价值链及行业成功的关键因素，整合资源，重点定位于产品设计和品牌营销推广两个环节，把产品生产进行外包。

9. 价值链延展模式

价值链延展型商业模式是在企业价值链的基础上，通过延展其两端的价值活动，即向上游供应商或下游销售商和顾客等方向整合和延伸，节约交易费用。延展型企业商业模式将原本在企业外部的价值活动纳入企业经营范围内，这不仅增加了企业的价值活动，而且扩大了企业与各利益方的关系网络，包括网络化价值链下企业间的合作关系，通过对其有效的制度安排和关系整合，可以节省大量的交易费用(如信息搜寻成本、谈判成本等)，提高企业的整体反应效率，进而增强企业的整体竞争实力和盈利能力。

(三)商业模式设计①

开展商业模式设计，首先要了解商业模式的构成体系。纵观国内外研究，商业模式构成体系包括几大要素，其中价值类要素：价值主张、价值维护、价值实现等；资源能力类要素：资源构成、核心竞争力、合作伙伴、业务系统等；战略类要素：市场选择、战略定位、业务范畴等；盈利类要素：成本结构、收入结构等。本文主要结合 Alexander Osterwalder 和 Yves Pigneur 提出的商业模式画布工具及其九大要素开展商业模式设计。具体设计流程有以下六步：

商业模式设计(一)

1. 识别用户需求

用户的需求可以分为两大类：一类是显性需求，一类是隐性需求。显性需求我们

---

① 共青团中央、中华全国青年联合会、国际劳工组织组编：《大学生 KAB 创业基础》，北京，高等教育出版社，2007。

较容易理解，那么什么叫隐性需求呢？概括有以下几种情况，如用户无法表述清晰但真实存在的需求；用户无法在公开场合诉求的需求；竞争对手尚未获知的用户需求；尚未被实现或满足的需求。显而易见，在商业模式设计过程中，我们应该把更多的关注点聚焦在隐性需求的挖掘和识别上。

商业模式设计(二)

在需求识别过程中，我们还要把握好需求的一个关键要素，即用户需求的程度是“必须有”还是“可以有”。必须有的需求，往往是用户的痛点，这种需求真实且急迫，人们称为刚需，能够顺利转化为商业行为。可以有的需求，是有了会更好，没有也无所谓，这种需求称不上刚需，往往在转化为商业行为过程中会出现较大阻力。以王老吉凉茶为例，能够成功突围成为国内畅销饮料，其重要原因就是王老吉对用户隐性需求的识别和挖掘，打出了“怕上火，喝王老吉”的广告，暗示用户喝王老吉可以预防上火。中国人对上火的概念都比较熟悉，而市面上没有一种饮料能够预防上火，迎合了用户的隐性需求。可见，王老吉识别了用户显性、隐性这两大维度的需求。

2. 构建独特价值主张和定位精准用户

构建独特价值主张是指企业开发和提供独特的产品或服务过程，定位精准用户是指企业寻找目标客户的过程，这两个过程是相互关联和影响的。比如，如家酒店定位的精准用户是对价格敏感的中小商务人士和自助休闲旅游的游客，结合这类精准用户的需求，开发出价格、卫生、服务等介于星级酒店和普通旅馆的独特住宿产品。再比如，褚时健推出的“褚橙”，通过构建富有人格化、精神化的橙子，将橙子打造成了“励志橙”，然后去吸引能引起共鸣的精准用户。

图 5-1-4

在定位精准用户过程中一定要符合企业的价值主张，同样，在构建和传递企业价值主张的时候一定要精准定位用户。在以往需求远远超过供给的年代，商业行为中经常提到一句“我们的产品老少皆宜”，现在是商业模式设计的大忌。因为这句话暗示着该企业没有独特价值主张，用户没有精准定位，结果是企业品牌难以构建，企业产品难以被用户接受。

一个有洞察力、创新精神的企业家，在商业模式设计过程中，一定会先去思考怎样创造性地挖掘和识别隐性刚性需求，围绕这些需求处理好价值主张，精准定位用户，而不是一开始就关注怎么赚钱。

3. 挖掘企业核心资源形成竞争壁垒

商业模式设计走完前两步后，企业要开始思考所提供的独特价值产品，是否容易被竞争对手抄袭，即使被抄袭，是否还能保持竞争优势。因此，挖掘企业核心资源形成竞争壁垒显得尤为重要。所谓核心资源可以是企业的某项技术、研发能力、人才储备、渠道通路、合作伙伴等，而核心资源可以是企业本身具备的，也可以是企业通过合并整合的。

以瑞典的利乐公司为例，该企业生产的产品利乐枕、利乐包、利乐砖，成为了中国几乎所有主流乳液公司的首选包装材料，获得了丰厚的利润回报。假如某企业也是包装材料制造商，想抄袭利乐公司的产品，并且以价格战来对抗取代其市场份额，你觉得会成功吗？答案显而易见是不太可能成功。因为，利乐公司不单单是包装材料的制造商，其核心资源是可以给初创的乳液公司提供生产设备、生产技术、服务咨询等支持，进而整合后端企业成长起来后的包装材料销售。可见，挖掘企业核心资源、形成竞争壁垒，哪怕产品被抄袭也依然能够保持竞争优势。

4. 优化成本结构

优化成本结构、降低企业运行成本是创业者或企业家都非常关心的环节。企业可以采用以下几种方法：如众包、众筹、除权、激活等。

例如，小米公司在创立之初，米柚社区就聚集了众多手机发烧友，他们在社区里参加各种活动开展社交，更为小米手机提供各种技术解决方案。如此，不仅为企业节省了技术开发成本，而且为企业后端销售积累了潜在用户，大大降低了企业的运营成本。

例如，企业在融资环节，可以通过股权众筹的形式来降低融资成本；企业在新品销售的环节，可以通过产品预售众筹的形式来降低产品开发成本。例如，85℃咖啡，通过除权思路，移走了大量的桌椅，节省了企业的租金成本，转而专注于提供质优价廉的咖啡，赢得了消费者的信任。再有，就是利用隐性资产，革命性地降低成本。每个人、每家企业都有很多隐性资产和隐性价值，加以运作创新，使商业模式得以优化。

5. 构建独特的盈利模式

盈利模式指企业利润来源及方式。相同行业的企业，定位和业务系统不同，企业的盈利模式也不同。即使定位和业务系统相同的企业，盈利模式也可以千姿百态。许多学者认为商业模式是一种企业创造利润的思维方式。按照这种观点，商业模式的各种类别：B2B、B2C、拍卖与反拍卖模式、广告收益模式、会员费模式、佣金模式、社区模式等，也全是盈利模式在实践中的具体应用，也是最容易被对手识别和模仿的竞争优势。因此，构建独特的盈利模式成为商业模式设计的重要一环。

以麦当劳公司为例，我们了解这家公司的主营产品是汉堡和薯条，自然会理解其盈利模式是通过上述产品的销售来盈利。事实上，麦当劳创始人曾亲口说过："我们做的不是汉堡生意，而是房地产生意。"可见麦当劳公司的盈利模式是非常独特的。总结麦当劳的盈利模式，大概可以描述为汉堡、薯条和可乐销售赚小钱；通过集中采购和供应链改造赚取中钱；最终通过专业选址来拉动房产升值赚取大钱。

6. 提升企业估值获取资本回报

在商业模式的整个体系中，起点是价值定位，中间是价值创造活动：业务系统、关键资源能力，盈利模式，归宿是企业价值即投资价值。投资者最终关注的就是企业的投资价值，这是商业模式不可或缺的部分。根据财务或金融原理，一个企业的投资价值是指投资对象(项目/业务/企业)未来预期可以产生的自由现金流的贴现值。在影响投资价值的众多因素中，最重要的当属自由现金流及结构。因此，对于企业来说，如何优化自由现金流结构，获得较大的自由现金流是提高企业价值的关键。简单讲，要获得较高的企业价值需要投资少、收入多、运营成本低。这就要求企业从生产、运营等方面入手。

案例练习

【案例阅读】

拼多多的商业模式①

创立于2015年9月的拼多多，是电商行业的创新代表之一。在以淘宝、京东为首的电商占据了国内电商市场大部分份额的时候，拼多多进入互联网主流人群的视野。近年来拼多多一跃成为电商界的"黑马"，日均活跃用户仅次于手机淘宝，位列第二，打破了该行业的双极格局，成为过去十年中国增长速度最快的电商公司。拼多多的背后则是平台通过模式与技术创新，与农业、制造业深度结合，有效推动其改造升级的强有力措施。以拼多多为研究对象，通过客户细分、价值主张、渠道通路、客户关系、收入来源、核心资源、关键业务、重要合作、成本结构等九个方面，针对商业模式要素进行解析。

一、市场细分与渠道通路

市场细分这一模块描述了拼多多想要获得的和期望服务的不同目标人群和机构。

---

① 邢洋铂，孙菡清：《拼多多商业模式研究——基于"商业模式画布"的分析》，载《商场现代化》，2020年第6期。

为了更好地满足市场，拼多多应按照目标人群的需求、行为及特征，将市场分成不同的群组。拼多多的客户群体主要有学生和职场新人。学生群体处于一生之中消费欲望最强但是又最一无所有的年纪，对于他们而言，低价的诱惑力是很强的，且学生的群体性很强，联合拼单等行为对于他们而言也是比较容易做到的，因此他们也在拼多多的用户中占有一定的比例。参加工作不久的年轻人往往还没有什么积蓄，刚参加工作不久的人收入能力比较低，但是需要花钱的地方却比较多。年轻的身体让他们对于健康等问题暂时还不是十分重视，价格对于他们而言虽然不是唯一但也是重要的参考依据，他们不会以拼多多作为主要的购物平台，但是也不介意在看到低价的物品时进行购买。从用户性别分析拼多多的女性用户是男性用户的两倍，而电商平台淘宝和京东的女性用户占比分别为59.68%和47.80%。从性别维度来看，相较于其他传统电商，拼多多的女性用户占比更突出。

二、客户关系与合作关系

客户关系是指拼多多为达到其经营目标，主动与客户建立起的某种联系。这种联系可能是单纯的交易关系，可能是通讯联系，也可能是为客户提供一种特殊的接触机会，还可能是为双方利益而形成某种买卖合同或联盟的关系。我将拼多多客户关系分为对供应商的客户关系和对用户的客户关系。拼多多和商户的客户关系为合作伙伴关系存在于企业的最高管理者之间，企业与客户交易长期化。当双方就产品与服务达成认知上的高度一致时，双方即进入合作伙伴阶段。在这个阶段，企业深刻地了解客户的需求并进行客户导向的投资，双方人员共同探讨行动计划，企业对竞争对手形成了很高的进入壁垒。拼多多与用户的关系认定为私人关系、自动化服务关系以及社区关系。私人关系：消费的过程中消费者与商家、平台进行交流，以及消费者在完成交易后享受到商家提供的针对个人的售后服务都属于私人关系的范畴。自动化服务关系：拼多多的后台根据用户近期搜索和浏览过的商品，通过大数据分析的方法来判读什么是消费者可能想买的东西，然后将这些商品推送到每个消费者的首页。社区关系：众多消费者在共同参与拼多多拼团的过程中已形成了一个社区，在社区中消费者可以讨论有关商品的任何方面并分享购买商品的体验。

三、价值主张

价值主张是指对客户来说什么是有意义的，即对客户真实需求的深入描述。首先是创新，与其他平台不同，拼多多能够给中小商家提供生存的地带，许多原来处于消费平台腰部、尾部的商家有机会在这个平台成为头部商家，而平台的低价战略势必让其流量资源向低价商品倾斜。其次是价格，以更低的价格提供相同的价值是满足价格敏感型客户群体需求的普遍方式。再则是定制、品牌和缩减成本，定制是针对某些客户或客户群体的某项需求提供定制的产品或服务，使其能够创造价值。拼多多推出了

"新品牌计划"的定制类服务，它通过需求前置化，让消费者的意志来决定新品研发和投产的方向，降低了企业研发投入的不确定性。

四、关键业务

关键业务这个模块描述的是拼多多保障其商业模式正常运行所需做的最重要的事情。关键业务主要分为生产(production)、解决方案(problemsolving)和平台/网络(platform/network)三种类型，这三种类型构成了拼多多的多边平台模式：拼多多平台将两个独立但相互依存的客户群体(生产商、消费者)连接在一起。平台通过促进顾客和商家间的互动而创造价值。拼多多的价值提升也就因此在于它所吸引的用户数量的增加。多边平台解决这个问题的方式就是向客户群体发放补贴。多边平台运营者面临的一个困难就是，需要弄清楚多边平台的众多"边"中，哪一"边"是需要给予补贴的，如何以合适的价格吸引到他们。尽管拼多多的运营成本来自向平台中的商家和消费者提供的服务，但拼多多经常需要以低廉或免费的价值来吸引消费者加入平台，以达到吸引平台的"另一群体"——商家跟随着加入平台的目的。

五、核心资源

核心资源这个模块是保证一个商业模式顺利运行所需的最重要的资产。拼多多的核心资源主要包括知识性资源和人力资源；其中知识性资源包括品牌、专利技术。拼多多不仅通过"分享式宣传"和大力的品牌赞助家喻户晓。另外，同样重要的是拼多多还是农业上行的主要渠道之一。过去三年，拼多多平台已累计帮扶 139600 户建档立卡扶贫家庭，产生超过 21 亿笔助农订单，累计销售 109 亿斤农产品，相关交易总额达 510 亿元。拼多多在电商扶贫方面打造出了一个独有的品牌，提升了市场口碑。拼多多基于平台海量数据挖掘与分析，开发完成假货识别算法，研发构建一系列模型，以评估和发现假货，进而采取限制措施。此外，拼多多采用了"分布式 AI"的算法模式，通过分布式 AI 技术，能够实现公有数据对所有用户开放，算法变得更加开源，可供所有用户监督。这就相当于每个个体用户拥有了专属的智能代理。拼多多拥有大批技术人才，为其开发新的算法设计和技术升级提供人力支持。

六、成本结构和收入来源

拼多多主要营运成本来源于销售及市场推广费、一般管理费用以及研发费用。以 2019 年第二季度最新财报为例，其中销售及市场推广费占营运成本的 85%。2019 年第二季度拼多多总收入的增长主要源于在线营销服务的增长，拼多多总收入同比增长 169%，增长到了人民币 72.900 亿元，主要是在线营销服务收入的强劲增长所致，相比之下同期的销售和营销费用同比增长 105%，增长到了人民币 61.037 亿元，占总收入的 84%。拼多多最重要的关注指标是用户增长、交易额增长以及营收增长，而不是阶段性的费用增长。

总之，拼多多基于品牌、专利权、人力资源等核心资源建立了针对家庭主妇、参加工作的年轻人、学生群体等低消费群体的购物渠道，通过给供应商提供新的平台，给消费者提供低价、定制等服务，与供应商构建了合作伙伴关系，与消费者构建了私人关系、自动化服务关系以及社区关系的多边平台商业模式。将商家和消费者这两个群体连接在一起，双方的价值通过拼多多平台基于对方的存在而得到体现。拼多多则通过促进不同群体的互动而创造价值，因而拼多多价值的提升也通过用户数量的增加而体现。拼多多平台对于单个用户群体的价值本质上取决于平台中“另一群体”的用户数量——消费者聚集拼多多是因为在平台上有可供选择比较的商品，商家入驻也是因为有大量用户在使用该平台。此外，拼多多的商业模式创新是一个拼凑过程，既有团购电商的影子，也有浓厚的游戏化特征。拼多多凭借以分享与拼团为核心的新电商模式，在格局已定的电商行业中重新开辟出一片新蓝海。

【案例讨论】

1. 利用商业模式画布分析拼多多的商业模式。
2. 对拼多多的商业模式提出发展建议。

第二节 “互联网＋”商业模式创新

【学习目标】

1. 理解商业模式创新的内涵和重要性，具备商业模式创新意识；
2. 掌握“互联网＋”商业模式创新的思维和方法。

实践体验

“互联网＋”商业模式创一创

建议实践学时数：1 **课时**

可以做下面这个“互联网＋”商业模式创一创游戏来演绎商业模式创新的内在逻辑。活动中的道具等可以根据实际情况进行调整。

(一)游戏准备

上课前准备不同的商业模式，如图 5-2-1 所示，制作成卡片，另外再准备一块

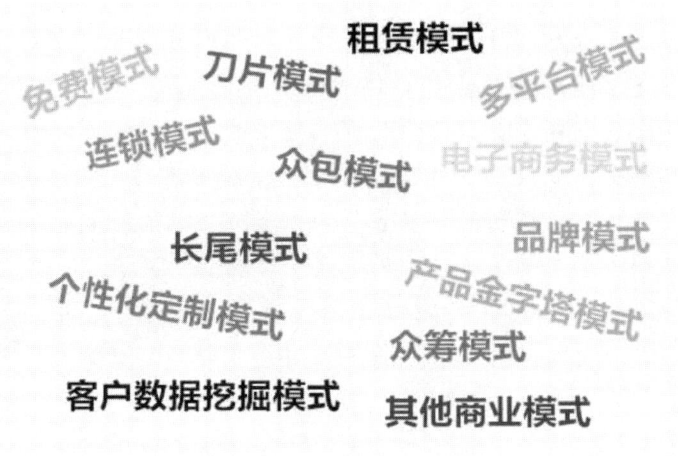

图 5-2-1

画板。

课堂上对各种商业模式进行简单介绍，然后将学生进行分组，每组 5～7 人，给每组分发一套包含各种商业模式的卡片和一块画板。

（二）商业模式创新指南

游戏开始前主持人宣布游戏规则，即每组针对现今一家成功的企业展开讨论，该企业的商业模式创新整合了哪些商业模式，将结果贴到画板上，各组对画板上的内容进行展示和汇报。

小组展示汇报结束后讨论以下问题：

(1)各组创建的商业模式组合创新有哪些差异？

(2)各组汇报过程中体现出来的商业模式的重视程度。比如，诸多商业模式中哪些商业模式经常在现今的企业中运用？

(3)各商业模式组合后所体现出来的商业模式创新观察视角。比如，互联网时代，在用户体验环节创新能够大有作为。

通过游戏，不难发现各组展现出来的商业模式创新组合都有各自的道理，实际上组合是一个手段，更多的是通过组合来达到对商业模式创新的理解。商业模式创新在真实的商业环境下，随着环境的更新，会是一个反复的过程，创新组合会持续进行调整。

（三）“互联网＋”商业模式创新改造

简单介绍“互联网＋”的概念，然后介绍某个传统创业项目，针对该传统创业项目各组开展讨论：“如何对该传统创业项目进行互联网化改造，创新商业模式”。这里提供一个传统创业项目：大学生二手书回收创业项目，最后各组对讨论的结果进行展示和汇报。

图 5-2-2

小组展示汇报结束后讨论以下问题：

(1)各组展示汇报内容的差异；

(2)“互联网+”商业模式创新的路径如何搭建？如“互联网+”商业模式可以从关注哪些内容开始？

(3)“互联网+”商业模式创新需要重视哪些维度内容？

通过讨论传统企业互联网化改造、创新商业模式，深刻理解“互联网+”商业模式创新是基于互联网创业思维的变革带来的诸多变化，如渠道变化、用户关系变化、传播方式变化、融资方式变化、合作关系变化等。但是，“互联网+”商业模式的根本逻辑还是价值创造、价值传递和价值获取，这些点并没有发生改变，同样要先关注价值创造。

理论解读

(一)商业模式创新概念

由于商业模式概念的多样性和复杂性，因此界定商业模式创新的概念在学术界存在不同的观点。有些学者认为，商业模式创新的界定以商业模式构成要素改变的数量为依据，如仅仅改变一项要素是商业模式改进，至少超过四个要素的改变才是商业模式创新；有些学者认为，商业模式的要素不是简单的排列组合，而是有机的协同系统，因此不能以要素改变的数量多少来界定商业模式创新，应该以要素的改变是否能够影响企业的整体为依据。本文的观点更倾向后者，商业模

互联网+商业模式创新(一)

式的创新是基于商业模式构成要素的改变，进而影响商业模式的其他要素，最终使企业的整体商业模式整体发生改变。

同样以奇虎360公司为例，在市场上普遍接受付费购买杀毒软件的背景下，提出360杀毒软件免费，改变了公司的盈利方式，其公司内部的资源组合、价值主张、合作伙伴和渠道通路随之发生了变化。表面上看，仅仅是单一的要素发生变化，事实上，奇虎360公司在各方面的商业活动也发生了变化，这就是商业模式创新。

互联网+商业模式创新(二)

根据上述界定，不难发现，实现商业模式创新需要一些基本条件。如企业提供全新的产品或服务来开创新市场；升级已有的产品或服务；或者商业模式的多个要素发生改变，并引发商业模式改进，为企业带来显著的经济效果和业绩回报，明显地提升企业的竞争力。

（二）商业模式创新特征

商业模式创新总的来说具有外向性、整体性和实效性。

1. 外向性

商业模式创新的逻辑起点是为用户创造价值和增加价值，因为创新更注重从市场和用户出发，其视角更为外向和开放。

2. 整体性

商业模式创新区别于企业其他创新的最大特征是其整体性。商业模式创新可能是由单一要素引发，但并不仅限于单一要素的变化，而是表现为多项要素相互协同变化，体现其整体性。

3. 实效性

商业模式创新不论是提供新产品或服务，还是升级现有的产品或服务，均更为系统和协同，形成的竞争优势更加明显，带来的效益也更加实效。

（三）商业模式创新分类

便于进一步认知商业模式创新活动的内在规律、特征和条件，需对商业模式创新进行分类梳理。根据商业模式所依附企业的存在状态，可分为新企业新商业模式和现有企业商业模式变革两种类型；根据商业模式要素变动角度，商业模式创新类型可从变更价值主张、更新资源组合、升级渠道通路等维度来划分。本文以要素变动的角度，来列举商业模式创新分类。

1. 变更价值主张引发的创新

价值主张通过回答企业的产品是什么和企业的顾客是谁这样一些基本问题，并通过企业的产品向市场传递。因此，价值主张一旦确定，企业需要生产的产品、产品的属性与特征、生产所需要的各种资源、利用资源进行生产的运作流程以及相关的各种对内对外原则都将随之确定。反之，变更价值主张，其各方面因素也将不可避免地发生变化，随之产生新的协同和创新。

2. 更新资源组合引发的创新

任何企业要创造价值都需要特定资源的投入，没有资源的投入，任何价值都无法创造出来。随着环境的改变，在企业价值主张没有发生变化的情况下，企业资源组合也会发生更新和改变。例如，对于手机制造商而言，当智能系统技术出现并推广普及之后，生产传统手机的关键部件地位将不可避免地被取代。此时，由于技术这种资源的变化，必将直接导致生产流程的调整，产品的成本模式和市场定位也将随之发生变化，进而引发商业模式多层次的变革与创新。

3. 升级渠道通路引发的创新

作为传统企业运营中经常提及的“渠道为王”，在今天互联网时代已经升级。随着互联网的普及，人与人、人与物体等连接的便捷，大大降低了连接成本，使中间渠道的价值不断被瓦解，由此引发商业模式中客户关系的变革、产品营销模式的变革，进而引起商业模式多层次的创新。

（四）“互联网＋”商业模式创新设计

开展“互联网＋”商业模式创新设计，首先，要认识到“互联网＋”带给商业的影响，以及凸显出来商业思维的变革。为此，本文参考赵大伟编写的《互联网思维——独孤九剑》一书中所描述的互联网思维，如图 5-2-3 所示，呈现“互联网＋”带给商业的新思维。

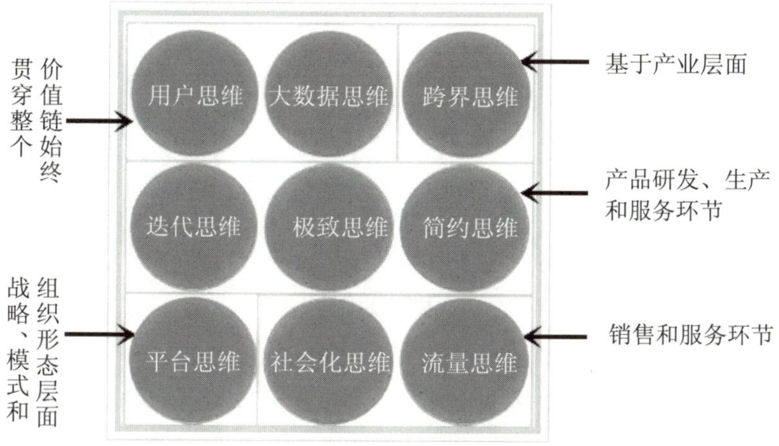

图 5-2-3

图中显示用户思维在“互联网＋”时代下是企业运营的原点，互联网消除了工业时代的信息不对称，商业从企业主导变为消费者主导，因此在价值链的各个环节设计都要以用户为中心来考虑问题。

当互联网成为基础设施之后，数据的沉淀和利用变得更容易和自然，随之产生的大数据将会是企业的生产资料和核心资产，只有在价值链的各个环节充分利用大数据，企业才能创造更多价值。

简约思维、极致思维和迭代思维指向的是产品的研发、生产和服务环节，强调产品规划和定位，力求专注、少即是多，强调产品和服务的打造要远超用户的预期，强调持续创新、及时提供更优、更符合用户需求的产品和服务。

流量思维、社会化思维指向的是产品销售和服务环节，强调产品或服务的用户使用体量规模，强调企业利用社会化媒体和网络重塑企业和用户之间的关系。

平台思维在互联网背景下，强调的是共建、共享、共赢的思维，如企业外部的产业链上下游共建生态圈，企业相关人员，如员工、客户、合作伙伴的共享资源成为企业发动机，实现社会多方的共赢。

跨界思维指的是在互联网背景下，用户需求升级和各个产业边界变得模糊，强调行业之间的跨界融合，如阿里巴巴、腾讯等互联网企业利用用户数据、结合用户需求来相继跨界金融行业。

本文开展"互联网＋"商业模式创新设计，主要结合 Alexander Osterwalder 和 Yves Pigneur 提出的商业模式九大要素，分析其与"互联网＋"的协同创新，引发的"互联网＋"商业模式创新设计，如图 5-2-4 所示。以相关要素为例，设计如下：

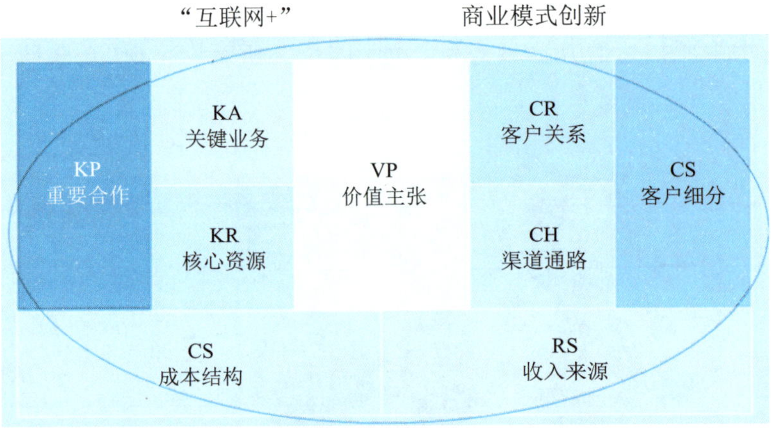

图 5-2-4

1."互联网＋"商业模式创新设计之"社群＋"

"互联网＋"时代的核心是连接，连接一切已成为互联网创造价值的独特手段。正如阿里巴巴的 CEO 张勇曾经提及的，互联网商业正从物以类聚走向人以群分。在这样的背景下，相同价值观、同样兴趣点的人群利用互联网进行连接，低成本形成共同归属感为主要特征的社群，搭建起人与人、用户与用户、企业与用户的连接桥梁。基于此，社群成为了人与人之间的最快连接，这将成为互动互联网时代未来商业的核心动力，改变着商业模式要素中的客户关系，继而激发商业模式创新。相比较传统企业的客户关系，社群更是一群有相同兴趣、认知、价值观的用户。因为一个共同的目标或追求，发生群蜂效应，相互之间互动、交流、协作、感染，对产品品牌产生反哺的价值关系，这种建立在产品与粉丝群体之间的情感信任和价值反哺，共同作用形成的自组织、自运营的范围经济系统。在社群中，产品与消费者之间不再是单纯功能上的连接，消费者开始在意附着在产品功能之上的，诸如口碑、文化、魅力人格等灵魂性的东西，而且很容易把这种社群文化移植到社群其他延伸品上，形成消费者的需求链条，最终形成闭环。因此，未来企业制胜的关键在于拥有多少用户和社群粉丝。例如小米，旗下的产品数不胜数，手机、路由器、电视、笔记本、移动电源等，完全可以说小米是由一部手机开始构建的商业帝国。但是不管小米的商业版图有多大，其核心基础都是几千万对小米文化高度认同的“米粉”。

2.“互联网＋”商业模式创新设计之“资源＋”

“互联网＋”时代，利用互联网技术促进信息的高效流通，减弱信息的不对称性，从而使得资源的获取更为廉价，也更为方便快捷。比如，汽车、自行车、公寓、信息、资金或闲置设备等资源，均可以通过移动互联网，实现本地化服务的资源共享。如此，互联网深刻影响着商业模式中的资源、合作伙伴等要素，继而引发商业模式创新。

随着互联网技术的推广应用、社交网络生态的日益成熟，以及移动终端、物联网和云计算的发展，为“互联网＋”商业模式资源共享创新设计提供了更多可能，众多的资源共享平台如雨后春笋般涌现。以滴滴公司为例，滴滴公司刚推出 APP 提供打车服务的时候，出租车公司作为特许经营行业没有任何危机感，原因是滴滴公司不具备出租车资源，仅提供打车服务，只是赋能出租车行业的效率和运力。然而，当滴滴公司把用户习惯培养起来之后，顺势推出了滴滴专车，调动了拥有私家车的车主进行接单服务，如此激发了大量闲置私家车的资源，直接威胁了出租车的生存。而等出租车意识到问题的时候，已势不可当。因此，在“互联网＋”时代，连接资源比拥有资源更加重要。

3.“互联网＋”商业模式创新设计之“平台＋”

“互联网＋”时代，由于信息、人群聚合的便捷化，企业运营模式平台化效应明显，渠道通路、盈利模式等要素得到深刻影响，继而引发商业模式创新。

以淘宝平台为例，在 2003 年成立之初，淘宝以免费开店为切入点与当时的电商巨头 ebay 等收费的 C2C 平台竞争，结果是以 ebay 退出中国市场，淘宝完胜告终。随着淘宝平台规模效应聚集，逐步成为消费者电商购物的首选入口，积累了不计其数的买家和卖家。2008 年后，淘宝平台逐步推出收费的产品，比如直通车，通过点击收费的方式帮助卖家获取流量；生意参谋，通过后台数据的分析赋能卖家经营决策。淘宝网随着其线上交易、物流配送、盈利变革等商业模式要素的更新，其商业模式实现了巨大的变革。

以猪八戒平台为例，最初猪八戒网的盈利模式是收取项目成交佣金、会员费和广告费，但这种模式很容易流失用户或遇到瓶颈，并且买卖双方也不乐意，对卖方来说，好不容易到手的蛋糕不愿与平台分享；对买方来说，他也愿意把完整的蛋糕给设计师，好让他拼全力为自己干活。于是猪八戒网创始人朱明跃深刻地认识到，猪八戒网的商业模式需要革命。在深度研究淘宝的成功要素后认为，猪八戒网最宝贵的资产是创办多年积累的海量数据：平台已经有超过300万中小微企业，接近1000万拥有专业技能的机构或个人。除此之外，他们还有几十个T的原创作品数据，而且每一次交易还会产生大量用户行为数据。那能不能够通过交易平台沉淀的这些资源，为平台和用户双方创造更多的价值呢？经过研究，很快就发现中小微企业来猪八戒网设计了标志后，还需要商标注册和版权登记。于是在2014年成立了一个商标注册服务团队，为这个平台上海量的中小微企业提供商标注册服务。结果，仅用了半年的时间，便成了国家商标总局里平均单日注册量最高的公司，收入达两三个亿。

平台型商业模式的基础是大规模的用户量，这就要求一切必须以更好地满足用户需求为导向，产品更为多元化和多样化，更加重视用户体验和产品的闭环设计。“平台＋”模式的精髓，在于打造一个多方共赢互利的生态圈。

4.“互联网＋”商业模式创新设计之“行业＋”

“互联网＋”时代，大众的物质需求已经得到了极大满足，根据马斯洛需求层次理论，现在的消费者追求更高精神层次的满足，消费者已经从对单点价值的需求升级到多维价值链的需求。因此，“互联网＋”时代深刻影响着商业模式中的价值主张要素，继而引发商业模式创新。

以微信为例，作为社交产品推出后深受消费者喜欢。但是，随着微信红包的推出，微信作为社交产品的价值主张已经赋予了更多价值，通过微信红包，使用户习惯于微信支付，同时微信接通了京东购物入口，使消费者不仅能够在微信平台社交、支付，还能够实现消费购物，完成了闭环，实现了多行业之间的跨界，形成了“行业＋”。

以Blue Bottle Café（蓝色瓶子咖啡）实体咖啡店为例，这家咖啡店旨在提供一般连锁咖啡店难以匹敌的咖啡，塑造成“要去哪里喝有品质的咖啡”时的最佳选择，通过咖啡单品在互联网上得到广泛的口碑和传播，形成了狂热的粉丝社群。之后，蓝色瓶子咖啡将核心业务进一步拓展至手工咖啡、造型前卫的咖啡装备，以及线下体验店的独特场景交互体验，丰富了互联网传播的内容。在良好的环境中，人们不仅可以在此喝咖啡，而且可以购买各类咖啡装备，还可以举办各类线下交流会。基于“咖啡”场景，蓝色瓶子咖啡还提出了打造共享办公空间，类似于如今非常流行的创业咖啡、众创空间，如车库咖啡、3W咖啡，形成“咖啡＋电商＋联合办公”的模式，成为生活美学品牌，甚至被业界重新定义为科技公司，实现了商业模式的行业跨界创新。

案例练习

【案例阅读】

小米与格力的商业模式比较[①]

雷军的小米与董明珠的格力分别代表了新型互联网企业与传统高科技制造业，两者在各自的领域都取得了巨大的成功。但两家企业或者说两位企业家的发展理念却截然不同，雷军小米模式的核心是互联网商业思维中的用户，而董明珠格力模式的核心是产品质量和科技。

一、产品定位

雷军将小米描述为一个“新物种”，他认为：小米是手机公司，也是移动互联网公司，更是新零售公司，雷军的此番言论与小米的商业模式有着直接联系。小米独特的商业模式主要包括，铁人三项：小米的业务主要包括三个板块，硬件、互联网和新零售。旋风图：小米模式的核心是用户，是米粉文化。小米以 MIUI、小米手机为起点，通过一系列相关产品将客户黏住。总结小米的商业模式就是基于用户口碑的，以粉丝驱动的直销的电子商务模式。这个模式有三个关键词，分别为口碑、粉丝和直销。

格力作为空调领导品牌，其成功的商业模式一直被人所称道。格力模式被称为“区域股份制联营公司”——格力总部输出品牌与管理，只占少许股份，而销售公司作为独立的法人实现独立盈亏经营。比较小米和格力两者赖以成功的商业模式，可以发现小米模式是一种建立在企业文化、具有互联网思维的整体商业模式，而格力的商业模式虽然具有创新性，改变了经销公司的职能角色，但仍然是在职能层面对传统销售模式的改进。从未来的发展来看，小米模式突出“以人为本”的观念，注重维护与用户之间的情感，具有更强的发展潜力。

二、价值主张

从两者的宣传口号和经营理念中可以看出，小米更加注重的是用户，而格力则更加看重的是产品、核心科技等。可以说小米的目标是为客户生产更好的产品，格力则是生产好的产品给客户。小米公司整体战略相对多元化，目前通过投资部署“小米生态链”，已经形成了一个丰富的产品体系，而格力在其战略中也包含相关的多元化战略。小米以手机为起点，通过“小米生态链”构建了一系列与智能家居有关的产品体系，增

---

① 李旦：《小米模式 VS 格力模式》，载《营销界》，2019 年第 5 期。

强了用户使用小米产品的延续性。格力则以空调为核心，将自己的产品体系扩大，但是格力手机与格力其他产品相关性弱，这使得格力的客户很难将对格力的品牌认可转嫁给其他产品。

小米的产品一直坚持高品质、高性价比，坚持硬件综合净利率不超过5％的经营理念。小米与苹果、华为、三星等企业相比，并不具备很强的科技优势，但其成本领先战略让小米手机在高质量前提下控制成本，获得了很大的市场份额。不同于小米，格力则是将核心科技提高至战略层面，将产品差异化作为自己的核心战略。从长远来看，格力以科技为中心的差异化战略更具有持久力。

三、核心竞争

小米的核心竞争力在于其粉丝文化，雷军在《小米为什么而奋斗》中说“没有用户的信任，就没有我们追求的高效。用户的信任，就是小米模式的基石。效率，就是小米模式的灵魂。持续赢得用户的信任，我们的任何业务都将无往不利”。此外小米部署的“小米生态链”也是小米另一竞争优势，它与小米的粉丝文化相得益彰。而格力，作为传统制造业，其核心竞争力则是其领先的技术水平和高质量的产品，在2017年我国专利授权量排名中，格力以1273件授权专利高居第7名。比较两者的核心竞争力各有长短，小米更多体现的是一种基于文化层面的软实力，获得难度更大，但同时也更具发展潜力。

四、国际发展

从国际化程度来看，小米更胜一筹。根据Canalys资料显示，在印度市场，小米智能手机连续6个季度保持出货量第一，2018报告期同比增长59.6％。印尼市场，报告期内持续保持高速增长，出货量同比增长299.6％，市场排名第二。西欧市场，出货量同比增长415.1％，排名第四。而格力近几年在国内市场销售量虽然持续增长，但其在国际市场一直不能有所突破。2017年小米国际市场营业收入占比达到28％，而格力仅为12％。自2014年小米进军国际市场以来，其国际竞争力一直稳步提升。至2018年小米国际市场营业收入占比已达到40％，较上期增长118％，始终在国际市场保持强大竞争力。

虽然从上文几个维度比较，小米更符合“互联网＋”时代特性和商业思维，但小米模式也存在潜在风险。做产品有两种截然不同的思路：一个是为产品获得更多的顾客，一个是为现有的顾客创造更多的产品，小米模式是第二种思路。如何让小米的手机用户使用小米生态的其他产品？针对这一关键问题，可以从两个方面作为切入点进行解决。一方面可以考虑提高产品的相关度，目前获得大众高认可度的小米产品主要集中在手机系列上，而其他产品则对消费者吸引力不足。另一方面，小米可以集中精力打造本身除手机外的另一具有竞争优势的代表性电子产品，通过增加自己代表性产品的品类，来巩固和扩大自己的粉丝基础，提高小米用户黏度。

【案例讨论】

1. 分析小米与格力的商业模式区别。
2. 小米的商业模式对互联网商业模式设计有哪些重要启示？

第三节　公益创业运营模式

【学习目标】

1. 理解公益创业运营模式的内涵，具备公益创业运营意识；
2. 掌握公益创业运营的思维和方法。

实践体验

小小慈善家

建议实践学时数：1 **课时**

可以做下面这个"我是慈善家"游戏来演绎公益创业运营模式的内在逻辑。活动中的道具等可以根据实际情况进行调整。

（一）游戏目的

通过小小慈善家游戏，深刻理解公益创业是基于社会使命的激发，追求创新和社会效益而组建的组织，是面向公众提供产品或服务的社会活动。公益创业的运营特征着重体现在项目的社会性、创新性、价值性等。公益创业的运营模式多样，可以是兼顾社会利益的盈利或非盈利组织，也可以是开展志愿公益活动。

（二）游戏准备

上课前要求班级所有同学对本章节公益创业运营模式内容进行预习，然后各组通过其对公益创业的认知，对之前确定的创业项目进行公益化改造，实现项目的公益化创业运营。

课堂上各组上台介绍公益化改造后的项目运营模式，给班级每位学生分发100元游戏币。

（三）游戏过程

游戏开始前主持人宣布游戏规则，即各组上台介绍公益化改造后的项目运营模式，然后班级每位同学将手中的100元游戏币捐给自己感兴趣的公益创业项目组。

（四）讨论与思考

1. 哪一组公益创业项目获取的捐款金额最多？

2. 公益创业的运营有什么特征？

3. 公益创业的模式有哪些类型？

理论解读

（一）公益创业概念

公益创业，也译为“社会创新”“公益创业”或“公益创新”。公益创业作为一种新型的组织形式和解决社会问题的新方法，表现出了缓解社会问题的巨大潜力。目前，国内外对公益创业的定义很多，学者主要从公益创业双重性、公益创业活动性质、公益创业运作方式等角度来定义公益创业。

公益创业运营模式

1. 基于公益创业双重性的定义

学者指出，公益创业是旨在追求社会价值和商业价值并重的创业活动，它不仅涵盖了非营利性机构的创业活动，而且包含了营利性机构践行社会责任的活动。

2. 基于公益创业活动性质的定义

学者认为公益创业是一种突破当前资源稀缺约束、永不疲倦地追求新的机会、创造社会价值的活动。公益创业在社会、经济和政治等环境下，持续产生社会价值。

3. 基于公益创业运作方式的定义

学者认为公益创业组织的运作既可以是企业形式，也可以是非营利组织形式。

多数学者认为公益创业是一种在社会、经济和政治环境下，持续创造社会价值的活动，这种活动通过前瞻性地发现和利用机会来履行社会使命和实现社会目的。总的来说，公益创业内涵主要有以下几个方面：

(1)公益创业是弥补市场失灵和政府失灵的手段之一，以社会责任为导向，解决社会问题。

(2)公益创业从根本上是受社会利益驱动。公益创业是通过商业手段创造价值，社会利益是公益创业追求的最终目标，因此公益创业兼顾社会效益和经济效益。

(3)公益创业往往借助而并非抵制非市场力量。公益创业通过借助市场力量，有助于实现社会企业自我造血，并非像传统慈善组织一样，只依靠外界的输血。

本书认为公益创业是指个人、社会组织或网络等在社会使命的激发下，追求创新、效率和社会效果，面向社会需要建立新的组织，向公众提供产品或服务的社会活动。

（二）公益创业特征

从公益创业的内涵可知，公益创业是对传统商业创业的扬弃。公益创业与商业创业的主要区别不是创业过程，而是创业价值追求。除了具有传统商业创业的创新性特点外，公益创业更加强调公共利益导向，主要有以下特征：

1. 社会性

公益创业首要特点是社会性，具有明确的社会目的和使命。公益创业的主要目标是解决社会问题。公益创业是为大众公共利益服务的创业，其特征之一就是不单纯以盈利为目的，即不以追求利润的最大化为根本目标。公益创业最基本的要求是在创业过程中不能伤害社会利益。公益创业并非不涉及经济商业利益，相反，公益创业还必须遵循市场原则，但是社会性与商业性二者并不矛盾。这正如亚当·斯密在《国富论》中所述：在“看不见的手”的自由市场的作用下，在追逐个人财富的过程中，社会财富也源源不断地被创造出来。

商业发展创造了每年 GDP 增长，创造了我们需要的物质。商业在真切地提高每个人的生活水平。商业创造财富，公益优化财富。公益行动不断使城市和农村、沿海和内地、富有和贫困差距缩小，让居者有其屋、老者有所养、幼者有可学。

一个孟加拉人选择了公益模式的商业，而另一个美国人则选择了商业模式的公益。前者叫做穆罕默德·尤努斯，因为他创建了孟加拉乡村银行，这个“穷人的银行家”获得了 2006 年诺贝尔和平奖。后者叫做约翰·伍德，他被《时代周刊》评为亚洲英雄，并荣登《快速公司》杂志 20 大“社会企业家榜”。

约翰·伍德之前是一名微软高管，20 世纪末，约翰放弃了微软的高薪职位，创建了非营利慈善组织“阅读空间”，旨在提高尼泊尔、印度、柬埔寨、老挝、越南和非洲等地区的文教水平。约翰在 35 岁人生高峰时“急流勇退”，用他在微软 7 年所培养的商业理念和方法论创新地提出了“合作投资”的概念。约翰建立受捐赠者必须付出的模式，让他捐赠建立的学校、图书馆运营得更好。

2. 创新性

公益创业同传统的商业创业一样，其本质是创新。公益创业的“创新性”意味着这是新思想的产生和新模式的创建。公益创业的创新性体现在三个方面：新产品和新服务；现存产品和服务的更多社会效应的新用途；构造社会问题的新标准、新定义和提出新的解决方案。当我们进行公益创业时，要把握机会，应用更好的产品、工序、观念等。在以市场为导向的活动过程中，公益创业的创新性表现在资源利用、组织运作等方面。

3. 价值性

公益创业具有价值性。公益创业是为了抓住创新机遇，创造价值。通过公益创业，新产品、服务、交易、方法、资源、技术和市场被创造出来，从而对一个社区、社会或市场贡献一定的价值。公益创业追求的社会价值创造始终高于经济利益追求，公益创业过程涉及个人、组织、社会、国家乃至人类的利益。公益创业应该遵循价值性，努力达到互补和兼顾，而不能强调无原则的牺牲。

4. 过程性

公益创业是创造价值的过程。它包括从创业伊始到组织活动的经营管理，甚至到某一时间退出之间的所有的各类决策和行动。由于公益创业主要是解决社会问题，因此，社会环境差异将会影响公益创业的各个方面。由此可见公益创业是一个不断变化的过程。

（三）公益创业模式和类型

公益创业必须以满足社会需要为己任、服务于社会利益。湖南大学公益创业研究中心按照公益创业组织实践的主体或者服务领域，将公益创业分为创办兼顾社会利益的非营利组织、创办兼顾社会利益的营利组织、志愿公益活动和生态网络混合型四类，如表 5-3-1 所示。

表 5-3-1　公益创业的类型

类型	特点	实例
兼顾社会利益的非营利组织	即非营利组织。不以营利为目的，旨在为社会公众提供服务，具有组织性、民间性、非营利性、自治性、志愿性及公共性六个基本特征	瀛公益基金会 友成企业家扶贫基金会
兼顾社会利益的营利组织	又称社会企业。公益创业的典型运作模式，旨在以商业化运作模式提供社会公共服务或解决某些社会问题，取得盈利用于组织的循环投资，扩大公共服务的受益面	深圳残友集团 四川省旭平兔业有限责任公司
志愿公益活动	主要有两类：(1)营利企业开展社会福利性质的商务活动，或基于提高企业形象承担社会责任而开展的社会活动 (2)在高校中各种协会、社团开展的志愿服务活动	青年恒好公益创业行动 YBC 创业公益行 KAB 创业项目
生态网络混合型	政府、企业和高校以及科研院所等非营利组织合作，构建生态网络混合型公益创业生态系统	英国北安普顿大学教学、研究和实践有机融合公益创业生态体系 湖南大学产学研一体化公益创业教育项目

（四）公益创业运营设计

公益创业的运营设计主要围绕在公益创业带来的价值维度，归纳公益创业的价值。因此公益创业运营设计主要可以围绕以下几个方面。

1. 公益创业促进创新方面

创新是创造新事物的过程，是创业过程的核心。

熊彼特首先清楚地表达了创业对创新的重要性。熊彼特把创业者们开发新产品和新技术，并随时间推移不断淘汰着当前产品和技术的这个过程称为创造性破坏。创造性破坏的过程改进了当前可得到的产品或技术，创造性破坏者被称为“创新者”或“变革推进者”。创造性破坏的过程并不局限于新产品和新技术，也包括新的组织、活动、制度或者模式。公益创业组织内创业也对创新活动具有十分重要的意义。

公益创业要善于利用生态网络创新。例如，英国公益创业将教学、研究和实践进行有机融合，因此北安普顿大学号称英国公益创业教育的第一大学，连续多年获得英国创业型大学奖，两位公益创业领导者先后获得英国女王创业奖。其公益创业组织结构是网络生态组织，有公益创业沟通联络和项目部、创业俱乐部、公益创业调查研究和战略招标办公室、公益创业研究中心。

2. 公益创业促进经济发展方面

创办社会企业在工作创造和经济发展中起着日益重要的作用。英国文化协会中国办公室，调查显示，2013 年英国有超过 7 万家社会企业，雇员多达约 100 万人，为英国经济贡献了 240 亿英镑收入。英国所有初创企业中有 1/3 是社会企业，他们增长速度和创新步伐超过中小型企业，对未来也抱有更乐观的态度，63%的社会企业预计未来 3 年营业额会出现增长，而这个比例在中小型企业中只有 37%。

在我国，经过改革开放，创业高潮促进了经济发展。近年来，我国非营利组织迅速发展，如非营利的医院、学校、科研机构等组织规模、数量已经相当可观。公益创业是中国经济新的增长点，对我国经济持续高速增长，促进我国的城市化进程和现代化建设，起到了重要的作用。

3. 公益创业创造就业方面

著名管理学家德鲁克认为，创业型就业是美国经济发展的主要动力之一，是美国就业政策成功的核心。大量的研究一再证明：平均雇员少于 100 人的小企业创造了美国经济中大多数新就业机会。美国学者的研究显示，各国非营利部门就业人口平均占非农就业人口的 5%，占服务业就业人口的 10%，相当于公共部门就业人口的 27%。非营利组织已经成为多元化时代社会发展与改革的主力军。从 1977 年到 2001 年，美国非营利部门就业年增长率为 2.5%，而企业部门和政府部门则分别为 1.8%和 1.6%，非营利部门吸纳劳动力的增长速度明显高于政府和企业。美国非营利部门就业人数在过去 25 年翻了一番，2001 年达到 1250 万人，占美国总就业人数的 9.5%。这显示，非营利组织的就业速度较经济部门要快得多。

公益创业对工作机会的创造起着十分明显的作用。各国的经验都说明，公益创业对增加就业有重大作用。我国有大量的农村剩余劳动力需要转移，有大量的下岗职工需要安置，有不少机关公务员需要分流，每年有几百万的大学毕业生需要就业，政府和现有企事业单位无法全部解决这么多人的就业问题。因此，唯一的出路就是鼓励下岗职工、农民、大学生自主创业，改变就业观念，变被动就业为主动创业，以创业促进就业。

4. 公益创业促进社会进步方面

在20世纪70年代，德鲁克就宣称美国已经由管理资本主义社会向创业型社会转变。创业活动和创新精神确实在方方面面影响和改变着我们的社会。首先，创新精神和创业活动的兴起将“人”推向了整个社会关注的中心。由于创业活动更依赖于人的创造性和主动性，因此，整个社会更加关注人的发展。其次，创业活动将使人们能够逐渐从工作本身获得满足感和成就感。

古人把“仁”放在“仁、义、礼、智、信”之首。公益创业组织以公益为轴心，为全社会提供准公共产品。无论是在发达国家还是在发展中国家，公益创业组织都致力于各种社会问题的解决，为社会提供新的资源配置体制，满足社会多元化的需求。公益创业以人为本，继承和发扬人类社会文明成果，促进和谐社会建设，促进社会进步。

案例练习

【案例阅读】

6岁小男孩瑞恩创办“瑞恩的井”基金会①

瑞恩是加拿大一个普通家庭的男孩。1998年1月的一天，加拿大学校的老师告诉一年级孩子们非洲的生活状况：没有玩具，没有足够的食物和药品，很多人甚至喝不上洁净的水，成千上万的人因为喝了受污染的水死去。我们的每一分钱都可以帮助他们：1分钱可以买一支铅笔，6元钱够一个孩子两个月的医药开销，2元钱能买一条毯子，70元钱就可以帮他们挖一口井……

6岁的小瑞恩深受震惊，想为非洲的孩子捐献一口井成了他强烈的愿望。那天放学回家，小瑞恩将他的愿望告诉了妈妈，他的妈妈并没有像我们某些家长一样直接给他这笔钱，也没有一直把其当成小孩子一会儿一变的头脑发热时的冲动。妈妈让他在所承担的正常的家务之外自己挣钱：哥哥和弟弟出去玩，他吸了两小时地毯挣了2元钱；全家去看电影，他留在家里擦玻璃赚到第二个2元钱；帮爷爷捡松果；帮邻居捡暴风雪后的树枝……

他坚持了4个月，终于攒够了70元钱，交给了相关的国际组织。然而人家告诉他：70元钱只够买一个水泵，挖一口井要2000元。瑞恩的梦想只得继续着。一年多以后，通过家人和朋友的帮助，他竟筹集到了足够的钱，在乌干达的安格鲁小学附近捐助了一口水井。

事情到此并没有结束，因为有更多的人喝不上干净水。小瑞恩攒钱买一台钻井机，以便更快地挖更多的水井让每一个非洲人都喝上洁净的水成了瑞恩的梦想。小瑞恩坚持了下去。5年后，千千万万的人参加了进来，其中包括当时加拿大国家最高领导人。2003年，“瑞恩的井”基金会筹款已达75万加元，为非洲8个国家建造了30口井。这

---

① 案例改编自“瑞恩的井基金会”百度百科：http://baike.baidu.com/item/瑞恩的井基金会/7598438，2018-8-1.

个普通的6岁小男孩瑞恩，被评选为“北美洲十大少年英雄”，被人称为“加拿大的灵魂”，影响着越来越多的人去帮助他人。

【案例讨论】

从6岁小男孩瑞恩创办“瑞恩的井”基金会中，你认知到公益创业涵盖哪些内容？这属于公益创业的哪种类型？

第四节　商业模式设计路演综合实践

【学习目标】

1. 进一步理解商业模式的基本概念及核心要素；
2. 掌握一种常见且有效的商业模式设计工具与方法；
3. 通过对现有创业项目的商业模式工具化提取与分析，进一步掌握商业模式设计的精髓与要点；
4. 亲身体验作为一个创业者实践商业模式的设计及投、融资过程；
5. 进一步学习更多常见通用商业模式，拓展知识面，并能在现实创业项目中做出正确识别；
6. 能够将应用所学的商业模式分析方法及具体实用工具应用到今后的创业过程中。

实验介绍

项目名称： 商业模式设计路演综合实践

商业模式是一种描述一家公司如何为顾客创造价值(value creation)，传递价值，并从中捕捉价值(value capture)的理论模型。在创业项目经营过程中，围绕创业模式的设计、创新是始终摆在创业者面前的永久话题。当创业者需要与合作伙伴，及投资人进行高效沟通交流时，清晰的商业模式在沟通交流过程中至关重要。

一个清晰且有竞争力的商业模式是创业成败的关键因素之一，现实中，目前的大部分大学生及创业者都缺乏一个较为有效的围绕商业模式的设计能力与表达能力的训练与掌握过程，很多创业者还停留在对庞大复杂的创业计划书的撰写与包装过程中，而缺乏了用最短的时间清晰阐述自己创业项目的核心模式与优势的能力。

本实践项目的设计目的是通过精巧的课堂实践环节的设计，让学习者通过对商业模式进行概念的初识，能进一步了解常见商业模式分类，并研究教师给出的确定的创业项目，使用商业画布设计工具在课堂上就能开展自己的商业模式设计与完善。随后的路演环节，学习者还需要面向所有其他学习者进行商业模式的演示讲解，获得其他学习者(投资者)的投资认可。

整个实践项目全程通过计算机统一引导控制，并在教师带领下完成围绕商业模式的一系列完整实践过程的演练，通过该过程，学生最终掌握对商业模式全面完整的认知与实践动手能力。这种能力一旦被掌握，将使学习者终身受益，在他们未来的实际创业中，创业者可以正式使用本次实践中学习到的商业画布设计工具来设计自己真实创业项目的商业模式，并通过对该设计明确的商业模式的使用(如与合伙人交流，与投资人交流等)，为他们未来的真实创业提供帮助。

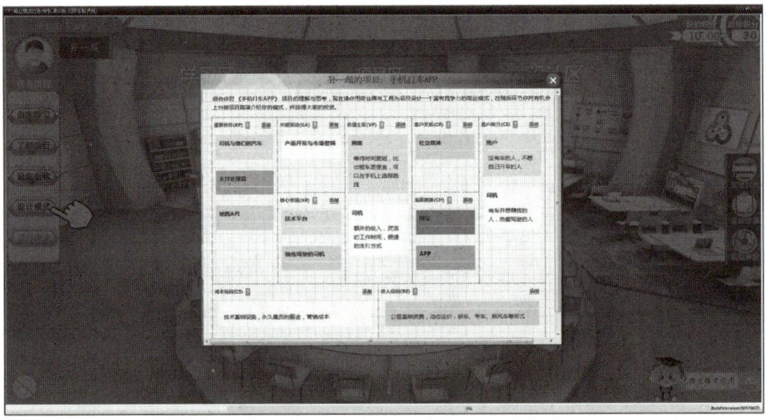

图 5-4-1　商业模式设计路演综合实践学生界面

课时安排

4 课时

表 5-4-1

内容	课时
教师实训前规则讲解	10 分钟
了解商业模式	10 分钟
了解创业项目	5 分钟
设定项目名称	5 分钟
设计商业模式	25 分钟
创业项目路演	5 分钟/人
创业项目投融资	5 分钟/人
教师总结	5 分钟

使用形式

1. 这是一个计算机网络实训游戏，建议在学校标准计算机实验室内开展教学；

2. 本实验需要在专业教师的统一组织协调下开展，个人学习者不能/不可独立完成该实验；

3. 教师可扫码后点击右方“申请试用”即可获得免费教学账号。

第六章　有效整合创业资源

第一节　创业资源组合

【学习目标】

1. 了解创业资源的种类。
2. 掌握创业资源获取的途径与方法。
3. 认识创业资源的作用。

实践体验

挑战“50 元”

活动形式：团队形式（每个团队 5～7 人）

活动类型：挑战“50 元”

活动时间：1 课时

活动道具：信封、白纸、50 元钞票

活动目的：通过具体活动来说明，如何用非常少的资源创造出价值，实现“白手起家”，并将创业思维运用于资源获取。

游戏步骤：

1. 老师提前 2～5 天把任务分派给学生团队，给每个学生团队一个信封，信封里装有一张 A4 纸，这张纸中间有一句话：你如何白手起家？另外由团队成员投入 50 元。

2. 附上资源挑战说明书：要求团队在拆开信封后的2小时内用50元钞票创造利润。50元作为种子资金。你们团队可以用尽可能多的时间做计划，但是一旦打开信封，就只有2小时的时间。在本次课程开始之前去赚尽可能多的钱。

3. 在本次课程上，每个团队需要完成3分钟的PPT汇报，需要包含以下内容：

(1)你们团队做了什么？

(2)你们赚到了多少利润？(利润＝收入－支出)

(3)描述你们团队是如何产生后来实施的“那个创意”，50元起到了什么作用？

(4)关于资源，你们学到了什么？

在团队进行汇报时，利润必须以现金形式体现。2小时之前和之后赚到的钱都不算数。汇报时间在20分钟左右。教师在黑板上记下他们获取资源的方式和赚到的利润。

4. 汇报完成后，老师组织每个小组进行反思和讨论。

(1)接到任务后的感受是什么？

(2)这次体验活动，最令你们感到意外的是什么？为什么？

(3)如何理解“白手起家”？

这个过程在20分钟左右。

5. 获利最多的团队将获得一张证书，最具创造力的团队也将获得一张证书(两个团队最好不是同一个)。时间为5分钟。

理论解读

杰弗里·蒂蒙斯这位创业教育之父提炼出了创业要素模型，他指出创业的关键要素包括：机会、创业者及创业团队、创业资源。这三个要素是任何创业行为都不能缺少的。

创业资源整合(一)

(一)创业资源的种类

1. 资金

资金是初创企业启动创业项目的关键要素之一，也是创业者在创业过程中十分重要的资源。学会合理整合资金资源，对初创企业的生存甚至发展起着至关重要的作用。没有资金，特别是启动资金，再好的项目也是徒劳，不会有发展下去的机会。目前，很多初创企业获得资金的渠道主要以自筹资金、民间借贷、金融机构贷款、政府资金支持为主。初创企业往往由于无社会信誉、无经济效益以及较少的社会资源等因素，使得创业融资相对难于既有企业。

初创企业的自筹资金主要来自创业者本人、亲朋好友借贷、个人投资、给予创业者本人和创业团队的良好信用、口碑、关系等。这个资金来源也是初创企业创业融资的重要来源。中国是个人情世故的国家，人情网对包括融资在内的许多创业活动都产生了重要的影响。民间借贷主要向一些自由投资人或非正式机构借贷，如债权融资。

这是一种非组织化的创业投资行为。金融机构贷款主要是金融机构向初创企业发放贷款。这种获取资金的形式相对较难，因为金融机构往往会对企业的社会信誉、经营状况、抵押物资、发展前景等因素进行评估，而初创企业在这些方面正好是欠缺的，因此通过这种途径获取资金相对较难。另外，对银行而言，向中小企业贷款的管理成本要大大高于大型企业。因此，银行当然更乐于向大企业贷款，使中小企业贷款之路更加艰难。政府资金支持主要指各地政府在创业支持方面，会有地方特色的税收优惠、大学生小额免息贷款、创业扶持基金、风险池等扶持政策。政府对留学创业者、毕业五年内的创业大学生、在校创业大学生等提供支持基金。

2. 人力资源

人才是企业生存和发展过程中至关重要的资源。如何吸引志同道合的人才到企业来，是一个企业生存和发展的关键要素之一。人力资源和技术可谓是初创企业的核心资源，也是其生存和持续发展的基本资源，使得初创企业有别于其他既有企业。高科技企业中科技是核心，而科技来源于人力，因此要绝对重视人力资源。目前企业之间的竞争，主要是人才之间的竞争，高素质、高技能人才的开发和获取，已经成为初创企业可持续发展的关键因素。

人力资源主要含创业者个人以及创业团队成员。包括创业者本人的知识水平、情商、人脉资源、社会资源等，还包括团队成员的知识结构、素质、情商、视野、人生理想等。创业者本人是整个初创企业的核心人物，是最重要的人力资源，他的创业目标、信念、价值观、知识水平、视野格局等是初创企业的基石，决定着初创企业的成败。他所拥有的人际和社会关系网络，使他能够接触大量的外部资源，从而降低初创企业潜在的创业风险。对于初创企业来说，社会资源是有限的，因此除了发挥创业者本人的作用外，团队成员便是最能利用的人力资源。他们的家庭关系、同学关系、师生关系、亲戚关系、社会关系等，都能成为初创企业不可多得的人力资源，因此要充分挖掘团队成员的资源为初创企业所用。

3. 环境资源

识别和开发创业资源，是创业者在创业过程中所具有的一种技能。从某种意义上说，创业始于创业者对创业机会的把握。在发现创业机会的前提下，整合自身资源和环境资源，创业者才能真正进行创业。这里所提的环境资源，主要包括政策资源、信息资源和技术资源。

(1)政策资源：2014 年在夏季达沃斯论坛上，李克强总理提出“大众创业，万众创新”，紧接着，2015 年，《国务院办公厅关于深化高等学校创新创业教育改革的实施意见》颁发，全国各地掀起创新创业浪潮。国家、省、市和地区纷纷出台各种政策，支持和扶持大学生创新创业，营造出一种良好的创新创业氛围。各种创客空间、创业孵化基地、创新创业产业园涌现，并为大学生创业者提供免费的办公场地和物业管理等服务。这些都属于政策资源。

(2)信息资源：在“互联网+”时代，信息获得时间很快，信息获得的途径和工具也很多，因此，对于创业者而言，高效获得第一手信息资源尤为重要，当然这与创业者掌握多少资源，能整合多少资源的能力有关，关键在于创业者的人力和社会网络资源。

(3)技术资源：技术是自然科学知识在生产过程中的应用，是直接的生产力，是改造客观世界的方法、手段。邓小平曾说过“科学技术是第一生产力”，可见科技含量对于一个企业的重要性。因此创业企业要想生存、发展、持久，一定要具备科学技术。对于创业企业来说，技术资源包括两个方面：软件和硬件。软件技术主要体现在创业企业的人力资源、企业文化等方面，是一种无形资源；硬件资源就是摸得着、看得见的资源，如设备、工具、原材料等。

(二)资源获取的方法与途径

整合资源是创业过程中非常重要的一项活动，是创业者本身能力的体现。特别是互联网和信息技术的广泛应用，整合资源并开展竞争已成为很多初创企业成功的秘诀。这也是对创业者的考验，因为这需要创业者有智慧、有眼光、有技巧。

创业资源整合(二)

创业者需要采用一些办法来整合创业必需的资源。缺乏资源是大多数初创者面临的大考验，尽管创业者可以通过利用自身资源、寻求外部资源等有限的资源来持续创业，但如何从外界获取资源支持是创业者面临的首要问题。初创企业，创业者除个人声誉、资历和信用外，并不能像大企业一样为新企业资质提供背书，包括提供经营业绩、现金流水、企业历史等，资源持有者给创业者提供资源的目的是盈利，创业者如何才能打动资源持有者，甚至说服资源持有者为存在着变现风险的新企业提供资源呢？

我们将获取资源的方法分为两种途径：市场化途径和非市场化途径。

(1)市场化途径是指能通过市场购买方式获取创业资源的途径。例如，企业开办需要的物质资源、人力资源等。

(2)非市场化途径是指需要依赖企业成长过程中形成的声誉、信誉、品牌等长期积累的资源，以及企业可以通过自我培育满足自身需求的资源，也可以通过企业的自身成长、培育获得。

(三)创业资源的作用

创业者获取创业资源的最终目的是为了组织这些资源，追逐创业机会，提高创业绩效以此来获得创业的成功。无论是要素资源还是环境资源，无论它们是否直接参与企业的生产，其存在都会对创业绩效产生积极的影响。因为：

(1)要素资源可以直接促进新创企业的成长；

(2)环境资源可以影响要素资源，并间接促进新创企业的成长。

创业资源的获取和整合伴随于整个创业过程之中，创业者需要有效识别各种创业资源，并且积极借助企业内部和外部的力量对创业资源进行整合，增强企业的核心竞争力，促进企业快速成长。

案例练习

【案例阅读】

整合资源成就今日蒙牛①

蒙牛乳业(集团)股份有限公司（简称蒙牛乳业或蒙牛），始建于1999年，总部设在内蒙古呼和浩特市和林格尔县盛乐经济园区，搭乘内蒙古自治区经济飞跃的“千里马”和改革开放的“顺风车”，其销量以逾1400倍的速度增长，成为中国发展速度最快的乳品企业。公司提供多元化的产品，包括液态奶、冰激凌、奶粉及其他产品，是国家农业产业化重点龙头企业，已成为中国领先的乳制品生产商之一。蒙牛曾荣获亚洲企业商会颁发的“2018亚洲企业社会责任——社会公益发展奖”以及中国食品安全年会组委会颁发的“2017—2018年食品安全十强企业”的荣誉。2020年3月26日，蒙牛乳业发布2019年财报，营业收入达790亿元，同比增长14.6%；利润达41亿元，同比增长34.9%。常温高端品牌更是实现超行业增长，特仑苏、纯甄增长率均超20%，真果粒增长10%；低温奶制品品牌连续15年稳居行业第一，年度新品“北欧芝士”“优益C百香果”增长强劲；同时鲜奶业务异军突起，市场份额翻番，每日鲜语品牌销售同比增长近500%，成为国内高端鲜奶第一品牌；电商销售份额明显扩大，从24.6%增长到26.7%，再次雄冠乳业。

在“一无工厂，二无奶源，三无市场”的窘境下，蒙牛的创始人牛根生跳出了“企业办社会”的传统模式，利用技术优势，人才优势和工厂优势，与有工厂、有奶源但效益欠佳的工厂合作，成功地实现了市场的拓展和品牌的树立，继而实现了“一有全球样板工厂，二有国际示范牧场，三有液态奶销量全国第一”的目标，让我们来看看牛根生是如何通过资源整合实现从“三无”到“三有”。

牛根生刚开始只是伊利的一个普通员工，凭着自己的勤奋和聪明才智做到生产部门的总经理。后来被伊利因各种原因辞退了，但是他那个时候都40多岁了，去北京找工作，人家嫌弃他年纪大。没有办法回到了呼和浩特，邀请原来伊利的几个同事，决定一起出来创业，可是摆在团队面前有三个致命的问题。

第一个问题，没有工厂怎么办？面对这个问题，牛根生开始资源整合了，通过人脉关系找到哈尔滨一家乳制品公司，这家公司设备都是新的，但是生产的乳制品质量存在问题，同时在营销渠道没有打通，所以产品一直滞销，牛根生马上找到这家公司

---

① 《牛根生创业整合资源案例分析》：https：//www.douban.com/note/608306843/，2017-02-26。

的老板说："你来帮我们生产，我们这边都是伊利的技术高层，帮忙技术把关，牛奶的销售铺货我们也承包了。"这位老板一听，马上答应下来。同时他们几个一起出来创业的伙伴也有落脚的地方，解决了生存的问题。

第二个问题，没有品牌怎么办？在乳制品这个行业，没有品牌很难销售，因为品牌代表着安全可靠。蒙牛借势整合，打出口号："蒙牛甘居第二，向老大哥伊利学习"，口号一出，让伊利情何以堪，却又哭笑不得。一个不知名的名牌马上跻身全国前列。牛根生不只是盯着伊利，而是把蒙牛和内蒙古的几个知名品牌联系起来，说："伊利，鄂尔多斯，宁城老窖，蒙牛为内蒙古喝彩！"因为前三个都是内蒙的驰名商标，把自己放在最后，给人感觉蒙牛就是内蒙古的第四品牌。牛根生迅速整合品牌资源。让蒙牛没有花一分钱就成为知名的品牌。

第三个问题。没有奶源怎么解决？自己买牛去养？第一个问题是牛很贵，也没有那么多人员去照顾，所以蒙牛整合了三方面的资源，第一个是农户，第二个是农村信用社，第三个是奶站的资源。用信用社的名义借钱给奶农，蒙牛做担保，并且蒙牛承诺包销路。奶牛生产出来的奶由奶站接受，蒙牛找到奶站，定时把信用社的钱还了，把利润又给了奶农，趁机喊出一个口号："一年养 10 头牛，日子过得比蒙牛老板还牛。"

近年来，蒙牛引领乳品行业践行可持续发展战略，在经济维度，蒙牛以消费者为核心，以创新和数字化变革为产品注入丰富内涵，以卓越品质打造优质奶源和做好产品品质保障；推动基础研究和前沿探索，以科研创新加速产品与服务的更新迭代；以数字奶源、智能制造、智慧供应链、消费者数字化洞察打造"数字蒙牛"；实施"奶业振兴 1-3-6 工程"，赋能经销商，携手上下游实现产业共赢；加快全球化进程，策略性收购贝拉米公司，落地海外战略布局，推动产品升级创新。在社会维度，蒙牛勇担乳业龙头，企业愿意担负社会责任，为弱势群体提供多维度的支持与帮助。蒙牛连续 3 年开展营养普惠计划，为贫困地区的儿童捐赠学生奶，同时开展营养健康科普教育，致力于提升贫困地区的儿童营养水平；打造"产业扶贫＋营养扶贫＋定点扶贫"的精准扶贫蒙牛特色模式，带动地方发展。在环境维度，蒙牛推动建设绿色乳品生态，打造从牧场、工厂到仓储、物流的绿色运营模式，为实现可持续发展的地球献出蒙牛力量。截至 2019 年，蒙牛共建立 9 个"国家级绿色工厂"；在牧场开展动物福利体系培训工作，普及率达 100%，为改善牧场环保设施累计投入资金 3.5 亿元。

蒙牛保持高质量增长、发展引领行业的原因，主要得益于一年来公司着力落实五大战略，打造核心竞争力。一是开展精准品宣，携手国内外知名 IP 做强品牌，不断提升产品与服务品质、积极践行企业责任，获各界充分认可，品牌美誉度持续提升；二是将可持续发展上升到集团战略层面，实施一系列行动带动全产业链共同发展，勇扛奶业振兴"国家队"大旗；三是加强乳业核心技术攻关，在益生菌、原奶保鲜、智能制造等关键领域取得突破，赋能业务可持续增长；四是大力开拓新消费、新零售，通过"智网行动""零售通""镇村通""天鲜配"等项目进一步精耕销售渠道改革，提升销售网点覆盖和管理智能化，深挖下沉市场，做精存量、做大增量，有效促进营收增长；五是加速推进国际化战略，通过自主建设、收并购、合作等方式积极完善海外研发、奶源、产能以及市场布局，加速打造具有国际竞争力的乳品企业。

在这“三大维度”“五大战略”实施过程中，蒙牛率先利用数字化革新赋能全产业链实现资源的有效整合和利用。乳业产业链条长，涵盖一、二、三产业，种、养、加工、研发、零售各个环节，因此需要打通信息流将传统行业变“轻”、变“薄”。蒙牛通过将数字化、智能化等技术引入产品生产的整个生命周期，渗入整个产业链环节中，形成了数字化供应链和智能化供应链，促进了企业效率和效益的提升。作为国内甚至全球数字化程度最高的乳企，蒙牛构建起了整体数字系统硬件和全流程数字化、智能化的综合集成方案，开启了数字化智能工厂建设新篇章，将中国乳业推入“智造”时代，也形成了能助力蒙牛走向更远未来、助力公司利润持续提升的全新竞争力。

蒙牛的成长说明了将资源整合理论引入管理领域的重要性，良好的资源整合不仅可以解决企业中普遍存在的资源危机问题，而且还对资源的获得、维持、使用和激励等各项运营职能起到支撑作用。蒙牛具有强劲的核心能力且拥有一套完整的整合体系，没有核心能力，企业不可能在价值链中处于主导地位，只能成为其他企业的附庸；如果具有核心能力但缺乏整合能力，将引起利益冲突和价值流失，甚至导致企业核心能力的削弱。由于价值链上各个企业和参与者是相对独立的，它们是利益共同体，良好的整合机制必须能真正做到利益共享，风险均担。今日的蒙牛依托其核心能力，与供应商、顾客之间建立了长期的相互信赖关系，他们是战略合作伙伴，而非利益对立的竞争对手，这就是企业经营所追求的将外部资源获取和内部资源供给协调达到最优化。

【案例讨论】

1. 蒙牛创始人牛根生在创办企业之初是如何解决没有工厂、没有品牌和没有奶源的问题？

2. 今日的蒙牛是如何利用数字化革新赋能全产业链实现资源整合？

第二节　创业企业融资

【学习目标】

1. 了解创业企业融资的全过程；
2. 掌握创业资金的预估与测算；
3. 了解创业融资的途径与资金来源；
4. 掌握融资的相关策略方法；
5. 了解股权结构。

实践体验

独闯龙潭

活动形式： 个人形式

活动类型： 独闯龙潭

活动时间： 1 课时

活动道具： 信封、主卡、副卡、纸、笔

活动目的： 通过具体活动，了解创业期间资金有哪些来源，并掌握融资的方式方法以及风险的规避。

游戏步骤：

1. 老师给每个学生分发一个信封，信封中有多张卡片，主卡 1 张，副卡 3～5 张。卡片分为两类，一类是勇士，另一类是龙神。

勇士主卡正面为勇士 logo，背面为收集龙珠的累计数量。每张勇士 logo 都不一样，这里的勇士代表初创企业主。勇士副卡正面为勇士 logo，背面为勇士勋章，作为与龙神合作的契约。龙神主卡正面为龙潭的名称(融资对象、融资来源)，背面为向勇士提出的一些合作条件，如果勇士能答应，则该勇士可以得到相应的龙珠。龙神副卡正面为龙潭的名称，背面为龙珠的大小(资金额度)。勇士的要求是闯入龙潭获得龙珠，每个勇士的龙珠要求不一样。龙神的使命就是将龙珠给予合适的勇士，每位龙神守护的龙珠大小也不一样。

2. 发到龙神卡的学生，将停留在座位上，并在白纸上写出龙潭的名称，以及龙珠的大小。在此期间，发到勇士卡的学生，查看自己的任务，了解自己需要收集多少龙珠，并观察龙潭的位置与大小。

3. 勇士出动，开始收集龙珠，勇士需要向龙神展示自己的技艺，当得到龙神认可以后，龙神会给予勇士相应的龙珠，而勇士要将勇士勋章(企业合作协议)留给龙神。

4. 将卡片收集起来，重新分发一次，尽量保证与第一次不是同一类型的卡片。

5. 小结。

让学生了解自己项目的同时，掌握资金获取的多种方法，使公司能够朝着计划的良好发展。在这个过程中，每个学生都是一个企业的创业者或者是资金所有者，既可以从投资者的角度去思考创业者应该给投资者讲什么内容才是最重要的(路演的内容)，也可以从创业者的角度去全面了解融资的渠道与方法，特别是一些融资的举措与方法。

理论解读

(一)企业融资的意义

对于创业者而言，了解企业融资的重要性，有利于创业者全面掌控企业的发展方向；明确创业资金的划分，有利于更好地提高创业资金的使用效率；熟悉创业融资的过程，有利于创业者尽快制订自己的整体计划，并以最快的速度筹措到所需资金，创办属于自己的新企业。

创业企业融资(一)

1. 创业企业融资的重要性

企业的经济活动离不开资金的推动，企业能否获得稳定的资金来源、及时足额地筹集到生产要素组合所需要的资金，对企业经营和发展都至关重要。如何有效地筹集资金是每一个创业者都关注的核心问题之一。

创业者通过了解融资的途径与方法，降低企业运作成本，将企业的财务风险控制在最小范围之内，通过分析融资方式的特点，在企业发展的不同时期选择不同的融资方式，实现企业的可持续发展。

2. 创业资金的划分

创业资金可以按照投入企业的时间进行划分，也可以按照资金的占用形态和流动性划分。本节以投入企业的时间进行划分为例，这样更加适合缺少经济学相关基础知识的大众创业者。

按照资金投入企业的时间可以分为投资资金和营运资金。所谓投资资金就是发生在企业创办之前即筹建期的所有经费开支。投资资金包括企业筹建期购买的原材料、库存商品、房屋购置(租赁)、机器设备购买、技术研发、版权、专利、人员工资、办公杂费以及公司注册、登记等一系列的费用。再细分可以分为流动资金(原材料、库存商品)、固定资产(房屋购置、机器设备购买)、非流动资金(技术研发、版权、专利)等。

所谓营运资金是发生在企业创办之后到企业收支平衡为止这段时间之内的所有经费开支，是投资人在开业后对企业追加投入的资金。主要包括购买原材料与库存商品的流动资金以及用于日常开支的费用性资金。

大部分企业的创业投资资金大于营运资金，但是也有一些行业，如“互联网＋”企业，营运资金的需求会远远大于投资资金的需求。因此，能否及时、充足地筹措到资金，对于创业者而言充分估算创业成本是非常有必要的。

3. 创业融资的过程

创业融资的过程主要分为五个步骤，包括撰写商业计划书、选择投资人、项目路演、与投资人单独约谈以及交易价格谈判。

(1)撰写商业计划书。

撰写商业计划书(Business Plan，BP)，不仅是一个包装和表达的过程，而且是一个厘清创业思路的过程。每个创业者随身带几份 BP，可以轻松应对那些不知何时会遇到的投资人。对于每个 BP 而言，如果从逻辑上讲没有问题，但仍让人感觉缺乏说服力，那就是产品或者商业模式本身的问题。一个聪明的创业者会通过 BP 的撰写发现自己的不足，进一步改善产品或商业模式。所以，用心撰写商业计划书非常有意义，也非常有必要。

(2)选择投资人。

选择投资人，是创业融资过程中最为关键的一步。没有投资人，资金就没有保障，当然如果创业者本身就是投资人，则以下几步可以忽略。哪里能找到投资人？可以采用发微博私信、发朋友圈、发广告、特定拜访等方式，一般情况下，如果项目足够好，还可以通过“股权众筹平台”接触到投资人。不要试图忽悠投资人或平台的投资经理，不好的项目是没什么机会见到投资人的，如果项目一直得不到关注，回去闭关打磨或许才是首先要做的。

(3)项目路演。

项目路演是一个技术与艺术相结合的表演，不仅需要有一个吸引眼球的演说，而且需要有一套与之配合的 PPT，其中路演技巧和包装思维很重要。参与有组织的路演让创业者有机会一次接触多位投资人，可以节省大量成本。同时，此类路演活动可以让创业者相互接触。但不是所有的路演都应该去，可能的话在参加之前关注一下到场投资人及机构名单，向合适的对象展示最好的自己。

(4)与投资人单独约谈。

路演结束以后，如果能给投资人留下好印象，那就有机会与投资人单独约谈。与投资人的约谈也有许多规则和技巧，主要包括讲什么，怎么讲以及约谈中不犯错。首先，如何与约谈投资人沟通/感兴趣，投资人想听创业者讲清楚以下三个问题：“你做了一件什么事情?”“解决了什么问题?”以及“为什么你能够做这件事情?”其次，约谈投资人需要注意以下几方面：①表达尽量通俗易懂，少出现专业名词以显示创业的专业性。②内容言简意赅，避免重复累赘。③如果使用了 PPT，PPT 一定不要花哨，把 BP 中的商业模式、行业状况、财务预期、团队介绍等核心要素展示即可，切记不要和路演时的 PPT 一样。路演 PPT 更注重冲击力，而现在更注重翔实的论证。最后，切勿犯错，一旦出现错误，会让投资人觉得创业者不够专业，从而打消了投资的想法。这些错误包括数据的专业度不够、过度表达的情怀与理想、对自身估值过高脱离市场行情、攻击同行与其他创业者、运营计划深度不够等。

(5)交易价格谈判。

约谈是让投资人了解创业者的项目和团队，至于具体投不投还要看估值、出让比例、附带权利如优先股是否具有投票权、是否配备反稀释条款等。令投资人追捧的好项目具有更强的议价能力，做好产品永远比谈判技巧更有用。

(二)融资资金的预估与测算

融资成功就能够得到投资人的资金，如果筹集的资金太少出现资金短缺，则会极大地影响企业的发展；而筹集的资金过多，又会导致资金的闲置，产生不必要的机会成本，直接导致企业经营利润的下降。因此，创业者必须要在融资之前测算各部分资金，预估所需的总量。

创业企业融资(二)

1. 预估所需资金项

创业资金可分为投资资金和营运资金，其中投资资金主要用于筹建期的流动资金投入、非流动资金投入，以及开办费用支出所需的资金投入。具体的项目包括场地购置或租赁、设备以及材料购买、员工工资支出、业务拓展费、广告费等。营运资金主要用于从事销售商品、提供劳务和知识产权转让等日常经营业务过程中所形成的经济利益的总流入，细分为营业收入、利润以及资产负债。

2. 测算投资资金

根据筹建期的资金使用项目，将投资资金的项目一一列举，是合理估算出资金的有效方法，可以设计一个投资资金估算表，表 6-2-1 是投资资金估算常用的表格。

表 6-2-1　投资资金估算表　　单位：元

序号	项目	数量	金额	序号	项目	数量	金额
1	房屋、建筑			9	水电费		
2	设备			10	通信费		
3	办公用品			11	物业费		
4	办公家具			12	维护费		
5	员工工资			13	税费		
6	房屋租金			14	杂费		
7	库存购置			15	……		
8	广告费						

以上投资资金估算表中的项目也不是固定的，不同的创业有不同的项目支出类别，创业者必须通过市场调研，了解本行业所需的资金支出项目，然后列出自己的支出项，测算自己的投资估算表。这里需要注意两点：①尽可能考虑全面，避免遗漏一些必需的支出项。②由于是处在创业前期，在不能保障有大量资金投入之前，尽可能节约成本的投入，如租赁房屋、购买二手设备等。

3. 测算营运资金

企业营运之后所需的营运资金主要是流动资金，估算需要根据企业未来的销售收入、成本和利润情况来确定，通过财务预测的方式实现。

利润表是用来反映企业在一段会计时间内经营成果的财务报表。表 6-2-2 是预计利润常用的表格。

表 6-2-2

单位：元

项目	1	2	3	4	5	6	……
一、营业收入							
减：营业成本							
销售费用							
管理费用							
财务费用							
二、营业利润(损失以“一”号填列)							
加：营业外收入							
减：营业外支出							
三、利润总额(损失以“一”号填列)							
减：所得税费用							
四、净利润(损失以“一”号填列)							

对于创业者而言，在创业初期对营业收入、成本以及各项费用的估算需要按月来进行计算，并按时完成企业的利润估算。同时需要有一个特定时间全部资产、负债和所有者权益状况的资产负债表。表 6-2-3 是预计资产负债常用的表格。

表 6-2-3

项目	1	2	3	4	5	……
一、流动资产						
货币资产						
应收款项						
存款						
其他流动资产						
流动资产合计						
二、非流动资产						
固定资产						
无形资产						

续表

项目	1	2	3	4	5	……
非流动资产合计						
资产合计						
三、流动负债						
短期贷款						
应付款项						
应交款项						
其他应付款						
流动负债合计						
四、非流动负债						
长期借款						
其他非流动负债						
非流动负债合计						
负债合计						
五、所有者权益						
负债和所有者权益合计						
六、外部筹资额						

4. 大学生创业成本支出

(1)最刚性的支出：人员成本。

通常作为员工，大部分人对于企业这部分支出的估测往往低于实际，因为企业的人员成本和员工的到手工资之间并不能画等号，它还包括企业为员工支付的五险一金。而这部分支出几乎是员工到手工资的两倍。

以北京为例，假设一名员工的税前工资为 10000 元，那么企业需为其缴纳的五险一金数额约为 4410 元，个人需缴纳 2223 元，即单位和个人合计缴纳 6633 元。在扣除其个人缴纳各类社会保险及其所得税之后，员工每月拿到手的实际工资是 7454 元，而企业实际支出了 14410 元。

也就是说，公司支出金额为员工税前金额的 1.44 倍、为员工税后金额的 1.93 倍。而在上海，这两个数据则分别是 1.42 倍、1.72 倍。

(2)最灵活的支出：公司成本。

①注册公司：由于营业执照、税务登记证、组织代码证三证合一精简了办事程序，

加上银行开户，刻公章、发票专用章、财务专用章、法人章等，基本千元之内就可以注册成功。

②办工场所：这部分成本的灵活度高，因为可采用合租、联合办公、转租、直租等多样方式解决办公场地需求。若自有场所可直接省免一笔相当可观的成本支出。但是，预算时不能忽视使用办公场所产生的其他相关费用，如水电费、物业管理费、停车费、清洁费等。

③办公用品：包括电脑、打印机、办公桌椅、纸张以及清洁用具等。

(3)最难控制的成本：运营成本。

在企业开始运营后围绕商业模式所做出的一切成本支出。主要包括以下几类：

①生产：技术开发所需软件、生产设备采购与折旧、生产物料的采购。

②营销：宣传费、渠道费、售后服务、网络使用。

③销售：物流、交通费、通信费、差旅费、业务招待费。

④财务：金融机构手续费、利息支出。

⑤管理：培训、会议费等。

对待不同成本应该有不同的态度，也就是说，当不同的成本考量发生冲突的时候，是有权重区别的。如产品制造类项目的其余成本都应该尽可能地压低，但产品设计和推广的预算绝对不能压缩。

因此，对于初创业公司，短期的现金流是关键(银行账户里起码预留 6～12 个月的流动资金)，因为围绕着核心营收的部分绝对不能因为其他边缘工作的变动而受到影响。

(4)最不可避免的成本：税费成本。

根据公司营业范围、坐标城市的不同，税费成本亦有所变化。增值税、消费税及附加税，还有印花税及企业所得税。

综合下来，各种税费大约占企业营收的 9%～13%。

其实，企业经营是动态发展的。截取一年时段的成本计算，并不意味着不需考虑公司长期目标和实现周期，如果计划两年盈利，那么，第一年的亏损是需要理性接受的。

(三)创业融资的途径与资金来源

我国社会资本的提供者非常多，分布非常广，这些提供者对新创办的企业都非常有兴趣，也能为新创办的国内公司提供资本。对于创业者而言了解融资的途径与资金来源的种类与特点，有利于创业者更好地利用这些资源拓宽自己的渠道，实现各类资金的合理整合，高效地完成创业所需的资金。

创业企业融资(三)

1. 私人资本

私人资本的主要来源包括创业者与团队成员的个人存款，也有一些是向亲朋好友借款，当然最佳的还是天使投资。

创业者或者团队的个人存款是创业融资最主要、最普遍的资金来源，几乎所有创业者的投资资金中都投入过他们自己的个人存款，这些人投入个人存款来作为创业资本，表明了创业者对创业前景的乐观看法，也更容易提高创业者对企业发展的关注度，但是从企业的长远角度考虑，这不是根本性的解决方案，特别是对于新创办的大规模公司或资本密集型企业而言，这些是远远不够的。

向亲朋好友借款是创业融资的另外一个主要资金来源，在创业过程中也起到了较为明显的作用。这些借贷基本是建立在亲情、友情的基础上的，但是需要提醒创业者，在融资过程中一定要按照法律程序来，该有合同的一定要有，这是为了维护创业者的根本利益，也为了减少之后不必要的利益纠纷。

天使投资是股权投资的一种形式，是指富有的个人出资协助具有专门技术或独特概念的原创项目或小型初创企业，进行前期投资。天使投资人主要有创业成功者、富豪、大型企业的高管，但是从目前国内形势来看，天使投资人还是不太多。

2. 机构融资

机构融资无外乎以下三种方式：银行借贷、小额贷款公司借贷、交易信贷。其中银行借贷是最为普遍的，包括抵押贷款和担保贷款两部分。如果创业者能提供相应的抵押、担保或者保证，这些贷款相对创业者而言还是比较合适，但是大学生创业可能不具备这些条件。小额贷款公司由于其放贷手续简单、办理快捷、放款效劳高，目前是微小企业融资的最佳选择。截至 2016 年 12 月，全国共有小额贷款公司 6000 余家，贷款余额达 8500 亿元。交易信贷也称为商业信用，是指企业之间相互提供的、与商品交易相联系的信用形式，基于企业之间的互相信任，包括企业之间的赊销、分期付款等形式提供的信用，以及在商品交易的基础上以预付现金或者延期付款等形式提供的信用。其可以直接用商品提供，也可以用货币提供。但是信贷主体必须发生真实的商品或服务交易，它是现代信用制度的基础。如企业在购置原材料、设备时通过赊账的形式，在一定时间内免费使用供应商所提供的部分资金。

3. 风险投资

风险投资(Venture Capital)，泛指一切具有高风险、高潜在收益的投资，狭义的风险投资是指以高新技术为基础，生产与经营技术密集型产品的投资，是由职业金融家投入到新兴的、迅速发展的、具有巨大竞争潜力的企业中的一种权益资本。投资对象一般是处于创业期且未上市的新型企业，特别是“互联网＋”企业。对于创业者而言，如果创业企业得到了风险投资家的青睐，那么这将是比较好的一种融资方式。通过风险投资不但可以筹集资金，还能得到风险投资商的资源共享与专业指导。

4. 政府政策

国务院通过了《关于大力推进大众创业万众创新若干政策措施的意见》，具体出台五项新措施，从税费优惠、创新融资方式、促进人才发展、政府简政放权等方面为“大众创业、万众创新”加油添力。创业贷款政策有以下几点：(1)各国有商业银行、股份制银行、城市商业银行和有条件的城市信用社要为自主创业的各大高校毕业生提供小额贷款。在贷款过程中，简化程序，提供开户和结算便利，贷款额度在5万元左右。(2)贷款期限最长为两年，到期后确定需要延长贷款期限的，可以申请一次延期。(3)贷款利息按照中国人民银行公布的贷款利率确定，担保最高限额为担保基金的5倍，担保期限与贷款期限相同。

大学生创业贷款办理方法如下：大学毕业生在毕业后两年内自主创业，需到创业实体所在地的当地工商部门办理营业执照，注册资金(本)在50万元以下的，允许分期到位，首期到位的资金不得低于注册资本的10%(出资额不得低于3万元)，1年内实际缴纳注册资本如追加至50%以上，余款可以在3年内分期到位。如有创业大学生家庭成员的稳定收入或有效资产提供相应的联合担保，信誉良好、还款有保障的，在风险可控的基础上可以适当加大发放信用贷款，并可以享受优惠的低利率。另外，国家在大学生创业优惠政策中对于税收方面作出了以下规定：(1)凡高校毕业生从事个体经营的，自当地工商部门批准其经营之日起一年内免交税务登记证工本费(即免税)。(2)新成立的城镇劳动就业服务企业，当年安置待业人员(含已办理失业登记的高校毕业生，下同)超过企业从业人员总数60%的，经相关主管税务机关批准，可免纳所得税3年。劳动就业服务企业免税期满后，当年新安置待业人员占企业原从业人员总数30%以上的，经相关主管税务机关批准，可减半缴纳所得税两年。除此之外，不同的行业还有不同的税务优惠：(1)大学毕业生创业新办咨询业、信息业、技术服务业的企业或经营单位，提交申请经税务部门批准后，可免征企业所得税两年。(2)大学毕业生创业新办从事交通运输、邮电通讯的企业或经营单位，提交申请经税务部门批准后，第一年免征企业所得税，第二年减半征收企业所得税。(3)大学毕业生创业新办从事公用事业、商业、物资业、对外贸易业、旅游业、物流业、仓储业、居民服务业、饮食业、教育文化事业、卫生事业的企业或经营单位，提交申请经税务部门批准后，可免征企业所得税一年。

5. 知识产权

知识产权融资目前已经成为许多创业者的重要融资手段，2006年1月1日实施的新《公司法》第27条规定："……股东可以用实物、知识产权、土地使用权等可以用货币来估价并可以依法转让的非货币作价出资。"明确了"专利技术作为资本投入"的原则。新《公司法》还规定了"货币出资不得低于注册资金的30%"，由此可推出，知识产权入股最高可以占70%。此外对于知识产权还可以通过抵押贷款，通过专业评估机构对贷款申请人的知识产权进行评估后，可向银行申请评估价格15%～30%的贷款，最高可达1000万，最长贷款3年。

(四)风投机构介绍

1. DCM资本

戴盛资本(Delta Capital Markets Ltd，DCM)，成立于2006年，是一家全球性的

在线金融衍生品交易商。2010 年公司归属于 DCM Group Holdings Ltd. 后取得快速发展。为了更好地服务全球华人投资者，DCM Group Holdings Ltd. 又于 2012 年年初成立 DCM 新西兰分公司 Delta Capital Markets Ltd.（New Zealand），受新西兰金融服务监管机构 FSP 监管，FSP 监管编号为 211425。同时为了保障所有客户的资金安全，DCM 戴盛资本主动加入新西兰金融机构 FDR，FDR 为每一个投资者提供 20 万新西兰元的资金保障。

2. 中国 IDG 资本

IDG 资本（IDG Capital Partners，原 IDGVC）于 1993 年开始在中国进行风险投资，是最早进入中国的国际投资机构之一。至 2013 年，IDG 资本已在中国扶植了 300 余家中小型高新企业，其中有超过 70 家企业在中国及海外市场上市或实现并购，给中国市场经济带来了无穷的潜力。

3. 北极光创投

北极光风险投资（NLVC）是一家中国概念的风险投资公司，专注于早期和成长期技术驱动型的商业机会。其针对的商机是利用中国的产业、经济和人力资源优势创建全球经济中个性独特并能永续发展的企业。北极光旗下共管理 3 支美元基金和 3 支人民币基金，管理资产总额 10 亿美元。北极光创投的投资机构来自美国、欧洲和亚洲的一流大学捐赠基金、主权基金、家族基金、慈善基金以及国内最优秀的政府背景的母基金等。北极光先后在高科技，新媒体，通讯（TMT），清洁技术，消费及健康医疗等领域投资近百家公司。

4. 晨兴资本

晨兴创投于 1992 年开始投资于中国内地的高科技、媒体、通信和生命科技项目。自 1986 年晨兴集团创立以来，晨兴创投致力于帮助初创和成长型高科技企业，不仅向创业者们提供长期的风险投资，而且还向他们提供管理支持，创业者们也可以分享晨兴集团在全球的商业网络和合作伙伴。公司秉承晨兴集团本土化的原则，在中国拥有一支优秀的专业投资管理团队。

（五）适合大学生融资的方法与相关策略

1. 政策基金

政府提供的创业基金通常被称为创业者的“免费皇粮”。其优势是利用政府资金，不用担心投资方的信用问题；政府的投资一般都是免费的，降低或者免除了融资成本。劣势是申请创业基金有严格程序要求；政府每年的投入有限，融资者需面对其他融资者的竞争。

2. 高校创业基金

高校在大学生创业期间起到一种鼓励、促进的作用，大多数高校都有设立相关的创业基金以鼓励本校学生进行创业尝试。其优势是相对于大学生这个群体而言通过此途径融资比较有利；劣势是资金规模不大，支撑力度有限，面向的对象不广。

3. 亲情融资

亲情融资即向家庭成员或亲朋好友的筹款。优势是这个方法筹措资金速度快，风险小，成本低；劣势是向亲友借钱创业，会给亲友带来资金风险，甚至是资金损失，如果创业失败就会影响双方感情。

4. 金融机构贷款——银行小额贷款

银行贷款被誉为创业融资的“蓄水池”。优势是银行财力雄厚。劣势是手续烦琐，需要经过许多“门槛”，任何一个环节都不能出问题。

5. 合伙融资

寻找合伙人投资是指按照“共同投资、共同经营、共担风险、共享利润”的原则，直接吸收单位或者个人投资合伙创业的一种融资途径和方法。其优势是有利于对各种资源的利用和整合，增强企业信誉，能尽快形成生产能力，有利于降低创业风险；劣势是很容易产生意见分歧，降低了办事效率，也有可能因为权利与义务的不对等而产生合伙人之间的矛盾，不利于合伙基础的稳定。

6. 风险投资

风险投资是一种融资和投资相结合的全新投资方式，是指创业者通过出售自己的一部分股权给风险投资者获得一笔资金，用于发展企业、开拓市场，当企业发展到一定规模时，风险投资者出卖自己拥有的企业股权获取收益，再进行下一轮投资，许多创业者就是利用风险投资使企业渡过幼小阶段。其优势是有利于有科技含量、创新商业模式运营、有豪华团队背景和现金流良好、发展迅猛的有关项目融资；劣势是融资项目局限。

7. 天使投资

天使投资是自由投资者或非正式风险投资机构，对处于构思状态的原创项目或小型初创企业进行的一次性前期投资。其优势是民间资本的投资操作程序较为简单，融资速度快，门槛也较低；劣势是很多民间投资者在投资的时候总想控股，因此容易与创业者发生一些矛盾。

我们应鼓励并支持大学生创业，而多数大学生在自主创业时遇到了“缺经验，少资金”的问题。很多大学生创业者表示，创业的首个瓶颈往往是资金的缺乏，而解决资金问题的渠道非常有限，特别是金融危机的情况下，无论是银行还是风险投资机构对项目投资都会非常谨慎，尤其对大学生的创业投资更为谨慎。

融资渠道单一是创业中的第一风险，如果没有广阔的融资渠道，创业计划只是一纸空谈。除了银行贷款、自筹资金、民间借贷等传统方式外，还可以充分利用风险投资、创业基金等多种融资渠道。大学生应合理选择融资方式。

股权融资是指企业的股东愿意让出部分企业所有权，通过企业增资的方式引进新的股东的融资方式，总股本同时增加。股权融资所获得的资金，企业无须还本付息，但新股东将与老股东同样分享企业的赢利与增长。新创办的企业一般通过不分红或者少分红的方式，将企业的经营利润保留下来，投入再生产，为企业扩大再经营提供必要的资金保障。

无论使用什么方式融资，对于企业控制权的把握是创业者必须考虑的因素。通过转让控制权来吸引投资必须要把握一个度，既有利于企业日后的发展，也能继续对企业有相应的掌控权，这也是创业者必须谨慎选择的，对企业的控制权是直接影响企业是否能健康发展的最重要因素之一。

8. 真格基金

真格基金是由新东方创始人之一徐小平于2006年创立的天使投资基金，旨在鼓励青年人创业、创新，其劣势是只服务海外学子。

案例练习

【案例阅读】

企业融资

失败的故事：

一个互联网项目，主要针对专业人士品牌，项目非常优质。

公司前期股权架构设计简单、粗糙、粗暴，公司成立时两个显名股东——L和S，股权比例为65：35，法定代表人为S，公司设立时即搭建董事会，董事会成员为四人（该公司的董事人数为双数造就了不稳定性，容易形成僵局）。

实际上内部来看，存在着股权代持的现象，公司股东远不止工商登记的成员。日常公司的运营、管理都是L负责，S虽然是股东和法定代表人，实际并不参与公司的经营管理。

这样的初创期股权架构给创业团队的不稳定性埋下了隐患。

问题的爆发始于一次项目路演，项目获得了亚军，受到了很多投资人的关注，当资本敲开这支创业团队的大门时，内部混乱的股权架构引发了一场股东争议大战……最终创始人L带走了所有的财务账册，关停公司，鉴于前期的品牌和商标均注册在创始人L名下，他将其品牌资源及部分员工带走另起炉灶，原来公司的融资当然失败了，目前公司的解散纠纷正在法院审理。

失败案例的感悟：

因为S并不参与公司的经营管理，只是认缴了公司注册资本的部分出资，并没有持续投入人力贡献，仅从人力投入这点出发，随着公司项目越来越成熟，股权蛋糕中的利益部分会越来越显现，L越来越觉得股权分配（利益分配）不合理自符合常理。

从我们理解的股权核心三要素（人力、资金、资源）来看，S的身份更倾向于种子投资人，完全可以通过权利义务解构、股权成熟机制、股权调整机制、退出机制等前期的约定来避免股东争议。

因此我们认为：

(1)前期的品牌、商标登记应该尽量放在公司；

(2)股权代持应该有基本的法律文书；

(3)董事会人员尽量调整为单数，避免僵局。

“投资人会关注你的商业模式，但一定也会关注你的股权架构”，前期股权架构没有搭建好，后期博弈的成本会很大，代价也很大。

成功的故事：

公司自主研发产品的传统医疗企业，公司于2011年成立，前期投入五千余万元全部由创始股东自筹。2015年公司获得医疗产品注册证。公司每年有严格的财务目标和规划，有条不紊。2016年引入A轮融资，目前“A＋”轮融资正在紧锣密鼓筹备中。公司目前已经设定了IPO的目标和精准计划。

成功的经验：

1. 股权融资需要规划，不是等到用钱才去找钱

该公司老板性格非常沉稳，对于企业的发展战略清晰，尤其是财务规划非常看重。

他常说的一句话就是任何策略方案都要有应急机制，万一不行呢，所以失败的预案必须要有，我深以为然。这样的企业家凡事三思而后行，必须要有规划，这个规划包括融多少钱、出让多少股权份额、公司治理架构、股权融资条件等。对于融资的时间节点也需要规划，不能等到企业“弹尽粮绝”了去找钱，也不能抱着无所谓的态度。

2. 找到靠谱的投资人，越优质的项目选择权越多

我的这位朋友从事的行业领域属于医疗板块，相对比较专业，它的产品又是非常细的一个分支领域，所以投资人的专业背景也非常重要。因为股权融资的背后不仅仅是钱，还有资源、机会等核心要素。鉴于这个项目相对比较优质，基本都是投资人找上门，所以挑选合适的投资人就有了基础。

除了资金实力和专业优势，我们认为投资人的投资风格、以往投资企业、既往投资行业、合作的律师事务所及会计师事务所等情况也非常重要，有条件的情形下，最好做一个反向尽职调查，这个看似多余，实则非常重要，尤其对面对早期的机构投资人时，所谓请神容易送神难，如果早期投资人没有找对，那么对于后续融资会造成阻滞。

3. 正确对待股权融资法律文件，投后沟通是动态调整法律文件的基石

由于常年法律顾问的合作关系，我的这位客户融资过程中的法律文件都是我们审核和协助制定的。但是商业交易不是静态的，与之相关的法律文件当然也不是一成不

变的，动态调整法律文件，作好补充协议、备忘录等工作其实尤为关键。

通常，大多数人只会关注融资成功的那个时点，觉得鲜花和掌声都应该在那个时候。实际上错了，对于投资人来说，投后管理不可忽视；对于创始人来说，融资后公司治理和与投资人沟通更为关键。如果商业条件变化了，合同条款就需要做一些调整来应对，这就需要考验创始人的情商了，及时沟通加上精准解释非常必要，当然诚信是基石，万万少不了。作为股权律师也好，作为法律顾问也好，充其量是助手，我们的作用就是及时识别风险、提醒风险、协助谈判，落地法律文本。

4. 资金及时到位很重要，附条件支付投资款的条件未成就时一定要做好预案

资金的及时到位是重中之重，但很容易被忽视。创业者们总觉得前面这么复杂的尽职调查，高管谈话、投资条款都过了，这个时候应该不会有问题了。实则不然，我的客户就遇到了这种情况。当时投资条款中投资款是分三期附条件支付的，除了第一期是合同签订后一定时间直接打入公司外，其他两期都是附条件的，一个关乎业绩，一个关乎外部合作。后来，由于市场调整，合作情况有变，第三期付款条件无法成就，这个时候钱进不来，后续经营就很困难。

当时，我的朋友发现问题后立即主动和投资人协商，谈了几轮，终于变更了付款条件，使得资金及时到位。如果短时间内谈不下来，就可以请求投资人先以借款的形式让资金进入(毕竟投资人前面两笔钱都进来了，已经是同舟共济的局面，况且投资人对公司的情况也是清楚的)，然后等新的付款条件达成一致变更合同条款，新条件成就时转化为投资款。

【案例讨论】

1. 如何认识股权架构对公司的重要性?
2. 创业企业在股权融资时应该注意哪些问题?

第三节　知识产权管理

【学习目标】

1. 知识目标：了解知识产权的概念；
2. 能力目标：掌握知识产权的分类和管理方法；
3. 价值目标：提高创业者对知识产权管理的理性认识和价值认同。

实践体验

头脑大清空

活动形式： 个人或团队

活动类型： 头脑风暴

活动时间： 1 课时

活动道具： A4 纸

活动目的： 通过实践活动，引入知识产权管理的概念，调动大学生对知识产权相关知识的兴趣，帮助大学生在创业活动开始之前就具备知识产权管理的意识，并能在创业实践过程中保护自身知识产权、规避侵权风险。

活动步骤：

1. 根据学生人数，在上课之前准备相应的空白 A4 纸，每人一张，按照表 6-3-1 横向打印。

表 6-3-1

兴趣	代表物	存在问题	解决方向	具体方案

2. 根据学生人数和实践时间，确定活动形式，并将 A4 纸发放到每个同学手中。同时，宣读本次实践活动的规则：

（1）请同学们注意表格的第一项“兴趣”。每位同学都有自己的兴趣爱好，请同学们将自己的一项兴趣爱好，填到兴趣一栏下面。例如，某位同学喜欢爬山，就将“登山”填入兴趣栏。

（2）请同学们注意表格的第二项“代表物”。大部分的兴趣，都有自己的代表物或者说使用装备。请同学们根据自己的兴趣爱好，将其代表物或者装备填到“代表物”一栏。例如，某同学的兴趣是登山，那么登山的代表物或者装备可以是“背包”。

（3）请同学们看第三栏“存在问题”。根据前两栏的内容，综合自己的兴趣爱好，将自己兴趣爱好代表物存在的问题填入到“存在问题”一栏。例如，某同学喜欢登山，登上需要背包和登山鞋。在登山过程中，背包存在的问题可能是“背包自身太重”。将问题填入“存在问题”一栏。

(4)请同学们看第四栏“解决方向”一栏。为了克服“存在问题”一栏中的相关问题，同学们需要进行头脑风暴。请同学们注意，在“解决方案”这一栏的思考过程中，同学们可以运用发散性思维，从多个角度寻找突破口。例如，背包存在的问题是“背包自身太重”，那么我们可以从“背包面料减轻重量”等多个方向入手。

(5)请同学看最后一栏“具体方案”。根据“解决方向”中给出的方向，具体优化解决的内容，并填入“具体方案”当中。例如，以“背包面料减轻重量”为方向，在“具体方案”中，可以填写“以最新纳米科技面料制作背包”。

(6)活动时间为 20 分钟。提前做好的同学，可以提前上交 A4 纸。

3. 教师确保同学已经理解实践活动的相关规则，并说明本次实践活动着重强调同学们创新思维，同学们不必执著“具体方案”的可行性。

4. 教师根据上交 A4 纸上的内容，分别挑选出涉及知识产权管理中专利、著作、商标相关内容的解决方案。以知识产权管理为切入点，分析学生上交相关内容的可行性，引入知识产权管理的相关内容。以上例中的登山包为例，学生给出的解决方案分别从“面料”和“背负方式”入手进行解决。在可行性分析过程中，如果创业者的方向是新型登山包研发与生产，那么，作为初创企业是没有办法投入大量资金进行新型布料研发的，如果采购或生产新型布料，则面临布料的专利权转让问题。

理论解读

(一)知识产权的概念

知识产权制度是推动创新的重要制度保障。党的十九大报告提出要加强国家创新体系建设，强化战略科技力量。深化科技体制改革，建立以企业为主体、市场为导向、产学研深度融合的科技创新体系，加强对中小企业创新的支持，促进科技成果转化。倡导创新文化，强化知识产权创造、保护、运用。这一要求的提出，是进一步提高知识产权保护的必经之路。

知识产权管理(一)

经过多年发展，我国目前确实已经有了较为完善的创新型国家建设的基本法律制度框架。党的十九大报告提出加快建设创新型国家之后，在知识产权保护法律领域，需要一部全面系统、科学完备、统领知识产权各领域单行法的基本法律，解决该领域权力交叉问题、疑难问题与新型技术发展引发的问题等。

在“大众创业、万众创新”口号提出后，国家对知识产权的重视日益增强。对于即将加入或者已经加入创业行列的大学生而言，了解知识产权的相关概念并加以灵活运用，必将为未来企业的长远发展奠定坚实的基础。

知识产权是指民事主体基于创造性智力成果所依法享有的民事权利的统称，主要包括专利权、商标权和著作权。

目前，民法总则已经颁布实施，民法典编撰工作进入决胜阶段，需要制定民法典“知识产权编”。中国法学会知识产权法学研究会已经成立了课题组，并于 2017 年 9 月公布了《中华人民共和国民法典知识产权编专家建议稿》，希望未来“知识产权”能在民法典中独立成篇，从而为推进建设创新型国家提供系统性的法治保障。

根据知识产权的概念，可以总结出知识产权的相关含义：

1. 创造性客体

民事主体的智力成果，分为创造性和非创造性。创造性客体表现出了民事主体在创造过程中的非程序性，并区别于原有的非创造性智力成果。只有民事主体的智力成果成为创造性客体，才具备成为知识产权的可能性。

2. 法定性规定

由于国情的不同，各国在知识产权的立法方面也不尽相同，知识产权的保护对象也有所区别。相同国家，由于历史原因，知识产权的保护范围也有所不同。因此，知识产权的产生必须有相关的法律依据。

3. 民事性权利

知识产权的产生需要民事主体完成。民事主体的权利自然属于民法的适用范围。《中华人民共和国民法通则》第五章规定，“知识产权”是我国民法中的基本民事权利之一。

4. 结构性构成

随着经济全球化的发展，各国在知识产权的结构性构成方面已经达成共识。专利权、商标权和著作权成为知识产权构成的基本内容，并在各国知识产权的理论和实践研究中发挥了指导性作用。

(二)知识产权的分类

完善的法律制度是创新型国家建设的保障。知识产权的管理，需要在厘清知识产权相关法律法规的基础之上。

党的十九大报告不仅提出了建设创新型国家的重大战略方针，而且提出了建设创新型国家的重要举措：既要强化基础研究，也要加强应用基础研究。

根据公开资料，近年来，我国已经制定了《专利法》、《著作权法》、《商标法》等传统的知识产权法律制度，通过修改科学技术进步法、促进科技成果转化法等，初步形成了与创新型国家建设有关的法律制度框架。

1. 专利

2017 年以“专利，助推实体经济发展”为主题的中国专利年度盛会于 9 月 5 日在北京开幕。年会指出，2016 年全国专利转让、许可、质押等在内的专利运营次数达到 17 万余次，同比增长近 20%，知识产权的价值正在加速实现。国家知识产权局局长申长雨在开幕式中强调，要共同探寻专利服务实体经济的有效途径，为我国乃至世界经济的繁荣与发展注入新的动力，提供有力支撑。

(1)专利的概念

专利是专利权的简称，即一个国家依法授予发明创造者或者其权利继受者在一定时期内独占其发明创造的权力。①

专利权的产生不是自发的，而是在个人或单位申请的基础上，由主管部门审查通过后授予的。根据我国《专利法》的规定，专利分为发明、实用新型和外观设计。

发明是指在新技术方案基础上对原有的产品或方法进行改进和升级。

发明集合特定技术特征。发明属于一种新的技术方案，这种技术方案是特定技术特征的集合。技术特征不但包含成品、原材料等产品，同时也包括工艺、步骤等方法。通过产品和方法的组合，能够解决特定技术问题的技术方案，也属于技术特征的范畴。

发明利用特定自然规律。自然规律本身属于发现的范畴，而不具备发明特征的。但是通过利用自然规律在特征领域达成的突破，则属于《专利法》保护的对象。

发明革新特定产品方法。发明的客体包括产品和方法。不论是完整产品还是部件产品，不论是物理方法还是化学方法，只要对特定产品和方法进行了革新，都属于发明。

实用新型是指适用于新技术方案的产品形状、构造或两者的结合。

在实用新型中，产品或其构成部分的形状，必须以技术问题为导向，产生相应效果。产品构造中的机械构造或线路构造，必须具备特定的配合关系或连接关系。

作为专利的实用新型，只对产品本身进行保护，不具备特定形态的产品不属于实用新型的保护范围。

外观设计是对产品的形状、图案或者其结合以及色彩与形状、团的结合所做出的富有美感并适于工业应用的新设计。

外观设计必须以产品为载体，具有特定的形状、图案或色彩，并能进行批量化的工业生产。

(2)专利的申请

在专利申请前，必须明确发明创造是否符合法律规定和公众利益、是否具有专利性，并具有市场化潜力和商业价值。同时，在专利申请的过程中，必须遵循相关原则。

①书面原则：专利的申请必须遵循书面原则，所有手续均需按照相关规定以书面形式呈现。

②最先原则：专利的申请必须遵循最先原则，最先完成专利或最先提出申请的专利主体将享有专利授予权。

③单一原则：专利的申请必须遵循单一原则，一项专利一项申请的原则能够避免后期审查带来的不便，保护专利主体的合法权益。

在明确专利内涵、特点和申请原则的基础上，申请人必须准备相关申请文件。申

① 朱雪冬：《知识产权保护法基础教程》，上海，汉语大词典出版社，2005。

请文件主要包括请求书、申请书、权利要求书、说明书附图、说明书摘要及摘要附图、外观设计图。

申请文件准备妥当并签字盖章之后，便可向国家知识产权局递交正式申请，初审通过、确定申请日期和申请号后，专利局将下达受理通知。

2. 商标

(1)商标的概念

根据我国《商标法》规定，商标是指生产经营者为了使自己生产、制造、加工、炼选、经销的商品或者所提供的服务同他人的商品或服务相区别而使用的可视性标志。

以构成要素为依据，商标可以分为文字商标、图形商标、字母商标、数字商标、立体商标、颜色组合商标及不同要素的组成商标。

(2)商标的注册申请

商标的注册申请，指的是商标注册申请人依照法律规定向商标局提出商标注册申请，并交纳相关费用的行为。

在申请注册商标之前，商标申请人必须明确自身和申请注册的商标是否具备相关条件，在符合相关法律的情况下，才可以提出商标的注册申请。

需要注意的是，与国家相关的文字图案、与官方标志相关的文字图案、带有欺骗性质的文字图案等，在商标的注册申请中是被禁止使用的。

同时，在商标的注册申请过程中，必须遵循相关原则。

①自愿原则：属于各国在商标注册中的通行原则。申请人可以向商标局提出注册申请并享有相关权利。在没有申请注册的情况下，依然可以使用商标，但无法享有申请人的相关权利。

②在先原则：是指在申请时间上有明确日期的时候，将商标的注册申请权授予在先提出申请的申请人。在无法明确在先申请人的情况下，遵循“在先使用、在先享有”的原则。

③三一原则：指的根据我国法律规定，在一份商标注册申请中只能申请一个类别的一个商标。这与国际通行的一个申请多种类别的相关原则具有明显不同，申请者需要多加留意。

申请文件准备好之后，可以由申请者个人向商标局申请办理，也可以委托相关代理机构委托办理。具体流程主要包括：递交申请书、递交商标样本、递交证明材料、缴纳相关费用。主管机构对申请注册的商标进行形式审查和实质审查之后，将进行初步审定并发布公告。

3. 著作权

著作权是指作品创作者对其作品享有的权利。著作权中所指的作品，必须具有独创性和可复制性，否则不受法律保护。

按照我国《著作权法》规定，著作权由人身权、财产权两部分构成。

著作人身权，以创作者的人身权益为主要内容。著作人身权不以创作者的生理年龄为依据，而是以作品为依附，享有发表、著名等权利，期限不受时间限制。

著作财产权，以创作者的经济利益为主要内容。创作者通过作品复制权、发行权、出租权方式实现自己的著作财产权，根据我国《著作权法》的规定，著作财产权的保护期为作者在世及去世后的50年。

在我国，著作权自作品产生时自动获得，无需办理其他手续。

（三）知识产权管理

知识产权管理(二)

1. 知识产权管理的概念

企业知识产权管理是企业对知识产权开发、保护、运营的综合管理，在知识经济时代的知识管理、战略管理中具有特别重要的地位。企业知识产权管理具有规范性、市场性、专业性、系统性等特点，并涉及法学、管理学等相关学科。

作为创业者，要做好企业的知识产权管理，就必须提高对知识产权保护的价值认同。第一，要将知识产权管理作为企业的战略工作。不能因为短期的利益而忽视了知识产权的长效管理，要正确看待知识产权管理中“质变”与“量变”的关系。第二，要将知识产权管理作为企业的系统工作。所谓系统工作，是指企业的不同部门在知识产权管理工作中，必须通力合作，发挥出知识产权的最大价值，实现效益的最大化。

2. 知识产权管理的内容

企业类型不同，知识产权管理的侧重点也不尽相同。技术创新型企业的知识产权管理主要与科学技术的前沿创新密切相关，服务创新型企业的知识产权管理则主要集中在服务效率的提高方面。尽管企业类型各异、管理重点不同，但是企业知识产权管理内容的着眼点主要集中在产权保护和风险控制两个方面。

在产权保护方面，通过法律的规定和企业的创新，企业能够形成数量够多、质量够硬的知识产权，为企业的长远发展奠定基础。同时，合理有效的知识产权管理也能够帮助企业在知识产权受到侵害的时候及时制止侵权行为，保护自身权益。

在风险控制方面，企业需要通过知识产权的管理，避免侵权行为的发生。有效避免侵权，一方面能够为企业的发展提供稳定的环境，另一方面能够在一定程度上激发企业的创新潜能。

根据世界知识产权组织公布的数据，华为在2016年以3692件PCT专利申请的数量超过苹果、三星等企业，成为手机行业年度专利申请数最多的企业。华为世界第一地位的取得，一方面依赖于以知识产权保护为基础的创新研发，另一方面也刺激了华为为规避产权风险而自主研发“麒麟芯片”的创新行为。

3. 知识产权管理的阶段

(1)产权积累阶段

大学生在创业初期，企业一般处于知识产权的积累阶段。处于这一阶段的企业，需要在专利、商标申请方面多下工夫，为企业的发展储备更多的知识产权。

大学生在企业创办初期，往往是以创业者的名义申请相关专利，专利类型大多是实用型的专利。处在这一阶段的企业，往往重视的是专利的数量，以数量的优势帮助企业在最短时间内达到知识产权积累的效率最大化。

随着知识产权的不断积累、知识产权管理水平的不断提高，企业的知识产权管理的重点由产权数量的积累转向产权质量的提高，并会通过将知识产权中专利的单一申请转向专利申请、商标注册等系统性知识产权积累。

(2)风险控制阶段

产权积累初步完成后，企业便进入到知识产权的风险控制阶段。由于初创型企业的资金储备较差、抗风险能力不足，对于初创型企业来说，知识产权的风险控制对有了初步发展的企业来说尤为重要。

着眼未来发展，知识产权的风险控制应该在企业的经营项目即将投产前进行管理。这样一方面可以对企业自身拥有的知识产权进行最后的盘点，另一方面也可以尽可能避免知识产权侵害导致产品投入运用后带来的相关问题。

(3)产权经营阶段

知识产权的经营是知识产权管理的高级阶段。在这一阶段上，企业知识产权的管理重点是通过管理收获经济效益。但是对于初创型企业特别是初创的技术创新型企业来说，知识产权的管理主要集中在知识产权积累和知识产权的风险控制两个阶段。

这并不意味着初创型企业不需要对知识产权的运营进行管理。特别是随着我国知识产权保护政策和企业知识产权保护意识的不断增强，知识产权的许可和转让数量明显增多。近些年，我国坚持实施科技创新驱动发展战略，培育壮大了一批科技创新主体，加强了科技人才的培养与引进，强化了科技创新平台建设，优化了科技创新发展政策环境。如今，我国互联网用户、国内居民发明专利申请数都超过了美国。

专利转让情况趋势（单位：次数）

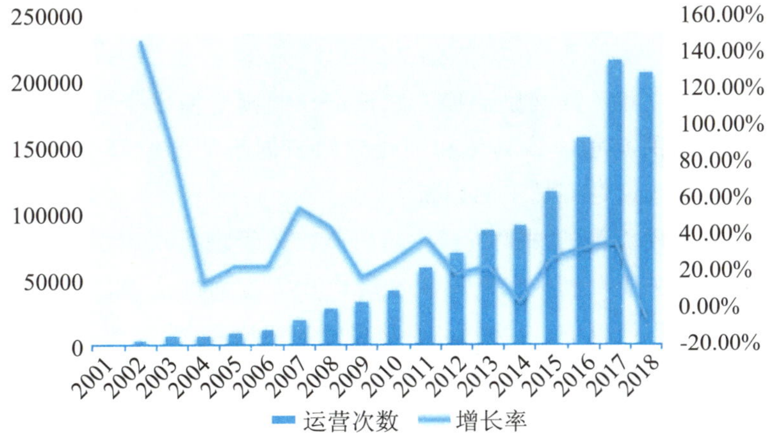

数据来源：国家知识产权运营公共服务平台

图 6-3-1

从知识产权的转让类型来看，发明的转让数量最多，实用新型和外观设计的转让分居第二和第三。这从一个侧面反映了技术创新型企业在知识产权经营方面的重要性。

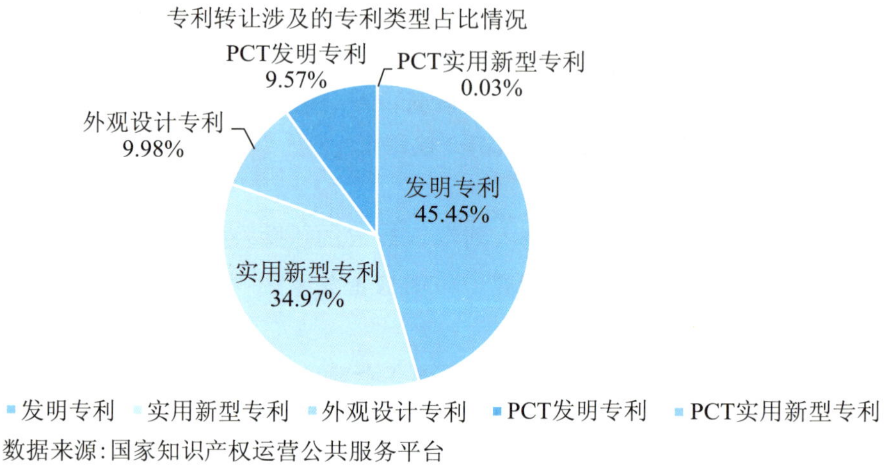

图 6-3-2

知识产权管理的各个阶段并不是相互独立的。每个阶段的管理都是配合进行的，是一个相互配合的过程。

(4)知识产权管理的具体措施

知识产权管理的具体措施主要包括制度管理和人事管理两个部分的内容。作为初创型企业，大学生在创业初期由于资金和人员的限制，往往会忽略掉知识产权管理中的相关内容，但是随着我国由制造型向创造性的转变，给以创新为主要内容的企业提供了前所未有的创业机遇。在把握机遇的同时，创业者更要树立科学的知识产权管理理念，为企业的长远发展提供保障。

①制度管理：对于初创型企业来说，尤其是初创的技术型企业来说，需要将国家的法律法规和企业的规章制度相结合，形成合理的知识产权管理体系，促进知识产权的创新与管理。

首先，企业要建立相关的奖励制度。知识产权奖励是激发企业员工参与创新的重要手段。对知识产权的奖励应该具体和细化到知识创新的各个环节，确定奖励项目、明确奖励金额，最大程度挖掘员工的创新潜力。

其次，企业要利用相关的法律法规。知识产权的管理需要以法律为基础，企业要综合利用国家出台的关于专利权、商标权和著作权等方面的法律法规保护自身的合法权益。对侵犯企业知识产权的行为做到“有法可依、违法必究”。

②人事管理：知识产权的管理必须由相应的部门负责。知识产权管理部门与企业规模息息相关，大中型企业一般都有职责明确的知识产权部门，对企业的知识产权进行日常管理。

在人事管理部门的设置上，有法务管理、技术管理和单独管理三种常见的模式。

法务管理：是指企业的知识产权交由法务部门管理。由于法务部门的人员都具有法律相关背景，因此在法务部门的管理之下，可以较好地保护产权、控制风险。但是，由于缺乏相应的技术人员，因此对技术方面的管理较为薄弱。

技术管理：是指将企业的知识产权交由技术部门管理。在技术部门的管理之下，企业创新转化为知识产权的效率较高。但是，由于缺少法律研究背景，技术部门承担知识产权风险管理方面存在较大问题。

单独管理：单独管理对管理者的综合素质要求较高，管理者需要综合处理法律部门和技术部门的相关信息，一方面提高创新转化为知识产权的效率，一方面有效规避侵权风险。

作为初创型企业，在没有足够资源建立专门部门的情况下，可以考虑采取以企业类型为中心的单独管理模式。以技术创新为主导的企业，在技术创新转化为知识产权方面效率较高，反而需要对侵权风险进行较多的关注。

案例练习

【案例阅读】

“90 后”大学生的知识产权管理之路

小云是“90 后”高职大学生中的一员。毕业后，他便加入了自主创业的行列。凭借在校期间的 11 项专利，他与朋友成立智能科技公司。

1. 热爱发明的大学生

小云在校期间敏于观察、热爱发明。外出洗漱是人们经常要面对的一个问题，小云思考，是否可以将取水、挤牙膏、清洁牙齿的流程压缩成一个环节呢？经过思考，他发明了一款便捷式伸缩充水一体化牙刷，自带水和牙膏，能够满足 3～5 天的牙齿清洁需要，解决了人们在出行过程中牙齿清洁的需要。在校期间，小云已经先后申请了 11 项专利。为了保护自己的知识产权，小云给这只牙刷申请了发明专利。

2. 重视产权的创业者

毕业后，小云与朋友合资了智能科技公司。

为了响应国家“大众创业，万众创新”的政策和“互联网＋”的时代要求，他们将公司的业务集中在智能模块的创新方面。

他们的第一款拳头产品便是“智能垃圾桶”。这款智能垃圾桶以太阳能为动力来源，以自动感应的方式，将垃圾量检测融入到产品研发中，能够将垃圾桶的储存量实时传输到清洁工人的手机上。为了减少细菌的滋生，垃圾桶还会自动喷出消毒物。

产品一经推出，来自重庆的一家公司随即就和小云签订了定制2000台垃圾桶的订单。投资者也看上了这个项目，拿出50万现金注入公司。

“保守估计，我们今年的营业额能达到1400万。”小云作为一名掌握11项知识产权的初创企业创业者，自豪地说到。

从小云的创业经历我们不难看出，知识产权保护在企业发展中具有重要的作用。

【案例讨论】

作为科技创新型企业，应该从哪几个方面加强自身的知识产权保护？

第四节　资源整合计算机综合实践

【学习目标】

1. 通过互动实践参与学习，形象理解不同创业者或团队之间的先天资源差异特性；
2. 通过自身扮演消费者角色，形象理解在一个具有规模数量消费者的市场领域，市场需求的高度不确定性及波动特性；
3. 通过动态满足市场需求的过程，感受创业者或团队为了实现不同目标，必须开展的持续不断、富有挑战的资源管理与整合工作；
4. 通过不断与其他同学互动、沟通、谈判、交易的过程，深刻理解不同市场主体之间的利益博弈过程；
5. 深刻理解创业资源的多样特性、创业资源价值的动态变化特性、创业资源与不同创业者或团队之间的组合价值差异特性。

实验介绍

项目名称：资源整合计算机综合实践

创业过程中围绕创业资源的获取、整合、管理是一个非常重要的工作内容，这方面能力的强弱很多时候决定了不同创业者最后的成败。资源整合管理应用是一个基于网络的多人互动游戏，系统以日常生活中常见的做菜、点菜、原材料生产、供应等为背景，让同学们通过参与互动游戏的方式获得对创业资源获取、整合及管理的直观理解。

本实践游戏开展过程中，每一位参与的学生均需要经过整合资源、需求资源、供应资源三个主要环节，并在教师的统一引导下开展互动体验实践。

在整合资源环节中，每一位学生将通过扔骰子的形式从系统中随机获得各种类型的游戏资源，如100元现金、一盆可以定期结果实的西红柿盆栽、一只能定期产蛋的母鸡、一辆送餐的快递车等。系统内置了12种可以循环使用的可复用资源，每种可复用资源在每一轮游戏中都将可以使用一定的次数以达到资源本身的使用价值，同时系统还内置了11种消耗性资源，如鸡蛋、土豆、青椒等，每种消耗性资源均可以用于制作一道包含该资源的菜品，以满足其他同学的点菜消费需求。

所有学生的初始资源卡片数量由教师统一设定，在教师规定的时间内，每一位学生最终都将获得相同数量，但可能种类、内容各异的创业资源。在获取资源后，根据不同资源的特性，每位同学可以与班内其他同学进行自由谈判沟通，以达成资源交换。

在获取资源环节过程中，本实践项目更多体现了现实生活中，不同创业者之间的初始资源的差异性与先天特性，同时也体现了不同资源之间用途、属性的差异特性。系统通过随机获取的形式，把课堂上所有学生快速初始成具有不相同创业资源的创业者。

在需求资源环节中，每位同学均将扮演一名需要点菜吃饭的消费者角色，必须从系统提供的28道各种类型的菜品中点一道自己最喜爱的菜品用于消费，当每位同学均点好了各自喜爱的菜品后，整个班级产生了大量个性化及差异化的市场消费需求，这种消费需求具有高度不确定性及波动特性，可以让同学们充分感受到市场的复杂性与难以预测性。

在供应资源环节中，每位同学扮演一个市场供应者的角色，根据班内需求资源环节产生的大量点菜消费需求，根据手中已经掌握的确定性资源，动态整合外部更多资源，进而制作出一道道能被市场消费者认可并买单的菜品，最终获得创业的价值实现。

创业资源整合管理实践项目是一个看似简单但又非常有趣的创业资源相关的互动体验式学习项目。通过该实践项目的体验式学习，学生可在过程中直观理解围绕创业

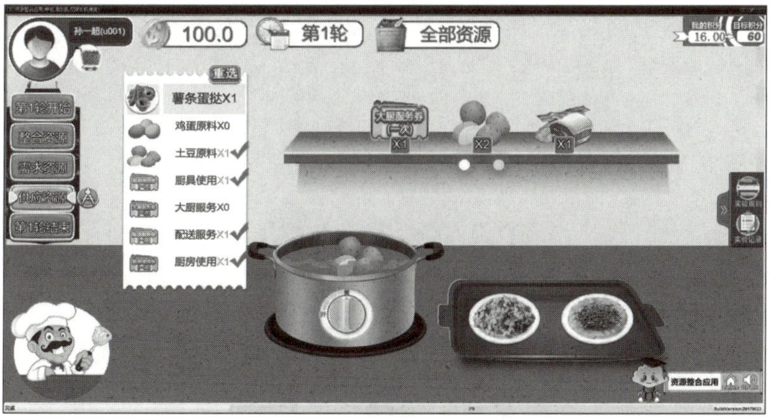

资源整合计算机综合实践学生界面

资源相关的各项主要工作内容，直观理解大部分创业项目早期资源的匮乏与不足特征，并亲身感受在创业过程中，由于创业者或团队的不断付诸行动，创业资源在过程中的动态变化与不确定特性，并通过对创业资源的管理实践体验，深刻理解创业资源与创业者目标之间的紧密关系。

本实践项目同时设计了一套完整的后台数据记录及分析功能，授课教师可实时获取当前课程内所有学生的资源分布及流动情况，也可以随时跟踪每名学生完成指定任务的进度情况。最终阶段性任务完成后，将有大量各种维度角度的报表图表提供授课讲解点评。

课时安排

4 课时

内容	课时
教师实训前规则讲解	10 分钟
整合资源	10 分钟/轮
需求资源	10 分钟/轮
供应资源	25 分钟/轮
教师总结	30 分钟

使用形式

1. 这是一个计算机网络实训游戏，建议在学校标准计算机实验室内开展教学；

2. 本实验需要在专业教师的统一组织协调下开展，个人学习者无法独立完成该实验；

3. 教师可扫码后点击右方“申请试用”即可获得免费教学账号。

第七章　创业计划书撰写与路演

第一节　创业计划书格式

【学习目标】

1. 理解为什么需要写创业计划书；
2. 理解创业计划书的目标；
3. 了解创业计划书的基本结构。

实践体验

编制计划

游戏形式： 以小组形式完成

游戏类型： 编制计划

游戏时数： 1 课时

游戏道具： 调查表

游戏准备： 要求游戏前一周去观察一个自己团队感兴趣的特色小店铺。

游戏目的： 通过活动了解编制计划的一般方法。

游戏步骤：

1. 组建一个团队，每个团队 4～5 人；
2. 每个团队制订一份开设校园特色小店铺的前期市场调研计划，调研时间为 1 周，特色小店铺投资成本为 20 万元，地点设在学校周边，面积 80 平方米，目标客户群体是在校大学生；

3. 计划的内容包括：调查目标、调查内容、调查方式、调查对象、调查地点、调查问卷等，讨论时间为 30 分钟；

4. 完成后各小组提交调查大纲和调查问卷，老师进行分析评判，并打分。

游戏结果：

各小组编制调查大纲和问卷，并在课后实施。

理论解读

（一）创业计划书

创业计划书也称商业计划书，是全面介绍公司和项目运作情况，阐述企业、产业、产品（服务）、目标市场、竞争、营销策略、财务、融资、风险等未来发展前景的书面材料，是运用国际惯例通用的标准文本格式的项目建议书，也是帮助创业者创建新企业的有效工具。创业者及其团队必须在开启创业行动甚至在确立创业决策前，引入创业计划书，对创业机会进行甄别和评估，确定创业蓝图。

创业计划书格式

（二）创业计划书用途

1. 指导内部行动

制订创业计划书的过程，能够引导创业者及其团队进行深入思考，系统地分析商业创意和行动构想，评估创业机会的真实性、可开发性和发展潜力，将抽象的或者模糊的目标转变为具体的运营目标，识别内部的优势与劣势及外部的机会与风险，明确责任和利益分配①，从而达到统一目标和指导行动的目的。

2. 说服外部利益相关者

创业计划书是企业的推销性文本，是创业者向投资者、合作者等利益相关者较全面展示自己创业项目计划和前景的直观材料，为创业者融资和资源筹措提供具有足够说服力的依据，吸引投资者和其他资源提供者把资源、知识、技能、经验和时间等投入到其所创企业。对于基于系统化创新的创业活动，一份严谨、完整和简明的创业计划书是必不可少的。

（三）创业计划书主体内容

每一份计划书的主体内容可能会有所差异，主体的内容可参见表 7-1-1。编写时主

① 贝赞特、蒂德：《创新与创业管理（第 2 版）》，牛芳、池军、田新等译，北京，机械工业出版社，2013。

题内容可根据项目的不同与使用要求的不同相对变化。

表 7-1-1　创业计划书的主体内容

项目	撰写
1. 封面	项目名称、团队成员和日期等。
2. 目录	章、节、目的标题。
3. 摘要	开门见山地简要综述项目的名称、特点和优势、所属产业及趋势、市场需求及趋势、投资及其效益、基本结论等。
4. 正文	分“章-节-目-小目”论述，是创业计划书主干，要求主题明确、逻辑清晰、依序论述、循序渐进。
5. 报告的附录	科研成果获奖、专利、发明证书等；市场调研的方案和问卷等资料。
6. 报告的主要参考文献	按参考文献标准写法标注。

案例练习

【案例阅读】

甘其食——让包子有了标准①

成立于2009年的甘其食专业卖包子，如今在全国已拥有200多家门店，遍布杭城大街小巷，每天要卖出几十万个包子。

未来，甘其食将在杭州开出更多的门店，让杭州人“转角就能遇见甘其食”。它更远大的目标，要将包子卖到国外去，让甘其食成为中式速食的代表。

小包子，大文章，甘其食是如何将这篇包子文章做大的呢？

(1)怎样做出最好吃的包子？

包子很小，但甘其食的老板童启华竟然花了四年时间来研究它。童启华的理想不是开一家包子店当个小老板，而是要将包子文章做到无限大。

童启华生于浙江，长于上海，是同济大学工科男——毕业于自动化控制专业，他看起来与包子毫不搭边。在卖包子之前，他还卖过鞋子，做过服装生意，开过餐饮店和网吧。

(2)为什么要卖包子？

卖包子门槛低，大街小巷到处都是卖包子的小店。但也因为如此，包子的品质一

① 案例改编自《甘其食：让包子有了标准》：http：//www.360doc.com/com/conterlent/140113/11/8507568－344810754，2017-9-1.

直是一个问题。尤其是肉包，越来越多的人不敢吃了。一些小店将头一天没卖完的包子，第二天加热之后继续卖。因此，在小店里寻找到高品质的包子非常困难。而大品牌的小吃店，门店数量又有限。所以，童启华觉得卖包子学问很大。

怎样做出来的包子最好吃？用什么样的肉更有味？青菜用什么品种既健康又脆嫩……童启华开始了长达四年的市场研究。

童启华做包子并没有秘方，但他明白，要做出受人尊重的包子，唯一的方法就是请来师傅不断地试验，光是选择哪种肉，就进行了上千次的试验。为此，足足“报废”了两吨鲜肉。

鲜肉有纤维蛋白，绞肉机一开动，旋转切割大面积破坏了细胞单位，肉馅的鲜味就出不来。而剁肉机效果比较好，切口均匀，还能最大程度地保存好细胞单位。经过多次试验对比，童启华毫不犹豫花大价钱，购买了一台占地十多个平方米的剁肉机。

在经过四年的研究与试验后，童启华终于做出了让自己和师傅们都满意的包子来。

2009年，甘其食第一家门店在杭州文一西路的骆家庄开业。

(3)如何卖出的包子最新鲜？

从第一家门店开业算起，不到五年时间里，甘其食已经有200多家门店。

甘其食的口号是：好吃一点的鲜汁肉包。

鲜，在于口感好。好吃，也在于用料新鲜、健康。尤其是肉包，肉馅让人放心，才能获得消费者青睐。而甘其食主打的就是肉包，销售量一直占到总销售量的一半左右。这便是童启华四年的研究成果。

在选料上，甘其食做包子用的面粉是国内最好的食点中精粉，价格高于市场同类产品8%～10%。因为这类面粉加工出来的包子品质稳定，口感松软、有嚼劲，表面又有一定的光泽，又能长久保留包子里面的汤汁。对于关键的肉馅，经过上千次的试验之后，甘其食选择了山东著名品牌“金锣”猪肉，品质有保证，而且是前腿肉。这是肉质纤维最粗壮的部分，更有嚼头。冬天用的青菜，甘其食舍近求远，用的是昆明产花王青菜。因为在冬季，南方地区本地青菜容易受冻，而冻过的青菜不脆。香菇则是菌柄小于0.5cm、菌盖直径2.5～3.5cm的庆元小香菇，价格也贵，但口感和香味好。黑豆是温岭的黑豇豆，吃起来非常糯、非常香。

有了原料的保证，在生产过程中，甘其食也制定了一整套标准化的流程。

甘其食在上海建立了统一的中央厨房，负责所有门店原料的采购和馅料的制作，这样就降低了食品安全风险，形成了集约化、标准化的操作模式。

每天清晨，运送原料和馅料的冷链车就从上海出发，抵达杭州，分送到各个门店。每辆冷链车出发之前都要进行消毒，确保干净卫生，而且车内装有GPS监控系统，可以实时监控车辆的状态和调节车内的温度，使馅料始终处于最适合食物养分保存的零下10摄氏度的冷冻状态。不仅抑制了细菌的产生，而且保证了口感。

原料和馅料运到各门店后，包子的包制和售卖则由各门店独立完成。现场和面再蒸，消费者站在门口一目了然。而在加工过程中，甘其食充分尊重食材的品质，不使用食品添加剂，用最简单的工艺还原食材天然的味道。

经过培训的师傅做出来的包子，大小重量相差无几：生包子重 100 克，其中 60 克面皮，40 克馅料，误差不得超过 2 克。甚至一只包子要有多少个皱褶，也有明确规定。而甘其食还有一个对消费者来说至关重要的规定，就是包子离开蒸炉后，2 小时后若没有卖出，就要报废。如此苛刻的要求，就是为了让消费者吃到的包子都是最新鲜的。

标准化的结果是，让包子获得了消费者的认可。现在，甘其食平均每家门店要卖出上千个包子。

(4)“阿甘”们有着怎样的愿景？

童启华希望，要赋予包子新的价值，让包子成为三餐的选择，从而改变中国人的饮食习惯。所以，甘其食全天卖包子。

目前，甘其食有五个品种的包子和一种馒头，即鲜汁肉包、咖喱土豆牛肉包、梅干菜肉包、香菇青菜包、桂花豆沙包和高庄馒头，还有自主研发的豆浆和酸梅汤。此外，还坚持每月推出一款新品。如果某款新品特别受人们喜爱，那么就会变成常设品种。

童启华说，一些老牌的小吃店，做来做去就只有那么几个口味的包子，也不愿意去创新，而这个时代只有不断创新才能走远。

数据表明，2012 年甘其食的销量分布从最初的 9 点 30 分前卖 70%，而后卖 30%；发展到现在，比例变为 45%和 55%。也就是说，不少消费者开始转变观念，不单单将包子当做早餐食物。

2012 年 10 月，甘其食的主打产品被杭州餐饮旅店行业协会授予“最受杭州市民喜爱的鲜汁肉包”称号。

甘其食的“包子革命”远没有结束。2013 年 3 月，甘其食出资 2000 万元，与浙江工商大学联合成立“中国传统食品研究发展中心”，希望借助该校食品安全省重点实验室和创新团队的力量，通过技术研发、人员培训、标准修订等措施，不断提高甘其食产品的质量，既保持包子的口味，又保证食品安全，让消费者吃得放心，从而将“土包子”做出新境界。

对甘其食而言，尊重是对食物本身的产地、劳作 、生长、收割、运输、仓储、清洗、切割制料，最后成为绵软面食的心脏，让用户在拿到包子的第一时间咬下那一口，鲜甜美好弥漫在口舌之间。这种带给用户的愉悦幸福的瞬间，是甘其食存在的意义。

童启华希望甘其食的包子，能够像肯德基、麦当劳和汉堡一样，成为中式速食的代表，成为受人尊重的经典东方美食代表品牌。他说：“包子的价值不应该被低估，它记录了中华美食的演变，是中国文化的标志。我的使命是把甘其食开到世界。”2016 年 7 月，第一家美国店 Tom's BAOBAO 在波士顿哈佛广场开业。

【案例讨论】

1. 如果要将甘其食的案例写成创业计划书，该如何撰写？

2. 如今甘其食早已将分店开到了国外，在之后这些发展中，甘其食又付出了怎样的准备和努力呢？

第二节　创业计划书撰写

【学习目标】

1. 了解创业计划书的基本格式；
2. 了解每个部分的具体内容和写作要求；
3. 撰写一份创业计划书。

实践体验

群策群力

游戏形式：以小组形式完成

游戏类型：编制计划

游戏时数：1课时

游戏道具：商务计划表

游戏准备：前一周要求完成所在团队项目商务计划表编制

游戏目的：通过具体计划活动来了解创业计划书的编制内容和编制方法

游戏步骤：

1. 组建一个团队，每个团队4～5人。

2. 每个团队制订一份开设校园特色小店铺的商务计划，地点选择在学校周边，面积80平方米，目标客户群体是在校大学生；也可以是自己团队选定的一个项目，资金需要和其他条件根据自己项目实际进行，自有资金只有20万元。

3. 计划的内容包括：商店名称，商标设计，地点选址，商品安排，时间安排，资金安排，人员安排，开业的工作安排，促销方案等，讨论时间为30分钟。

4. 完成后各小组制作PPT介绍自己团队的商务计划，老师进行分析评判，并打分。

创业计划书评价标准：优秀(8～10 分)；合格(5～7 分)；不合格(0～4 分)

表 7-2-1　创业计划书评价表

项目	优秀(8～10 分)	分值	得分
项目概述	简明、扼要，能有效概括整个计划；具有鲜明的个性，具有吸引力；有明确的思路和目标；能突出自身特有的优势	10	
项目创新性	创意独特新颖，创新力度大	10	
项目产品/服务	产品具有先进性，同类产品少；具有核心竞争力，技术保护性好	10	
赢利模式、经济及财务状况	列出关键财务因素、财务指标和主要财务报表；赢利模式可行，财务计划及相关指标合理准确	10	
融资方案和回报	需求合理，考虑全面；融资方案具有吸引力	10	
经营模式	开发状态和目标规划合理，操作周期和实施计划恰当，在各阶段目标合理，重点明确；对经营难度和资源要求分析准确	10	
团队组成	团队成员具有相关的教育及工作背景；能力互补且分工合理；组织机构严谨；产权、股权划分适当	10	
市场及竞争分析	市场分析数据完整，市场分析科学、客观，结合自身项目准确把握市场发展趋势，明确竞争对手的优势和劣势及公司的优势和劣势	5	
营销实战	营销策略具有创新和对顾客具有潜在的吸引力，成本及定价合理，营销渠道顺畅，有一定创新	5	
项目可行性分析	项目、服务或产品的各项分析和预算的可行性较高、运营计划明确	10	
撰写水平	整个计划书规范，前后逻辑紧密，语言流畅，内容全面、系统、科学性强	10	
合计		100	

理论解读

(一)封面

创业计划书撰写(一)

(1)撰写目的：提供项目基本信息。

(2)撰写要求：精心设计、排版美观。

(3)撰写技巧：内容准确，简洁规范，体现项目特色。

(4)撰写内容：项目名称、公司名称、公司 Logo、成稿时间。封面次页可提供更详细的信息，包括：公司或项目名称、网址、公司电话、传真号、电子邮件、地址、邮政编码、指定联系人、职务和电话。

(二)目录

(1)撰写目的：便于查看、阅读。

(2)撰写要求：精心设计、排版美观。

(3)撰写技巧：内容准确，可采用自动生成，但要注意美观。

(4)撰写内容：章、节、目、对应页码。

(三)摘要

创业计划书正文之前的概况部分，一般是标题、概况或摘要。

(1)撰写目的：浓缩创业计划书之精华，反映商务之全貌，阐述项目价值性、盈利性、潜力性、可持续性。它让阅读者对项目能有一个快速的了解与掌握，从而产生兴趣，并渴望得到更多的信息。

(2)撰写要求：简短、精练、生动、中肯，一般控制在 1～2 页，在两千字左右，重点说明本项目为什么值得投资、值得信任并具有独特性。

(3)撰写技巧：可在创业计划书其他部分都完成之后再撰写该部分，从每一部分的关键语句、关键事实和重要的数字中提取内容。撰写后需要反复修改，尽可能地简明扼要。

(4)撰写内容：公司介绍，所属产业及趋势，产品(服务)和业务范围，目标市场和发展前景，竞争优势，营销策略和销售计划，生产运营计划，团队及其组织，投资和财务分析，招股说明，基本结论等。具体内容可以根据项目的目录主体内容而定，参见表 7-2-2。

表 7-2-2　创业计划书之摘要的撰写

项目	内容
1. 摘要	回答为什么这是一个值得投资的项目 简述创业计划书的重点和要点，以便读者能够在最短的时间内评审计划并做出判断

续表

项目	内容
1.1 企业(新创业务概况或企业概貌)	回答为什么这是一家具有潜力的好公司 简述新办企业或新创业务，所处的行业，经营范围，经营理念，企业规模，企业简要的发展史
1.2 产品(服务)和业务范围	回答企业主要产品(服务)的核心内容 简述产品(服务)是什么，产品(服务)市场定位
1.3 目标市场和发展前景	回答谁是目标顾客，解决什么顾客痛点，目标市场容量 简述行业和市场，主要客户群，顾客痛点，市场结构，细分市场和机会市场的大小和成长率，预期的销售量和销售额
1.4 项目优势	回答项目优势何在 简述企业和项目的核心优势，如产品(服务)、技术、供货期、原材料方面的优势
1.5 营销策略和销售计划	回答企业如何将产品(服务)有效快速传达给目标客户 简述营销策略(产品策略、定价策略、渠道策略、促销策略)，市场份额，销售计划
1.6 产品研发计划	回答产品研发状态，技术水平 简述新产品的技术领先程度，后续发展与专利等保护性状态
1.7 生产运营计划	回答企业生产的可行性 简述生产设备，生产流程，生产周期，生产条件，环境保护措施
1.8 团队及其组织	回答创业团队与组织的可靠性 简述管理组织，创业带头人和创业团队的主要成员及背景(管理经验、经历、技术专长)，团队精神等
1.9 投资与财务分析	回答项目成本，经济性，盈利性，收益潜力，资金需求 简述毛利率，利润，期望盈利率，达到盈亏平衡点时间，投资回收期，投资回报，财务报表结论，招股说明
1.10 基本总论	回答总体结论 简述总体结论，阐明该项目的特别性和市场潜力

(四)行业、公司及其产品和业务

对行业、公司及其产品和业务的介绍是创业计划书正文的第一大部分。

(1)撰写目的：让阅读者对项目所处行业、企业的基本情况、产品(服务)有所了解。

(2)撰写要求：语言简练，凸显行业的前景、企业的理念和产品的独特性。

创业计划书撰写(二)

(3)撰写技巧：这是非常重要的一部分，内容必须可靠，实事求是，不要过多地堆砌术语。表达的事实和文字应该是语言逻辑性强且易让人接受的，尽可能地给人留下更深刻的印象，分析时可用一些图表。企业家、投资家、利益相关者所建立的是一种长期合作的伙伴关系，因此要重视自己所写承诺的可行性，若不能兑现承诺，企业的信誉必然会受到极大的损害。

(4)撰写内容：企业、行业分析、商机分析、产品(服务)或公司主要阶段战略等内容，参见表 7-2-3。

表 7-2-3　创业计划书之公司、行业、产品(服务)的撰写

项目	内容
2. 公司、行业、产品(服务)	回答行业、公司和产品均具有很好的前景 简述公司成长性，行业前景，公司愿景、使命和目标，商业模式，发展战略
2.1 行业	回答行业的前景性良好 阐明行业发展程度和发展趋势，行业总销售额和总收入，行业平均收益率，行业竞争态势，行业受环境，影响其发展的关键因素
2.2 公司和公司理念	回答公司是一个可靠的、有价值的公司 阐明公司名称，注册资金，股份结构，经营的性质和范围，经营理念，发展战略，发展历史，企业规模，盈利情况，市场和客户情况。若是拟创公司，主要说明拟创建时间、发展方向
2.3 主要产品和业务范围	回答企业主要产品(服务)的核心内容，定位，独特性和价值性 阐明产品(服务)的概念、性能及特性，解决的痛点问题，产品(服务)技术价值和应用价值，产品的品牌、专利权、著作权、政府批文、鉴定材料等，产品的研究、开发过程和未来计划
2.4 商业模式	回答公司商业模式创意和未来价值 阐明商业模式基本要素，商业模式画布
2.5 公司发展战略	回答公司未来发展的前景与主体战略 阐明公司已有明确的发展战略与发展目标，公司发展的速度，第 1 个 5 年中要发展规模

(五)市场调研和分析

创业计划书正文的第二大部分。这是商业计划书中最难准备的一部分，也是必不可少的一部分。公司的战略发展、生产计划、销售计划与财务计划均要依赖于这部分的数据。因此，这部分的数据的可靠性至关重要。

(1)撰写目的：向阅读者展示公司能从容地应对竞争的并拥有能在一个成长行业中

攫取较大的市场份额的能力。

(2)撰写要求：语言简练，数据可靠，分析与推断具有逻辑性。

(3)撰写技巧：对市场的预测应建立在严密、科学的市场调查基础上；市场趋势本来就影响因素多、变幻不定、难以捉摸，因此应尽量扩大收集信息的范围，重视预测手段和方法的科学性，重视数据来源的可靠性。市场预测不能凭空想象，否则会害人害己，因为市场预测失误是导致企业经营失败的主要原因之一。市场预测可以通过一手或二手资料获得相关数据，其中通过查阅行业报告和文献获得二手资料获得数据，成本比较低但往往针对性不足，但要标明出处。许多细分的市场和关键性的数据有必要做市场调查，获得更可靠、更有针对性的一手数据。

(4)撰写内容：市场现状综述，竞争厂商概览，目标顾客和目标市场，本企业产品的市场地位，市场区域和特征等，参见表 7-2-4。

表 7-2-4　创业计划书之市场预测的撰写

项目	内容
3. 市场分析	回答公司产品(服务)市场发展前景良好 简述客户是谁，产品(服务)在价值链的哪一环，市场规模，市场增长率，市场占有率，市场需求，企业机会
3.1 目标客户	回答公司能准确地解决目标顾客问题并获得他们的信任 阐明细分市场及目标客户是谁，目标客户是如何确定的，客户为什么需要解决这个问题，对客户有什么价值，目前是否有相关客户，已获得多少订单
3.2 市场规模与趋势	回答目标市场容量足够大且具有发展潜力 阐明市场状况，市场规模，发展趋势，影响因素
3.3 竞争和竞争优势	回答公司具有足够的竞争优势 阐明公司现有和潜在的竞争者，公司竞争优势与劣势，产品(服务)的替代品，是否存在有利于本公司的市场空档
3.4 销售额和市场份额	回答公司拥有足够的预期销售量，并在市场有一定地位 阐明公司市场销售量，销售量的增长，市场占有率，市场地位，对市场价格的话语权
3.5 市场发展评估	回答市场发展趋势良好 阐明与产品(服务)相配套的市场发展和深度开发计划

(六)营销策略和销售计划

创业计划书正文的第三大部分。描述如何通过管理达到未来预期的销售业绩。

(1)撰写目的：让阅读者确信预期销售量的实现的前提是拥有可靠依据和可行策

略的。

(2)撰写要求：讲明要做什么、如何做、何时做以及由谁做。营销是实现企业经营目标的关键性因素，也是企业经营中最富挑战性的环节，除非投资者自身具有渠道等市场要素，否则没有合理的营销方案很难让项目落地。

(3)撰写技巧：围绕4P，即产品(Product)、价格(Price)、渠道(Place)、促销(Promotion)展开，说明企业以适当的产品、适当的价格、适当的渠道和适当的传播促销推广手段，将适当的产品和服务投放到特定市场。

(4)撰写内容：总体营销战略，包括：总体营销策略、产品(服务)策略、定价策略、渠道策略和促销策略，参见表7-2-5。

表7-2-5　创业计划书之营销的撰写

项目	内容
4. 营销策略	回答公司拥有切实可行的市场营销策略 简述产品(服务)细分市场的营销计划，包括营销目标及4P或4C
4.1 总体营销战略	回答公司特有的营销理念与营销战略，市场机会是真实可信的 阐明公司如何识别目标客户，如何确定市场，如何与目标客户建立联系，如何获得客户信赖，如何开拓市场
4.2 产品(服务)	回答公司采用什么产品(服务)策略 阐明企业提供给目标市场的产品(服务)的总体情况，包括产品效用、质量、外观、式样、品牌、包装、规格、服务、保修、售后保证等
4.3 定价	回答公司采用什么定价策略 阐明定价的原则，定价的策略，基本价格，折扣价格，付款时间，借贷条件，价格体系如何让顾客接受，与竞争对手价格差异，对竞争的意义，价格与市场份额、成本和利润之间关系，企业出售产品所追求的经济回报等
4.4 渠道	回答产品(服务)采用何种分销渠道策略 阐明分销环节如何设置，如何选择，如何分利，规模多大，利益如何分成
4.5 促销	回答公司采用什么促销策略 阐明企业如何吸引目标客户，企业如何利用各种信息载体与目标市场进行信息的交流与传播，广告、人员推销、营业推广与公共关系策略设计

(七)技术研发计划

创业计划书正文的第四大部分。简述新技术新产品领先程度、后续发展与专利等保护性状态。

(1)撰写目的：让阅读者确信技术是领先的、适用的，且风险可控；研究团队具有一定的研发实力，可以通过深入研究进一步达到更高的水平，跟上市场的变化，且保持一定的领先性；研发投入的成本是可控的，在企业可承受的范围内，技术具有有力的保护措施。

创业计划书撰写(三)

(2)撰写要求：主要从总体效果、先进性程度、竞争性、经济性、适用性、持续性、保护性上加以说明。

(3)撰写技巧：深入浅出，简明扼要，不要过多地说明技术方面的内容和细节，注重说明技术的适用性、竞争性、经济性、持续性。注意技术的保密性，篇幅不宜太长。

(4)撰写内容：技术开发状态，技术风险，技术改进，开发成本，技术保护等，参见表 7-2-6。

表 7-2-6 创业计划书之技术的撰写

项目	内容
5. 技术计划	回答公司采用怎样的技术研发战略 说明拥有可靠的技术保障，能为公司提供竞争力
5.1 技术开发状态	回答公司技术研发的进展程度，技术拥有先进性、可靠性、实用性 阐明公司有什么技术，有多少新产品与新工艺，处于何种研发阶段(实验室、小试、中试、大试、批量生产)，实用效果如何，有无专利，保密性如何
5.2 技术风险	回答技术风险是有限的和可控的 阐明技术研发的进度控制风险，效果风险，竞争风险，泄密风险等
5.3 技术改进	回答公司具有技术持续研发能力，有可靠的、先进的技术保障 阐明后期技术研发工作计划，研发投入，研发关键人员，研发设施与保障，研发预期结果
5.4 开发成本	回答技术研发投入与成本等相关问题 阐明技术研发预算包括人工成本，原材料成本，咨询费用，设备，专利等；可预期收益，后期可能发生的投入，投入产出的效益预估
5.5 技术保护	回答公司对核心技术拥有良好的保护措施 阐明已拥有专利、商标、版权和知识产权，列出已拥有的排他性权利或专有权的各种合同或协议，未解决的问题

(八)生产运营计划

创业计划书正文的第五大部分。描述公司产品的生产设备、生产流程、生产周期、生产条件、环境保护。

(1)撰写目的：让阅读者确信生产和运营计划是可靠的，具有可操作性。

(2)撰写要求：讲明生产与营运的各项内容做什么、如何做、何时做以及由谁做。

(3)撰写技巧：围绕生产组织(选择厂址，布置工厂，组织生产线，实行劳动定额和劳动组织，设置生产管理系统)和生产计划(控制生产进度、生产库存、生产质量和生产成本等)展开，把逻辑理清，不需要面面俱到，重点选择关键的影响因素。

(4)撰写内容：生产与运营计划，生产计划，特别是新产品投产计划，地理选址，产品制造和技术设备现状，技术提升和设备更新的要求，质量控制和质量改进计划等，参见表 7-2-7。

表 7-2-7　创业计划书之生产与运营的撰写

项目	内容
6. 生产运营	回答公司采用的生产与运营战略 简述生产与运营总体安排，说明生产与运营是可靠的，各项细节均已做考虑与安排，能保障项目的有效实施
6.1 生产计划	回答生产与运营计划安排 阐明生产线安排，产品组装，劳动力，生产需要的原料，物料需求计划及其保证措施，生产循环的交付时间，库存安排，质量控制，生产控制，库存控制，如何处理季节性生产任务安排，有关的固定成本和变动成本的情况
6.2 地理选址	回答公司具有可落地的生产场所且布置合理 阐明区域选址(劳动力可得性、运输使得性、当地法律、土地可得性、综合成本)，地点选址(依据、运输便利性、当地法律)，选址计划(计划的地理选址，购买或租房、租地合同)，内部布置
6.3 设施和改善	回答生产设备、生产线配置及发展计划 阐明现有设备配备与购置，设备的引进和安装情况，供应商，设备成本，运营成本，设备更新的要求，今后 3 年如何以及何时扩充场地和设备、改善或增加现在工作场地、转移设施的计划等
6.4 许可证等	回答生产过程符合法律要求 阐明生产环境许可情况，包括开业或生产许可证，环境评审许可，健康许可，质量许可等
6.5 质量保障	回答产品质量有可靠保障 阐明质量保障方法和手段，质量管理体系，质量控制和质量改进计划等

(九)团队及其组织

创业计划书正文的第六大部分。简述管理组织，创业带头人和创业团队的主要成员及背景(管理经验，技术专长，技能)。

(1)撰写目的：让阅读者确信组织结构合理，体制设计合理，重要职位已有人选。

(2)撰写要求：公司的管理机构，主要股东、董事、关键的雇员、薪金、股票期权、劳工协议、奖惩制度及各部门的构成等情况明晰展示出来，突出团队成员对企业发展的支撑作用，突出团队成员互补性，要展示公司管理团队的战斗力、独特性及凝聚力。

(3)撰写技巧：突出亮点，有人物介绍，图文结合，说明关键成员的背景和重要贡献。

(4)撰写内容：组织结构，关键管理人员，管理团队，关键技术人员等，参见表7-2-8。

表 7-2-8　创业计划书之团队的撰写

项目	内容
7. 管理团队	回答公司具有关键的人力资源和合理的组织结构简述组织结构，管理体制，关键人物，利益分配，主要利益相关性
7.1 组织结构	回答企业组织结构的合理性 阐明公司组织结构，股东会，董事会，股权分配，主要股东名单，包括认股权、比例和特权
7.2 关键管理人员	回答关键管理人员构成及主要职责、报酬体系 阐明公司的董事会成员和背景资料，关键管理人员主要职责、工作经历、实际经验，公司报酬体系
7.3 关键技术人员	回答关键技术人员构成及其主要贡献 阐明拥有核心的技术人员经历、贡献和报酬

(十)投资与财务分析

创业计划书正文的第七大部分。描述利润，期望盈利率和盈利持续时间，达到盈亏平衡点时间，投资回收期，投资回报率，主要财务报表结论。

(1)撰写目的：让阅读者确信项目的赢利性和可持续性，说明企业的未来价值。

创业计划书撰写(四)

(2)撰写要求：财务规划需要花费较多的精力来做具体分析，其中就包括现金流量表，资产负债表以及损益表的制备，要求数据可靠，计算正确，关键数据清楚。流动资金是企业的生命线，因此初创企业或企业扩张时，对流动资金需要有预先周详的计划和严格的过程控制。损益表反映了公司的赢利状况，是企业在一段时间运作后的经营结果。资产负债表则反映了某一时刻的企业状况，投资者可以用资产负债表中的数据得到的比率指标来衡量企业的经营状况以及可能的投资回报率。

(3)撰写技巧：可以用财务报表，用关键数字说话，再配合少量结论性文字。

(4)撰写内容：预计的资产负债表、损益表、现金流量表，资金的来源和使用，退出机制。参见表 7-2-9。

表 7-2-9　创业计划书之投资与财务分析的撰写

项目	内容
8. 投资与财务计划	回答公司的投资、财务计划和未来价值 简述利润，期望盈利率和盈利持续的时间，达到盈亏平衡点的时间，投资回收期，投资回报率
8.1 财务报表	回答关键性财务数据，反映财务状态 阐明损益表，资产负债表，现金流量表
8.2 财务分析	回答主要财务数据的合理性 阐明利润，期望盈利率，达到盈亏平衡点时间，投资回收期，投资回报，资金使用，成本控制，税金等
8.3 融资和招股	回答今后 3 年发展、扩张所需资金额，期望融资情况和招股说明 阐明投资数额，筹资资本结构，融资需求，融资方式，融资成本，获取风险投资的抵押，担保条件，投资收益和再投资的安排，招股说明，投资者介入公司经营管理的程度，股权利润分红计划
8.4 退出机制	回答公司设计有合理的投资退出渠道，能让现有投资者在合适的时间退出，且能不影响公司的正常发展 阐明公司股份退出通道与机制，如转让、上市、内部人收购等。若计划上市，则对公司上市的可能性做出分析，对上市的前提条件做出阐明。若回购，说明股权回购计划

(十一)风险分析

创业计划书正文的第八大部分。描述可能存在的风险。

(1)撰写目的：让阅读者了解项目风险已做事先的预测，并在可控范围。

(2)撰写要求：详细说明项目实施过程中可能遇到的风险，提出有效的风险控制和防范手段。

(3)撰写技巧：抓住一些关键性的要素，重点说明风险的可控性。

(4)撰写内容：技术风险，市场风险，管理风险，财务风险，其他不可预见的风险。参见表 7-2-10。

表 7-2-10 创业计划书之可能存在的风险撰写

项目	内容
9. 风险分析	回答公司风险源和风险的可控性 简述风险源和风险控制、防范的有效手段
9.1 技术风险	回答技术风险程度和可控性 阐明潜在技术风险来源、技术风险控制和防范手段，特别是产品、生产工艺、质量等关键技术的风险
9.2 市场风险	回答市场风险程度和可控性 阐明潜在市场风险来源，特别是市场影响因素和竞争因素带来的风险，风险控制和防范手段
9.3 财务风险	回答财务风险程度和可控性 阐明潜在财务风险来源、风险控制和防范手段，特别是销售资金回收、投资估算不足、借款计划不到位等风险
9.4 其他不可预见的风险	回答其他不可预见的风险程度和可控性 阐明潜在风险来源、风险控制和防范手段，特别是不可抗力的风险等

（十二）检查

在创业计划书写完之后，创业者应反复检查计划书，检查该计划书是否能够准确回答投资者的疑问，是否能够争取投资者对本企业的信心。通常，可以从以下几个方面对计划书加以检查：

(1)检查创业计划书中是否有计划摘要并将其放在了最前面，摘要是否引人入胜，字数是否合理。

(2)目录是否正确，内容阐述是否简明扼要、条理清晰、内容完整，特别是投资者关心的内容是否准确说明。

(3)语言是否通畅易懂，意思是否表述精确，表达是否开门见山。

(4)数据是否正确，关键信息是否有可靠来源。

(5)总体篇幅是否合理控制，初次提交的计划书页数一般可控制在 30 页左右。

(6)注意重要信息的保密性，是否泄露不必要的保密性信息。

(7)检查创业计划书中的承诺是否能够实现，是否能保障计划的实施，是否有能力达到一定的市场销售量，是否能保障利润，是否有能力偿还借款。

案例练习

【案例阅读】

我为什么不投你①

投资人通常比较喜欢哪些项目，或者说一般会从什么角度去判断、投资一个项目？我们判断一个项目好坏的标准或是原则是什么？

(1)找机会加找人：投资人一生所寻觅的两件事。

作为投资人，其实只做两件事情。第一件事是找机会；第二件事是找人。什么是机会？机会是未来发展的趋势，而不是现在流行的风口。投资人从投资中获取两部分钱，一是企业成长所带来的钱，这是投资人最重要的投资收益来源；二是证券市场外和证券市场内的差价，这体现的是投资人资本运作能力。投资人要获得第一部分内容的投资收益，需要时间，他不会去关心现在流行的是什么行业，而是未来的发展趋势是什么。如果现在流行什么投什么，那不是投资，是投机。投资人往往是从社会变化发展的趋势中，把握未来的经济发展趋势，寻找投资机会。从中国三十多年社会发展的趋势看，现在过剩的产业领域、现在短缺的产业领域、科技发展新需求创造出来的领域，都存在好的投资机会。

所谓找人，就是找团队，找能够把投资人认为有前途的事情做好的团队。投资人主要从四个方面看团队，一是领头人的特质；二是团队成员能力结构和公司业务特点的匹配度；三是团队成员的运营能力；四是团队的价值观。好团队才有可能把好项目做起来。看人很难，见面、交流、背景调查的确很重要，但有时会过于主观。因此，不仅要见团队，还要看他们的运营数据，从数据中去研究团队的运营思路和战略规划落地能力。

(2)“市场趋势＋可复制性＋持续需求”的项目才会受欢迎。

符合未来发展趋势的项目，并非都是投资人选择的目标。有些投资项目难以复制，无法做大。如早教门店，线下的一家家店都需要找到好的老师并悉心经营，很难复制做大；有些项目的需求是阶段性的。比如，高铁建设相关的产品，最近几年需求旺盛，但持续期可能有限。

投资人之所以愿意冒风险投资于一家企业，是为了能够获得超额利润。而企业的成长是需要时间的。因此，投资人最喜欢的项目，应该具备这样的特征：符合未来发展趋势、具备可复制性、需求是长期持续的。

(3)一笔投资成功的原因是什么？一切皆有缘。

---

① 卢艳峰：《让企业者不再孤独》，北京，红旗出版社，2017。

缘分很重要，其实缘分背后也有很多必然的因素。

作为投资人，每天看的项目太多了，漏掉的好项目也很多。因此，第一印象很重要。一些企业家或创业团队往往存在一个误区，认为自己说得越多越好，实际上是要用非常简短的语言把项目说清楚，留下更多的时间让投资人提问题，获得跟投资人交流的机会。交流往往比企业家或创业团队喋喋不休的介绍重要。

介绍的内容要落地，也就是要对自己所做的事情、周围的环境、可能遇到的困难有深入的思考和深刻的认识。如果说不出自己可能存在的困难和存在的风险，投资人会怀疑你对这件事情没有做详尽的调研。投资人不喜欢创业者以表决心或作保证的方式应对投资人的疑虑。对赌是项目失败后的解决方案，而不是投资人最初的目的。

现在媒体上到处充斥着哪个哪个项目估值多少亿美元的融资神话，导致很多创业者给自己的项目提出天价的估值。实际上，估值是有依据的。估值的高低主要取决于创业团队、项目所处阶段、项目运营数据。因此，创业者要想成功融资，应调整心态，给自己的项目一个合理的估值。

【案例讨论】

创业者与风险投资者之间的关系？他们对项目追求有什么共同之处和不同之处？

第三节　电梯演讲与路演

【学习目标】

1. 了解什么是电梯演讲，学会电梯演讲基本方法；
2. 了解路演的核心要素，掌握路演的基本方法；
3. 完成一场模拟路演。

实践体验

(一)项目 1：电梯演讲

建议实践学时数：2 课时

1. 活动规则和前期准备

每个同学对自己选择的一个创意项目做 60 秒的电梯演讲。以小组为单位，3～5 个同学为一个小组，每个小组同学选出团队最优秀的组员进行电梯演讲，并给其他组演讲同学评分。

演讲的内容：自我介绍、创意项目介绍、为什么值得投资、公司优势，还可以根据自己的想法作一些内容调整。

学生评委和老师评委可以提问，也可以不提问，且提问没有时间限制。

最后评选出优胜者，成绩计入小组成绩。

2. 评分表

表 7-3-1 电梯演讲评分表

序号	内容	分值	得分
1	语言风趣、精彩、有吸引力，能打动人	30	
2	内容精辟、条理清晰，目的明确	40	
3	仪表仪态自然、得体，亲和力强	30	
	合计	100	

(二)项目 2： 路演练习

建议实践学时数：2 课时

1. 活动规则和前期准备

根据小组的创业计划书，进行一次模拟路演练习。

3～5 个同学为一个小组，每组准备一个创业计划书，并制作路演所需要的 PPT，准备 20 分钟的路演展示，10 分钟答辩。

2. 路演评价表

表 7-3-2 路演评价表

模块	指标	要素	分值	得分
项目情况	创业背景描述	公司概要	5	
	问题/痛点描述	想解决什么问题	5	
	解决问题方法	怎样解决问题	10	
	机会和目标市场	市场有多大，市场占有率，营销策略	10	
	产品(服务)和技术	产品和技术核心竞争力是什么	10	
	竞争	有多少竞争优势，能否持久	10	
	创始人、团队介绍	股权结构、团队结构和背景	10	
	财务规划	主要财务指标	10	
	融资计划	融资计划、风险回避和退出机制	5	
现场情况	思路清晰，逻辑严密，语言简洁		5	
	回答问题准确、通畅		10	
	精神饱满，自然大方		5	
	PPT 结构清晰，内容完整，重点突出，形式美观		5	
总分	满分 100 分，总分超过 70 分为项目通过		100	

理论解读

电梯演讲与路演

(一)电梯演讲

1. 电梯演讲起源

创业项目路演

电梯演讲(Elevator Pitch),也称30秒电梯理论、电梯法则,即用极具吸引力的方式简明扼要地阐述自己的观点。

电梯演讲源于麦肯锡公司(McKinsey&Company)的一次沉痛教训。麦肯锡公司曾经为一家重要的大客户做咨询。咨询结束的时候,麦肯锡的项目负责人在电梯间里遇见了对方的董事长,该董事长问麦肯锡的项目负责人:“你能不能说一下现在的结果呢?”由于该项目负责人没有准备,无法在电梯从30层到1层的30秒钟内把结果说清楚。最终,麦肯锡失去了这一重要客户。从此,麦肯锡要求公司员工凡事要在最短的时间内把结果表达清楚,凡事要直奔主题、直奔结果。麦肯锡认为,一般情况下人们最多记得住一二三,记不住四五六,所以凡事要归纳在3条以内。如今这个方法在商界流传甚广①。

丘吉尔曾经说:“如果你让我说2分钟,我需要用3周时间准备;如果你让我说30分钟,我需要用1周时间准备;如果你让我说1小时,我现在就准备好了。”说明越是简短的讲话,越需要充足的准备,也说明语言简化是一门艺术。1948年,英国牛津大学举办了一次“成功奥秘”讲座,邀请英国首相丘吉尔讲演。丘吉尔演讲时只讲了一句话:“My Secrets of Success is never give up, never never give up, never never never give up.”成为世界上最简短的演讲之一。

2. 商务计划电梯演讲要领

(1)基本要求。

时间要求:控制在30~60秒,核心内容字数150~250个字。

情境要求:即兴演讲,不受场所限制,不用稿子。

内容要求:紧紧围绕主题,内容精辟,深刻精彩。

结构要求:前奏,吸引对方;引言,引入话题;正文,简述主要论点;总结,简述核心结论;结尾,约见下次交流时间。

表达要求:富有吸引力,语言风趣、专业,语速平等,音量适中,表达清晰。

---

① 艾森·拉塞尔、保罗·弗里嘉:《麦肯锡意识》,张涛等译,北京,华夏出版社,2002。

(2)演讲要点。

一是要充分准备。在演讲之前，需做足功课，充分了解对方，了解对方公司需求，了解对方负责人习惯和爱好。事先要在脑海里建立演讲的大纲，建立“观点—论据—结论”的语言逻辑，并反复练习。

二是要学会破冰。建立讲话的基础，以合理自然的方式吸引对方的注意力。

三是要出语惊人。良好的开端等于成功的一半，开头一定要吸引人，要一语惊人。第一句话就要抓住人心，让听者产生兴趣，有强烈想听下去的欲望。

四是要结构清晰。要想打动听众，并使其认可你的商务计划，那就必须让他顺着你的思路走。因此，你的叙述必须思路清晰，富有逻辑，且语言生动；要事先理清头绪，比如想重点表达什么？特色在哪里？解决什么痛点问题？价值何在？合作会给他带来什么？你的结论和观点是什么？

五是要讲究艺术。语言上要简明扼要，做到开门见山，直奔主题，抓住关键，结论明确；逻辑上强调要具有说服力，从对方利益的角度去建立逻辑；内容显示上要与众不同，令人耳目一新；语态上要诚恳；仪态上要礼貌大方，面带微笑，在说话的时候注视对方的眼睛。

六是控制节奏。“破冰—引言—正文—结论—结尾”的整个过程要合理分配时间。最后，要用关键性结论打动对方，争取到下一次交流机会。

七是明确目的。电梯演讲的目的是为了激发听众对项目的好奇心，给你下一次见面的机会。

(二)路演

路演(road show)，顾名思义，是指在马路边进行的演示活动。来源于早期华尔街，当时股票经纪人在兜售手中的债券时，为了说服别人，总要站在街头声嘶力竭地叫卖。到后来，虽然有了交易大厅、有了先进的电子交易手段，但路演的习惯还是保留了下来，成为国际上广泛采用的股票发行推介方式，后又广泛用于各类推销性演说。商业计划书路演是指创业者通过演讲方式向投资人推销自己的项目的方式。

1. 路演的准备

(1)收集听众的资料。任何演说都是为了打动听众，让其接受你的观点、想法和思想，或作出你希望的决策和行为。因此，路演要想获得成功，就要尽可能多地收集听众的信息，所谓“知己知彼，百战不殆”。如果你的商务计划要与其他对手一起竞争，那么了解竞争对手的信息资料也十分必要。了解信息时要注意以下几点，一是注重收集对方可能存在的诉求，并对其诉求进行价值排序；二是要了解关键决策人和决策习惯，尽可能与决策者建立一定的关联关系，任何千丝万缕的关系如毕业于同所学校、有共同的爱好、同在一个城市生活过、有共同的朋友或熟悉的人等都可能有利于打开话题，创造更为宽松的对话环境；三是要了解自己商务计划中哪些内容最能打动对方；

四是要充分了解竞争者对手并与自己的力量进行对比，哪些方面是对方能打动投资人而自己不能的，如何修补这个缺陷。

(2)收集好演讲地点、环境、时间、参与者等要素。场地的大小决定着参与人数的多少，大场地演讲与小会议室演讲所适合的风格有所不同。场地条件的不同也会影响演讲的效果，不同的场所可能对PPT和影像资料的格式会有不同的要求。时间方面也要注意，一是演讲是不能迟到的，需要提前到会，给自己留下熟悉环境和心理准备的时间，甚至在有可能情况下提前调试一下PPT和影像资料，了解一下话筒的音量，操作一下控制设备，非常重要的演讲也可考虑提前一天去熟悉场地。二是演讲时间具有一定的要求，如要求你20分钟结束演讲，你必须在20分钟内结束，要严格控制时间，不能超时。

(3)宣传手册、产品样品、合同书和专利书原件、服装、名片等准备。现场可能用到的宣传手册、产品样品要事先准备好，项目的宣传册可以展示更多的内容，为自己节省演讲的时间；一些项目产品的样品展示，也可以让投资者更直观地感受产品的用途、质量和价值，甚至可以准备一些竞争产品进行对比；一些合同书与专利书的原件展示，可能会更引起投资人的关注，也会获得更多的信任。演讲者的服装也是很重要的细节，一般情况下，身着正装比较保险，表示重视和尊重。当然若一些项目本身与服装有关，如面料、图案设计、服装设计等，身着印有公司LOGO的T恤或公司标志的衣物等可以展示自己产品的独特性，加深评委的印象。

(4)PPT和音像等播放资料准备。PPT内容应该简明扼要，只包含主要标题和一些解释性语句。人们习惯于把PPT的内容制作得很详细，但是过多的信息会干扰听众的注意力，从而达不到预期的效果。一般20分钟的演讲12张左右的PPT即可，不能过多。不同的用处需要准备不同的PPT，要根据听众和时间作适当的调整。PPT的制作以简洁为主，可配图片、数据图。

(5)演讲者准备。是一个人演讲还是有团队成员参与共同演讲，这与举办方的要求有关。但许多路演举办方并不作演讲人数的规定，由路演者自己决定。一般来说，创始人更加了解项目，演讲会更有感染力，让投资人感觉项目更可靠，更可能落地。但若创始人不善演讲，也可考虑由核心队员来担任主讲人，或采用分工的方式进行团队演讲。一个人的演讲更容易控制听众的节奏，让听众集中注意力，思路上会更连贯。团队式的演讲可以让团队成员有机会亮相，能表明团队的实力，有些技术性、市场性、财务性的问题可能会说得更专业。有些时候，也会采用一人演讲，多人回答的方式，由专业人员回答专业性问题。

(6)演讲准备。反复练习演讲可以修改在练习过程中出现的问题，也能让演讲者更熟悉自己的演讲资料，能准确控制演讲的时间，并能在许多不利情况出现时随机应变。

2. 路演技巧

(1)不能过于依赖 PPT 和音像资料。路演中，演讲人是核心，要让听众将更多的注意力集中于演讲人。事实上，商务计划投资的关注因素是人，若创始人或团队不值得投资，那么看起来再好的项目可能都不值得投资，人的风险往往是很大的。因此，在投资人的考量中，一方面是看项目的可行性；另一方面是看创始人和团队的可靠性。幻灯片的作用只是提供一个总体的框架以及强调发言的重点。

(2)语言要生动有趣，充满激情。路演时要充分表达自己对项目的信心，通过肯定的语言、激昂的语调、配合手势展现你的激情，去感染投资人。一些自己的故事或用户的故事，可以更好地表达项目的意义、价值和创业者的决心，让听众更有带入感。表达时要真实、真诚，让人有脚踏实地的感觉；要能用通俗易懂的语言表达，不能用过多太生涩的技术术语，关键性难懂的技术术语需要解释，或打个比喻加以说明。

(3)要注意仪表仪态。演讲时，身体要适当，不能过度紧张。身体要自然挺立、放松，不能僵硬。演讲时的视线要积极地与听众交流，将自己关注力相对集中于对自己项目有肯定意向的听众。表情要自信，回答问题时可略微笑，对任何问题都要泰然处之。麻省理工学院的一项调查结果表明，沟通涉及三个层面，视觉(身体语言)占 55%，声音(语音语调)占 35%，口头表达(用语用词)占 7%，可见身体语言的重要性①。有时，为了调动听众的积极性，也可以设计一些简单的互动，吸引听众的注意力，调动听众的积极性，还可以通过自问自答的方式节省时间，同时避免冷场。

(4)演讲的内容要精练。20 分钟的演讲要尽可能地突出项目的重点和要点，避免对一些次要方面有过多的赘述。特别要注意的是，重点和要点必须是从听众的角度去思考，而不是自己认为或自己感兴趣的内容。所传达的信息必须有助于评委或投资人进行决策。许多技术型的创业者在演讲时往往会不由自主地将演讲焦点停留在技术的先进性上，喜欢讲述技术的细节，而投资人可能更关心技术的适用性、可实现性，更关心市场需求量、投资回报率、竞争和风险等。演讲要讲清核心团队、商业模式、技术门槛、市场渠道等，突出项目和团队的优势，讲清如何赚钱。

(5)要注意答辩技巧。对任何提问均需要以简单明了的语言来回答，特别是要尊重对方，不管对方以什么方式提问，回答问题不能情绪化，不能答非所问。

3. 路演 PPT 的制作和演讲

(1)PPT1：项目名称、公司名称、标志、创始人(演讲人)姓名、联系方式、日期。演讲重点是项目名称、自我介绍和致谢听众。

(2)PPT2：概要或目录，简要说明将分几个部分讲述。

(3)PPT3：问题或痛点。说明亟待解决的问题，问题的严重性和解决的迫切性，

---

① 布鲁斯 R. 巴林杰：《创业计划书：从创意到执行方案》，陈忠卫等译，北京，机械工业出版社，2016。

说明现有解决问题方法存在的困境以及公司为什么要去解决这个问题，可以用故事和权威调研数据来辅助说明。

(4)PPT4：解决问题的方法。说明公司对问题的解决方案，以及与以往方案或竞争对手方案的不同之处(如技术先进之处或成本减少情况)。展示解决方案的价值，可从用户、投资人和社会三个角度出发，并简要说明这种优势的可持续性。

(5)PPT5：机会和目标市场。说明目标市场规模、潜在的机会、自己目前或未来(3 年或 5 年)的销售量、销售额和市场份额，销售渠道，主要销售策略。尽可能用数据说话。

(6)PPT6：产品(服务)和技术。介绍产品(服务)及其技术。突出技术功能优势，不要讲细节，不可堆砌大量枯燥的专业术语和数据，可展示样品，可用专利、获奖等等说明其先进性。

(7)PPT7：竞争。详述直接的、间接的和未来的竞争者，分析自己和竞争者，进行优势和劣势对比，说明自己的竞争地位，说明自己的竞争优势和保持优势的可能性。

(8)PPT8：商业模式。展示商业模式画布，表述利润的来源。

(9)PPT9：创业团队和股权结构。说明现有的管理团队、技术团队构成、背景、对公司的作用，说明目前团队的优劣势，突出互补性。还可介绍董事会或顾问委员会成员等。

(10)PPT10：财务规划。公司过去主要财务指标，介绍未来 3～5 年总收入规划、现金流程规划，投资回收期等重要财务数据。

(11)PPT11：融资计划。介绍融资方式(计划融资多少，出让多少股权)和资金筹得后的预期的重大进展和可能的收入增长。

(12)PPT12：结束。

案例练习

【案例阅读】

商务计划电梯演讲案例

案例一：欧阳绮霞

我想解决：父母是孩子最好的老师，我想解决留守儿童缺乏父母言传身教、童年留下永久缺憾的社会问题。

解决方案：

创建一个名叫“晚安，宝贝!”的平台，父母每天可以为远方的孩子在线讲一个故事，或者唱歌、聊天；孩子也可以通过一些游戏互动环节和父母交流，以此来促进父母和孩子之间的感情，让他们更加相爱，让父母懂得如何教育孩子，并和孩子一起成长。

案例二：王磊

我想解决：没钱但是想旅行怎么办?

解决方案：

(1)即刻出发。想帮助18～27岁的旅行者实现边赚钱边旅行的梦想。

(2)我们正在开发一个网站，旅行者可以通过我们的平台出租、共享其自身技能与经验，及其在朋友圈中的广告口碑资源，与平台上的当地商家达成协议，从而实现边赚钱边旅行的愿望。

(3)双赢：充分利用旅行者的技能、经验、口碑以及时间等闲置资源。

案例三：涂升宏

我想解决：40万留学生在中国的旅游、签证、交友等生活问题，为其提供一站式服务。

解决方案：

(1)以旅游产品切入，打开市场。

(2)商业模式为线上线下结合，商家返点，服务收费。

(3)销售模式：新媒体营销，比如采用微信群、进行口碑营销等。

(4)发展战略：解决留学生吃喝玩乐、衣食住行、学习生活的服务和产品。

第四节　创业计划计算机综合实践

【学习目标】

1. 通过实训动手操作形式使学生比较全面地了解完整的商业计划书的要素及内容；
2. 通过实训过程中的对商业背景的分析，提升学生对具体商业项目的分析判断能力；
3. 培养学生使用严谨的数据关系来进行计划书各主要方面的阐述与证明的能力；
4. 培养学生周全、严谨、仔细的分析与逻辑思维能力；
5. 使学生掌握一种具体的商业计划书辅助撰写工具与方法；
6. 通过实训学习到更多创业计划书相关的扩展知识与技巧。

实验介绍

项目名称：创业计划计算机综合实践

创业计划应用是一个围绕如何写好一份完整详尽的创业计划书为主要目标的实训应用，应用中将一套详尽的商业背景调查项目作为背景，背景内包含了包罗万象的各类创业相关信息，包括项目所属行业情况，宏观数据环境，潜在消费群体，市场容量，市场趋势，竞争对手，人力资源情况，物价水平等各类信息。

系统提供了一个自动化的创业计划书撰写模板与工具，内置了一套通用性极强的标准化创业计划书模板，学生需要根据给出的项目背景信息，使用该计划书工具完成一份详尽的计划书撰写任务。

系统提供了学生之间互相评价各自创业计划书及点赞的功能，并提供了好评排行榜，充分增加课堂实训氛围与乐趣，同时也提供了老师为每名学生计划书打分评价的功能，并提供了课程内的得分排行榜，以确保每名学生都能认真完成自己的计划书撰写任务。鉴于创业计划书的撰写本身并无严格的标准及评价体系，系统默认以每名学生对计划书各部分的完成度为标准给予0～100的学习积分，完成整份计划书所有部分撰写的同学将获取到满分。

该应用如果被用于实验室封闭集中式实训教学，授课教师除了围绕创业计划实训本身的规则讲解流程引导及结果评估外，还可以展开引申讲解更多与创业计划相关的其他方面知识，帮助学生进一步拓展知识面与加深理解。

创业计划计算机综合实践学生界面

课时安排

4 课时

内容	课时
教师实训前规则讲解	10 分钟
学生根据一定项目背景撰写计划书	90 分钟以上
邀请学生路演	5 分钟/人
教师总结	10 分钟

使用形式

1. 这是一个计算机网络实训游戏，建议在学校标准计算机实验室内开展教学；

2. 本实验需要在专业教师的统一组织协调下开展，个人学习者无法独立完成该实验；

3. 教师可扫码后点击右方“申请试用”即可获得免费教学账号。

第八章　新企业创建与成长

第一节　成立新企业

【学习目标】

1. 了解企业及法律形式、学会选择合适的法律形式；
2. 熟悉企业注册的相关流程；学会企业注册相关文件的编写；
3. 了解注册企业的相关法律和伦理问题；
4. 企业选址的策略和技巧。

实践体验

新企业创建

建议实践学时数：1 课时

目标：1. 学会选择合适的法律形式；2. 熟悉企业注册的相关流程；3. 学会企业注册相关文件的编写；4. 企业选址策略和技巧。

材料准备：A4 纸和笔。

活动步骤：

(一)介绍素材

小林是一名刚毕业的大学生，拥有一项计算机软件专利，现在他正计划开办一家计算机企业。小林认真分析了他有可能采用的各种企业形式的优缺点。他倾向于创办一家个人独资企业。因为他喜欢自己做老板，可以拥有完全的经营决策权，并且利润全部归自己。但是个人独资企业经营风险较大，计算机行业竞争很激烈，万一经营失败。还要承担无限责任。

小林的大学同学小张愿意出资5万元与小林成立合伙企业。小林觉得合伙企业也不错。合伙人的加入可以使他们有更多的钱开一家更大的企业，分担经营风险，但是合伙企业的经营决策，必须与小张共同做出，利润也需要按照合伙协议分配。

有一家风投公司认为小林的项目很有潜力，提出愿意出资与其成立有限责任公司，小林可以以技术入股，占30%的股份。小林觉得这样的话，风险相对较小，筹到的资金会更多。但是有限责任公司设立的程序比较复杂，创办费用较高，而且法律法规对有限责任公司的要求较为严格，并且自己的股份仅占30%。在公司的一些重大经营决策上需要受其他股东制约。①

现在请你为他们选择一种企业形式，使他们能够顺利办成。

(二)划分小组

以每组4～6人为宜，教师布置小组讨论任务。

(三)为他们选择一种企业法律形式

谈谈为什么选择这种企业法律形式。

1. 分组讨论

2. 小组展示并分享讨论结果

(四)为企业确定公司名称

1. 各小组按照不同类型的公司和综合运用公司特征和经营范围，模拟设立至少五个花名。

2. 小组进行讨论，增强文化气息，利用计算机互联网的简笔联想特点，查询花名首字母，不要出现谐音笑话。小组讨论花名设立时，要重点考虑以注重公司特征和经营范围选择，贴近主营项目；不同类型的公司注册制度也各不同，区别有限公司与其他公司的要求。

3. 展示小组讨论结果，评选最佳公司名称。

(五)企业的选址建议

(六)公司股份结构

股份结构应如何安排？股东会和董事会你觉得应如何安排？

(七)模拟企业注册

1. 划分小组，以每组4～6人为宜。分别模拟创业团队、工商局、税务局、银行、企业注册顾问、行政审批大厅工作人员。

2. 各组在活动前，要查阅相关制度和规定，准备好表格、文件等资料。安排好成

---

① 施永川：《大学生创业基础》，北京，高等教育出版社，2015。

员扮演各类角色。重点了解公司注册过程中应注意哪些问题。

3. 模拟企业注册、税务登记、银行开户等一系列过程，企业顾问组可以随时进行帮忙，力求顺利完成注册程序。

理论解读

(一)企业的概念

企业是从事生产、流通或服务性活动的独立核算经济单位。它是依法设立的经济组织，是在商品经济范畴中，按照一定的组织规律，有机构成的经济实体，一般以盈利为目的，以实现投资人、客户、员工、社会大众的利益最大化为使命，通过提供产品或服务满足社会需求，以换取收入和盈利。企业是社会发展的产物，因社会分工的发展而成长壮大。

成立新企业

(二)企业的类型

企业根据不同的标准也可以分为不同的类型：

1. 根据企业规模划分

根据企业规模大小不同，可分为大型企业、中型企业、小型企业。

2. 根据企业组织形式划分

根据企业组织形式不同，可分为个体企业、合伙制企业、股份制企业。

3. 根据经济成分划分

根据经济成分不同，可分为国有企业、集体企业和私营企业。

4. 根据资源密集程度划分

根据资源密集程度不同，可分为劳动密集型企业、资金密集型企业和技术密集型企业。

5. 根据经营性质划分

根据经营性质不同，可以分为工业企业、商业企业、农业企业、金融保险企业、房产开发企业、交通运输企业、旅游服务企业、餐饮娱乐企业、邮电企业、中介服务业。

(三)企业的组织形式

创业者在创立企业的时候，必须解决的一个重要问题是企业应选择什么样的组织形式，这个决策主要取决于创业者和公司投资者的目标，并考虑纳税地位、承担的法律责任及在企业经营和融资活动中的灵活性。依据我国现行法律规定，个人创立新企业的法律形式主要有合伙企业、个人独资企业、公司制企业(有限责任公司和股份有限公司)等。三种组织形式没有好坏之分，每个企业的优势劣势不同，选择适合自己企业的组织形式非常重要，不同的企业类型有着不同的设立条件和注册要求：

1. 个人独资企业①

根据《中华人民共和国个人独资企业法》，个人独资企业是指依法设立，由一个自然人投资并承担无限连带责任，财产为投资者人所有的经营实体。

(1)设立条件。

①投资者为一个自然人。

②有合法的企业名称。

③有投资者申报的出资。

④有固定的生产经营场所和必要的生产经营条件。

⑤有必要的从业人员。

⑥设立应提交的文件。

⑦大学生本人签署的个人独资企业或个体工商户设立申请书。

⑧大学生身份证明，即大学生本人的身份证和学生证。

⑨企业住所证明。

⑩国家工商行政管理总局规定提交的其他文件。

(2)个人独资企业的优点。

①企业设立、转让和解散等行为手续非常简便，仅需向有关机关登记即可。

②企业主独资经营，制约因素较少，经营方式灵活，能迅速对市场变化做出反应。

③企业资产所有权、控制权、经营权、收益权高度统一。这有利于保守与企业经营和发展有关的秘密，有利于企业主个人创业精神的发扬。

④企业主自负盈亏和对企业的债务的无限连带责任成为强硬的预算约束。企业经营好坏同企业主个人的经济利益紧密相连，因而企业主会尽心竭力地把企业经营好。

(3)个人独资企业的缺点。

①难以筹集大量资金。

②企业主风险巨大。

③企业创新性和开拓性差。

④企业连续性差。

⑤企业内部的基本关系是雇佣关系，劳资双方利益目标的差异带来企业内部组织效率的潜在危险。

2. 合伙企业

2007 年 6 月 1 日，《合伙企业法》正式施行，合伙企业是指依法设立的，由两个或两个以上合伙人订立合伙协议，共同出资、合伙经营、共享收益、共担风险，并且对合伙企业债务承担无限连带责任的营利性组织。合伙企业分普通合伙企业和有限合伙企业

---

① 孙洪义：《创新创业基础》，北京，机械工业出版社，2016。

两大类，有限合伙企业由普通合伙人和有限合伙人组成，普通合伙人对合伙企业债务承担无限连带责任，有限合伙人以其认缴的出资额为限对合伙企业债务承担责任。

有限合伙企业实现了企业管理权和出资权的分离，可以结合企业管理方和资金方的优势。

黑石集团、红杉资本都是合伙企业，《合伙企业法》正式施行后，南海创投等股权投资类有限合伙企业陆续成立。

有限合伙企业设立条件如下：

(1)有限合伙企业由 2 人以上 50 人以下的合伙人设立，但是，法律另有规定的除外；

(2)有限合伙企业至少应当有一个普通合伙人；

(3)有限合伙企业名称中应当标明“有限合伙”字样；

(4)有限合伙人可以用货币、实物、知识产权、土地使用权或者其他财产权利作价出资；

(5)有限合伙人不得以劳务出资；

(6)有限合伙人应当按照合伙协议的约定按期足额缴纳出资；未按期足额缴纳的，应当承担补缴义务，并对其他合伙人承担违约责任；

(7)有限合伙企业登记事项中应当载明有限合伙人的姓名或者名称及认缴的出资数额；

(8)有限合伙企业由普通合伙人执行合伙事务。执行事务合伙人可以要求在合伙协议中确定执行事务的报酬及报酬提取方式；

(9)有限合伙人不执行合伙事务，不得对外代表有限合伙企业。

申请设立合伙企业，应当向企业登记机关提交下列文件：

(1)全体合伙人签署的设立登记申请书；

(2)全体合伙人的身份证明；

(3)全体合伙人指定代表或者共同委托代理人的委托书；

(4)合伙协议；

(5)全体合伙人对各合伙人认缴或者实际缴付出资的确认书；

(6)主要经营场所证明；

(7)国务院工商行政管理部门规定提交的其他文件；

(8)组成灵活，既需有对合伙企业债务承担无限连带责任的普通合伙人，也可以有以其认缴的出资额为限承担责任的有限合伙人；

(9)以实物、知识产权、土地使用权或者其他财产权利出资，需要评估作价的，可以由全体合伙人协商确定，也可以由全体合伙人委托法定评估机构评。

合伙企业的缺点如下：

(1)法律形式的复杂性。合伙制企业是根据合伙人间的契约建立的，每当一位原有的合伙人离开或者接纳一位新的合伙人，都必须重新确立一种新的合伙关系，因而造成了法律上的复杂性，通过接纳新的合伙人，增加资金的能力也就受到了限制。

(2)决策时滞性。由于所有合伙人都有权代表企业从事经营活动，重法规或者国务院规定设立合伙企业须经批准的，还应当提交有关批准文件。

合伙企业的优点如下：

(1)扩大了资金来源和信用能力；减少了银行贷款的风险，使企业的筹资能力有所提高；

(2)让更多投资者发挥优势互补的作用，提高合伙制企业的竞争能力决策都需得到所有合伙人同意。因而很容易造成决策上的延误与差错。

(3)非经营合伙人承担风险较大。所有合伙人对于企业债务都负有连带无限清偿责任，这就使那些并不能控制企业的合伙人面临很大风险。

3. 公司制企业

公司的两种主要形式为有限责任公司和股份有限公司。

有限责任公司是股东以其认缴的出资额为限对公司承担责任，公司以其全部资产对公司的债务承担责任。股份有限公司是将全部资本分为等额股份，股东以其认购的股份为限对公司承担责任，公司以其全部资产对公司的债务承担责任。

根据《公司法》的规定，设立有限责任公司，应当具备下列五个条件：

(1)股东符合法定人数。设立有限责任公司的法定人数分两种情况：一是通常情况下，法定股东数须是50人以下。二是特殊情况下，国家授权投资的机构或国家授权的部门可以单独设立国有独资的有限责任公司。

(2)股东出资达到法定资本最低限额。法定资本是指公司向公司登记机关登记时，实缴的出资额，即经法定程序确认的资本。在中国，法定资本又称为注册资本，既是公司成为法人的基本特征之一，又是企业承担亏损风险的资本担保，同时也是股东权益划分的标准。

有限责任公司的注册资本为在公司登记机关登记的全体股东认缴的出资额。公司全体股东的首次出资额不得低于注册资本的20%，也不得低于法定的注册资本最低限额，其余部分由股东自公司成立之日起两年内缴足；其中，投资公司可以在五年内缴足。有限责任公司注册资本的最低限额为人民币3万元。法律、行政法规对有限责任公司注册资本的最低限额有较高规定的，从其规定。

股东可以用货币出资，也可以用实物、知识产权、土地使用权等可以用货币估价并可以依法转让的非货币财产作价出资；但是，法律、行政法规规定不得作为出资的财产除外。对作为出资的非货币财产应当评估作价，核实财产，不得高估或者低估作价。法律、行政法规对评估作价有规定的，从其规定。

全体股东的货币出资金额不得低于有限责任公司注册资本的30%。

(3)股东共同制定章程。公司章程是关于公司组织及其活动的基本规章。制定公司章程既是公司内部管理的需要，也便于外界监督管理。根据《公司法》的规定，公司章程应当载明的事项有：公司名称和住所、公司经营范围、公司注册资本、股东姓名或名称、股东的权利和义务、股东的出资方式和出资额、股东转让出资的条件、公司的机构及其产生办法和职权及议事的规则、公司的法定代表人、公司的解散事项与清算办法、其他事项。

(4)有公司名称，建立符合有限责任公司要求的组织机构。公司作为独立的企业法人，必须有自己的名称。公司设立名称时必须符合法律、法规的规定。有限责任公司的组织机构是指股东会、董事会或执行董事、监事会或监事。

(5)有固定的生产经营场所和必要的生产经营条件。生产经营场所可以是公司的住所，也可以是其他经营地。生产经营条件是指与公司经营范围相适应的条件。它们都是公司从事经营活动的物质基础，是设立公司的起码要求。

根据《公司法》的规定，设立股份有限公司，应当具备以下六个条件：

(1)发起人符合法定人数。设立股份有限公司必须要有发起人，发起人既可以是自然人，也可以是法人。发起人应当在 2 人以上 200 人以下，其中须有过半数的发起人在中国境内有住所。国有企业改建为股份有限公司的，应当采取募集设立方式。

(2)发起人认缴和社会公开募集的股本达到法定资本的最低限额。中国《公司法》明确规定：股份有限公司的注册资本应为在公司登记机关登记的实收股本。股本总额为公司股票面值与股份总数的乘积。同时还规定，公司注册资本的最低限额为人民币 500 万元，最低限额需要高于人民币 500 万元的，由法律、行政法规另行规定。

在发起设立的情况下，发起人应认购公司发行的全部股份；在募集设立的情况下，发起人认购的股份不得少于公司股份数的 35%。

(3)股份发行、筹办事项符合法律规定。

(4)发起人制定公司章程，并经创立大会通过。

(5)有公司名称，建立符合股份有限公司要求的组织机构。股份有限公司的组织机构由股东大会、董事会、经理、监事会组成。

股东大会是公司的最高权力机构，股东出席股东大会，所持的每一股份都有一表决权。董事会是公司股东会的执行机构，由 5～19 人组成。经理负责公司的日常经营管理工作。

(6)有固定的生产经营场所和必要的生产经营条件。申请设立有限责任公司应向公司登记机关提交下列文件：①公司法定代表人签署的设立登记申请书；②全体股东指定代表或者共同委托代理人的证明；③公司章程；④依法设立的验资机构出具的验资证明，法律、行政法规另有规定的除外；⑤股东首次出资是非货币财产的，应当在公司设立登记时提交已办理其财产权转移手续的证明文件及其相关非货币财产的资产评估报告；⑥股东的主体资格证明或者自然人身份证明；⑦载明公司董事、监事、经理的姓名、住所的文件以及有关委派、选举或者聘用的证明；⑧公司法定代表人任职文件和身份证明；⑨企业名称预先核准通知书；⑩公司住所证明；⑪国家工商行政管理总局规定要求提交的其他文件(《公司登记管理条例》第20条)。

申请设立股份有限公司，应当向公司登记机关提交下列文件：①公司法定代表人签署的设立登记申请书；②董事会指定代表或者共同委托代理人的证明；③公司章程；④依法设立的验资机构出具的验资证明；⑤发起人首次出资是非货币财产的，应当在公司设立登记时提交已办理其财产权转移手续的证明文件；⑥发起人的主体资格证明或者自然人身份证明；⑦载明公司董事、监事、经理姓名、住所的文件以及有关委派、选举或者聘用的证明；⑧国家工商行政管理总局规定要求提交的其他文件。其中，以募集方式设立股份有限公司的，还应当提交创立大会的会议记录；以募集方式设立股份有限公司公开发行股票的，还应当提交国务院证券监督管理机构的核准文件。法律、行政法规或者国务院决定规定设立股份有限公司必须报经批准的，还应当提交有关批准文件。对于公司申请登记的经营范围中属于法律、行政法规或者国务院决定规定在登记前须经批准的项目的，应当在申请登记前报经国家有关部门批准，并向公司登记机关提交有关批准文件(《公司登记管理条例》第21条、第22条)。

设立有限责任公司与设立股份有限公司在设立申请文件方面要求是一样的，只是相关法律文件的签署人的称谓不同而已：前者称为股东，后者称为发起人。

公司制企业的优点如下：

(1)公司股东的有限责任制决定了对公司投资的股东既可以谋求利益，又可使其承担的风险限定在一个合理的范围内，增加其投资的积极性。

(2)公司特别是股份有限公司可以公开发行股票、债券的方式，在社会上广泛集资，有利于兴办大型企业。

(3)公司实行所有权与经营权分离的原则，提高了公司的管理水平。

(4)公司特有的组织结构形式使公司的资本、经营运作趋于利益最大化，从而更好地实现投资者的目的。

(5)公司形态完全脱离个人色彩，是资本的永久性联合，股东的个人生活不影响公司的正常运营。因此，公司的存续时间长、稳定性高。

公司制企业的缺点如下：

(1)创建的程序比较复杂，创建费用较高。

(2)存在双重纳税问题，税收负担较重。

(3)股份有限公司要定期报告公司的财务状况、公开自己的财务数据，不便于企业信息的保密。

(4)政府对公司制企业的限制较多，法规要求比较严格。

(四)企业名称设定

1. 企业名称设定

根据《企业名称登记管理规定》相关规定，企业名称是一个企业区别于其他企业的文字符号，依次由企业所在地的行政区划、字号、行业或者经营特点、组织形式等四部分组成，字号是区别不同企业的主要标志。

(1)企业名称应当由以下四部分依次组成：行政区划、字号(商号)、所属行业或经营特点、组织形式，法律、行政法规和国家工商行政管理总局另有规定的除外。

(2)企业名称的行政区划是本企业所在地县级以上行政区划的名称或地名。市辖区不能单独用作企业名称中的行政区划。

(3)企业名称中的字号应当由两个以上的字组成。

(4)企业名称中的行业表述应当是反映企业经济活动性质所属国民经济行业或企业经营特点的。

2. 企业名称设定需要提交的申请材料

(1)全体投资人签署的《企业名称预先核准申请书》；

(2)全体投资人签署的《指定代表或者共同委托代理人的证明》及指定代表或者共同委托代理人的身份证复印件；

(3)全体投资人的主体资格证明或者自然人身份证明复印件；

(4)申请名称冠以“中国”“中华”“国家”“全国”“国际”字词的，提交国务院的批准文件复印件；

(5)特殊的申请名称，名称登记机关可以要求投资人提交相关的说明或者证明材料用语。

(五)企业创建的流程

1. 组织公司股东

股东即公司的出资人，也称为投资者，成立一家公司首先就是要组织一定数量的投资者。

除国家有禁止或限制的特别规定外，有权代表国家投资的政府部门或机构、企业法人、具有法人资格的事业单位和社会团体、自然人都可以成为公司的股东。

2. 确定公司名称

申请名称预先核准的时候，应当提交下列文件：

(1)全体股东签署的公司名称预先核准申请书。

(2)股东的法人资格证明或者自然人的身份证明。

3. 确定公司地址

(1)公司的地址必须跟递交申请的注册机构的级别相一致。

(2)公司地址所在地必须具备完整的产权证明文件。产权证明文件证明该所在地归谁所有，一般是指房产证。

(3)一个地址只能注册一家有限公司，如果选定的地址以前已经有注册过一家公司而且那家公司现在还没有搬走或注销，那么现在就不能用来再注册一家公司。即使是原来的公司搬走了，也要确认那家公司有没有办理地址变更手续。

(4)有些地方的工商局对注册有限公司的房屋档次有所要求，在注册之前必须了解。

(5)如果公司地址所在地的所有权不属于任何一个股东的，那么必须由其中一个跟业主签订一个租赁合同。租赁合同一般要签一年以上。

4. 预定公司经营范围

经营范围是指国家允许企业法人生产和经营的商品类别、品种及服务项目，反映企业业务活动的内容和生产经营方向，是企业法人业务活动范围的法律界限，体现企业民事权利能力和行为能力的核心内容。根据《公司法》的规定，对公司的经营范围有以下要求：

(1)公司的经营范围由公司的章程规定，公司不能超越章程规定的经营范围申请登记。

(2)公司的经营范围必须进行依法登记，公司的经营范围以登记注册机关核准的为准，应当在登记机关核准的经营范围内从事经营活动。

(3)公司的经营范围中属于法律、行政法规限制的项目，在进行登记之前，必须依法经过批准。

(4)如果提交的经营范围里面某些项目不符合要求，工商局会要求修改或将它删除。

5. 确定股东的出资

出资方式及比例说明如下：

(1)货币。

设立公司必然需要一定数量的货币，用以支付创建公司时的开支和生产经营费用。所以股东可以以货币进行出资。

(2)实物。

是指有形物即能看得见，又可摸得到的东西。实物出资一般是以机器设备、原材料、零部件、建筑物、厂房等作为出资。

(3)知识产权。

知识产权是一个内容非常广泛的概念，它一般包括：发明专利、实用新型或外观设计专利、著作权、商标服务标记、厂商名称(商号)、货源标记或原产地名称等。

(4)非专利技术。

是受《中华人民共和国技术合同法》保护的一种无形财产。在广义上，它可以被看做是一种特殊的知识产权。但在狭义上，由于未经法定程序授予，也无独占性和明确的时间、地域限制。

股东出资必须符合下列要求。

(1)股东以货币出资的，应当将货币出资一次足额存入准备设立的有限责任公司在银行的账户。

(2)股东以知识产权、非专利技术、土地使用权出资的，必须办理转让所有权的手续。资产评估必须找具有法定评估资格的机构(如资产评估公司或会计师事务所等)来进行，这些机构对资产评估完后会出具资产评估报告书，以新建或新购入的实物作为投资的，也可以不经过评估，但要提供合理作价证明，建筑物以工程决算书为依据，新购物品以发票上的金额为出资额。

(3)以知识产权、非专利技术作为出资的金额不得超过公司注册资本的20%。但是，国家对于采用高新技术成果有特别规定的除外。资产评估和验资是不同的，资产评估是指评价出实物、知识产权等的具体价值，验资是指证实具体出资的真实性及合法性。

6. 确定公司的组织管理结构

公司的股东大会行使下列职权：

(1)决定公司的经营方针和投资计划；

(2)选举和更换董事，决定有关董事的报酬事项；

(3)选举和更换由股东代表出任的监事，决定有关监事的报酬事项；

(4)审议批准董事会的报告；

(5)审议批准监事会或者监事的报告；

(6)审议批准公司的年度财务预算方案、决算方案；

(7)审议批准公司的利润分配方案和弥补亏损方案；

(8)对公司增加或者减少注册资本，作出决议；

(9)对发行公司债券作出决议；

(10)对股东向股东以外的人转让出资作出决议；

(11)对公司合并、分立、变更公司形式、解散和清算等事项作出决议；

(12)修改公司章程。

董事会的成员为三人至十三人，董事会设董事长一人，可以设副董事长一至二人。董事长、副董事长的产生办法由公司章程规定。董事会对股东会负责，行使下列职权：

(1)负责召集股东会，并向股东会报告工作；

(2)执行股东会的决议；

(3)决定公司的经营计划和投资方案；

(4)制订公司的年度财务预算方案、决算方案；

(5)制订公司的利润分配方案和弥补亏损方案；

(6)制订公司增加或者减少注册资本的方案；

(7)拟订公司合并、分立、变更公司形式、解散的方案；

(8)决定公司内部管理机构的设置；

(9)聘任或者解聘公司经理(总经理)(以下简称经理)、根据经理的提名，聘任或者公司副经理、财务负责人，决定其报酬事项；

(10)制订公司的基本管理制度。按照《公司法》的规定，如果公司的股东人数较少、雇佣规模较小，可以设一名执行董事，不设立董事会，执行董事的职权可以参照董事会职权。

监事会也称公司监察委员会，其成员不得少于三人，监事会由股东代表和适当比例的公司职工代表组成，具体比例由公司章程规定。监事会的职工代表由公司职工民主选举产生，有限责任公司，股东人数较少和规模较小的公司，可以设一至二名监事。董事、经理及财务负责人不得兼任监事。

监事会或者监事行使下列职权：

(1)检查公司财务；

(2)对董事、经理执行公司职务时违反法律、法规或者公司章程的行为进行监督；

(3)当董事和经理的行为损害公司的利益时，要求董事和经理予以纠正；

(4)提议召开临时股东会；

(5)公司章程规定的其他职权。

经理是公司中对内有业务管理权限、对外有商业代理权限的人。

总经理对董事会负责，行使下列职权：

(1)主持公司的生产经营管理工作，组织实施董事会决议；

(2)组织实施公司年度经营计划和投资方案；

(3)拟订公司内部管理机构设置方案；

(4)拟订公司的基本管理制度；

(5)制订公司的具体规章；

(6)提请聘任或者解聘公司副经理、财务负责人；

(7)聘任或者解聘应由董事会聘任或者解聘以外的负责管理人员；

(8)公司章程和董事会授予的其他职权。

7. 确定公司的法定代表人

以下自然人不得作为公司法人：

(1)无民事行为能力或者限制民事行为能力。

(2)因犯有贪污、贿赂、侵占财产、挪用财产罪或者破坏社会经济秩序罪，被判处刑罚，执行期满未逾五年；或者因犯罪被剥夺政治权利、执行期满未逾五年。

(3)担任因经营不善破产清算的公司、企业的董事或者厂长、经理，并对该公司、企业的破产负有个人责任的，自该公司、企业破产清算完结之日起未逾三年。

(4)担任因违法被吊销营业执照的公司、企业的法定代表人，并负有个人责任的，自该公司、企业被吊销营业执照之日起未逾三年。

(5)个人所负数额较大的债务到期未清偿。

(6)国家公务员不得兼任公司的董事、监事、经理，也不得担任公司法定代表人。

8. 制订公司章程

公司章程是关于公司组织和行为的基本规范。公司章程不仅是公司的自治法规，而且是国家管理公司的重要依据。公司章程有以下作用：

(1)公司章程是公司设立的最主要条件和最重要的文件。

(2)公司章程是确定公司权利、义务关系的基本法律文件。

(3)公司章程是公司对外进行经营交往的基本法律依据。公司章程是注册一家公司最主要的文件之一，它由股东共同制订，经全体股东一致同意，由股东在公司章程上签名盖章。公司章程对公司、股东、董事、监事、经理具有约束力。

9. 了解企业登记注册流程

(1)核名。登录当地工商局网站或者去工商局领取一张《企业(字号)名称预先核准申请表》，填写拟定的公司名称，由工商局上网(工商局内部网)检索是否有重名，如果没有重名，就可以使用这个名称，工商局就会核发一张《企业(字号)名称预先核准通知书》。

(2)租房。如果自己有厂房或者办公室也可。如果没有，则需自行租房办公，租房后要签订租房合同，并让房东提供房产证的原件及复印件。

(3)编写公司章程。可以在工商局网站下载“公司章程”的样本，参照进行修改，章程的最后由所有股东签名。

(4)注册公司。到工商局领取公司设立登记的各种表格，包括设立登记申请表股东(发起人)名单、董事经理监理情况、法人代表登记表、指定代表或委托代理人登记表。填好后，连同核名通知、公司章程、房租合同、房产证复印件一起交给工商局。

(5)办理公章、财务章。凭营业执照，到公安局指定的刻章社，去刻公章，财务法人章等，其他印章可根据要求自行申请。后面步骤中，均需要用到公章、财务章。

(6)开设银行基本账户。凭营业执照、组织机构代码证，去银行开立基本账号。开设基本账号需要填很多表，最好带齐所有证件，以便审核，包括营业执照正本原件、身份证、组织机构代码证、财务章、法人章等。

(7)申请领购发票。如果是销售商品的公司，应该到国税局去申请发票；如果是服务性质的公司，则到地税局申领发票。

(8)了解主要税种和依法纳税。

登记注册的企业需要依法纳税，以下是几个主要税种简介。

①增值税：增值税是以商品在流转过程中产生的增值额为征税对象的一种流转税。增值税是指一个纳税人在其生产、经营活动中所创造的新增价值或商品的附加值，即纳税人在一定时期内销售产品或提供服务所取得的收入大于购进商品或取得劳务所支付的金额。

②消费税：消费税是以应税消费品的流转额作为课税对象的税种。在我国，消费税是指对在我国境内从事生产、委托加工和进口应税消费品的单位和个人，就其销售

额或销售数量在特定环节征收的一种税。消费税的征收范围大体可分为四个方面：

特殊消费品，过度消费会对人类健康、社会秩序、生态环境等方面造成危害的特殊消费品，如烟、酒、鞭、炮、焰火等；非生活必需品，如高档化妆品、珠宝玉石、高档手表、高尔夫球等；高能耗及高档消费品，如小汽车、摩托车等；可再生和稀缺资源消费品，如成品油等。

③企业所得税：企业所得税是对企业在一定时期内的生产所得和其他所得征收的一种税。企业所得税是国家参与企业纯收益分配的重要手段，实行法人税制，企业所得税的定税率为25%，符合条件的小型微利企业按20%征收企业所得税，企业所得税以应纳税所得额为计税依据。

④城市维护建设税：以纳税人实际缴纳的流转税(增值税、消费税)为计税依据而征收的一种税。计算公式为：应为城市维护建设税＝实际缴纳的增值税、消费税税额×适用税率。

⑤教育费附加：以纳税人实际缴纳的流转税(增值税、消费税)为计税依据而征收的一种附加费。教育费附加的征收率为3%，地方教育费附加的征收率为2%。计算公式为：

应纳的教育费附加＝实际缴纳增值税、消费税税额×征收率。

按照税法规定，个体工商户一般为缴纳增值税的小规模纳税额人，纳税办法由税务确定。主要有如下几种。

①查账征收：对账证健全、核算准确的个体工商户，税务部门对其实行查账征收。

增值税：按照销售额3%的征收率的简易办法计算缴纳增值税，不得抵扣进项税额。

计算公式为：应纳税额＝销售额×征收率。

所得税：按个体工商户经营所得计算缴纳个人所得税，适用5%～35%的超额累进税率。

附加税费：城建税按缴纳的增值税和适用的税率(7%、5%、1%)计算缴纳；教育费附加按缴纳的增值税的3%计算缴纳；地方教育费附加按缴纳的增值税的2%计算缴纳。

②核定征收：对生产经营规模小又无建账能力的个体工商户，税务机关对其实行定期定额征收。税务部门对个体工商户实行定期定额办法的，按区域、地段、面积、设备等核定给以一个月应缴纳税款的额度。开具发票金额小于定额的，按定额缴纳税收开具发票超过定额的，超过部分按规定补缴税款。如果达不到增值税起征点的(月销售额5000～20000元，各省有所不同)，可以免征增值税、城建税和教育费附加。

10. 了解知识产权基本知识

(1)专利权。

专利权是指由国家专利主管机关(国家知识产权局)授予的，发明创造人或其权利受让人在一定期限内对其创造所享有的独占实施权，具有专有性、地域性和时间性三大特点。专有性也称独占性，是指专利其发明创造所享有的独占性的制造、使用、销售、许诺销售和进口其专利产品的权项发明创造只能被授予一项专利权。地域性是指一个国家授予的专利权只在该国的范围内有效，对其他国家没有任何效力。时间性是指专利权只在法律规定的期限有效，期限届满后，专利权即告终止。

(2)专利侵权行为。

根据《中华人民共和国专利法(2008 年修正)》(以下简称《专利法》)第二条可知，未经专利权人许可，为生产经营目的而使用专利的行为即专利侵权。发明和实用新型专利侵权行为是指未经专利权人许可，以经营为目的制造、使用、销售、许诺销售、进口其专利产品或依照其专利方法直接获得产品的行为。专利侵权行为是指以经营为目的，制造、销售、进口外观设计专利产品的行为。

(3)商标权。

商标权是商标专用权的简称。商标注册人拥有依法支配其注册商标并禁止他人侵害的权利，包括商标注册人对其注册商标的排他使用权、收益权、处分权、续展权和禁止他人侵害的权利。一个国家只有一个机构有权受理、审查、批准商标权。商标权具有以下三个特征：一是专有性，又称独占性或垄断性；二是地域性，即一国核准的商标只在该国领域内有效，对其他国家不发生效力；三是时效性，如在我国注册商标有效期为 10 年，有效期满后，商标权人如果希望继续使用并得到保护，须在到期前半年内办理有关续展手续并缴费。

(4)商标侵权行为。

根据《中华人民共和国商标法(2013 年修正)》(以下简称《商标法》)第五十七条的规定："有下列行为之一的，均属侵犯注册商标专用权：(一)未经商标注册人的许可，在同一种商品上使用与其注册商标相同的商标的；(二)未经商标注册人，在同一种商品上使用与其注册商标近似的商标，或者在类似商品上使用与其注册创者近似的商标，容易导致混淆的；(三)销售侵犯注册商标专用权的商品的；(四)擅自制造他人注册商标标识或者销售伪造，擅自制造的注册商标标识的；(五)未经商标注册人同意，更换其注册商标并将该更换商标的商品又投入市场的；(六)故意为侵犯他人商标专用权行为提供便利条件，帮助他人实施侵犯商标专用权行为的；(七)注册商标专用权造成其他损害的。"《商标法》第六十七条规定："未经商标注册人许可，在同一种商品上使用与其注商标相同的商标，构成犯罪的，除赔偿被侵权人的损失外，依法追究刑事责任。擅自制造他人注册商标标识或者销售伪造、擅自制造的注册商标标识，构成犯罪的，除赔偿侵权人的损失外，依法追究刑事责任。销售明知是假冒注册商标的商品，构成犯罪的除赔偿被侵权人的损失外，依法追究刑事责任。"

(5)商标注册的程序。

①注册方式的选择。一种方式是自己到国家工商行政管理总局商标局(以下简称

“商标局”)办理商标注册事宜(中国商标法允许本国公民直接向商标局申请商标注册申请)。另一种方式是委托一家经验丰富的商标代理组织，这样会节省大量的时间与精力，当然对方会收取相应的代理费。

②商标在先注册权利的查询工作。商标查询是指商标注册申请人或其代理人在提出注册申请前，对其申请的商标是否与在先权利商标相同或近似的查询工作。值得注意的是商标查询虽然不是注册商标的必经程序(遵循自愿查询原则)，但此项工作可以大大减少商标注册的风险。

③申请商标资料的准备。准备盖有单位公章及个人签字的填写完整的商标注册书。如果是以自然人名义提出申请，需出示身份证及递交本人身份证复印件。如果是企业作为申请人来申请注册，需出示企业营业执照副本及提供经发证机关签章的营业执照复印件。

④商标注册是一种商标法律程序。由商标注册申请人提出申请，经商标局审查后予以初步审定公告，3个月内没有人提出异议或提出异议经裁定不成立的，该商标即注册生效，受法律保护，商标注册人享有该商标的专用权。一个商标从申请到核准注册，需一年至一年半时间。

⑤商标查询是指商标注册申请人或其代理人在提出注册申请前，对其申请的商标是否与在先权利商标有无相同或近似的查询工作。查询不是商标申请注册的必经程序，查询的范围以查询之日起已进入商标局数据库的注册商标和申请中商标为限，并且不含处于评审状态的在先权利信息，查询结果不具法律效力，仅作参考，且不是商标局核准或驳回该申请的依据。

⑥商标审查分为形式审查和实质审查。①商标形式审查(3～4个月)，确立申请日十分重要，由于我国商标注册采用申请在先原则，一旦发生申请日的先后成为确定商标权的法律依据，商标注册的申请日以商标局收到申请书件的日期为准，商标局受到商标申请书对于符合形式要件的申请书发放受理通知书。

⑦商标的审定是指商标注册申请经审查后，对符合《商标法》有关规定的，允许其注册的决定。并在《商标公告》中予以公告。初步审定的商标自刊登初步审定公告之日起3个月没有人提出异议的，该商标予以注册，同时刊登注册公告。3个月内没有人提出异议，发放注册证，或提出异议经裁定不成立的，该商标即注册生效。

11. 认识企业股权架构

(1)什么是股权：股权是投资人由于向公民合伙和向企业法人投资而享有的权利，股东在初创公司中的投资份额，即股权比例，股权比例的大小，直接影响股东对公司的话语权和控制权，也是股东分红比例的依据。

(2)初创公司股权分配：一般来说，对于创始公司的CEO来说，最好在一开始就拥有超过50%以上的股份。一个公司的项目启动后，会包含以下几个岗位：产品、技术、财务、市场、运营、设计等，创始核心团队可以按照每个人带来的贡献价值来分配股权。

①按照出资额比例分配。出资是股权分配的依据，根据出资额与占总出资额比例进行股权分配，这种方式可能使得每位出资人获得股权比例有多有少。

②初创企业一般规模较小，注册资金较少。运营资金相对不多，创业公司也可以采用股权加薪资方式，降低创业成本，提高公司每个参与者的积极性。有些初创公司为了确保每位股东权益，在协议中设置了细节条款。例如，股权转让限制、增加或减少优先认购条款、股东退出条款等多项条款，确保在日后经营过程中，避免不必要的矛盾。

③在创业公司进行股权分配前，确定合伙人比股份更重要。找到了合适的合伙人，股权分配更加简单，虽然平均分配股权有成功的例子，但大多是有经验的创业者。一股独大还是多股平分，早期创始人需要确定好。资源入股、技术入股尽可能避免。

案例练习

【案例阅读】

我们该如何维权①

一、案例分析：陕西某某公司该如何维权？

陕西某某公司有张某、唐某、刘某三位股东。2015 年 8 月，陕西某某公司考察发现某绿化项目发展前景可观，为解决资金不足问题，经人推荐，大唐某某集团公司出资 1000 万元现金入股陕西某某公司，并办理了股权登记。增资后，大唐某某公司持股 60%，张某持股 20%，唐某持股 15%，刘某持股 5%，大唐某某公司总经理田某某兼任陕西某某公司董事长。2016 年 2 月，大唐某某公司在田某某授意下将当时出资的 1000 万元现金全部转入大唐某某集团公司名下的某某房地产开发公司账户用于投资房地产。后因陕西某某公司现金不足，最终未能获得该绿化项目，前期投入的 600 万元也无法收回。田某某忙于某某房地产开发公司的房地产投资事宜，对此事并没有用心经营。后双方发生纠纷，起诉到法院。

律师认为，对于陕西某某公司发生这样的事，应当尽快召开股东会，确定田某某及大唐某某集团公司的违法事实，及损失赔偿责任。根据召开临时股东会议的法定情形：

1. 有限公司代表十分之一以上表决权的股东，三分之一以上的董事，监事会或者不设监事会的公司的监事提议召开临时会议的，应当召开临时会议。

① 案例引用自《公司法案例》：http://data.110.com/a683812，2018-9-1.

2. 股份有限公司有下列情形之一的，应当在两个月内召开临时股东大会：

(1)董事人数不足本法规定人数或者公司章程所定人数的三分之二时；

(2)公司未弥补的亏损达实收股本总额三分之一时；

(3)单独或者合计持有公司百分之十以上股份的股东请求时；

(4)董事会认为必要时；

(5)监事会提议召开时；

(6)公司章程规定的其他情形。(如章程可以规定，当公司股价跌至一定幅度时，必须召集临时股东大会)本案中张某、唐某、刘某所持有的股份数额为40%，远远超过公司法规定10%，所以可以提起召开股东会。

律师认定，张某、唐某、刘某召开股东会应当按照公司法规定提前通知田某某，依照《公司法》第40条的规定，股东会会议分为定期会议和临时会议两种。公司股东中具有代表十分之一以上表决权的股东可以提议召开临时会议。这里的表决权是股东按照出资比例来行使的。股东的股份总和就超过了十分之一，可以提议召开临时股东会。但是，同时《公司法》第42条规定："召开股东会会议，应当于会议召开十五日前通知全体股东；公司章程另有规定或者全体股东另有约定的除外。"如果没有按照约定履行通知义务，召集程序显然违反了《公司法》的规定，属于可撤销的股东会决议。如果没有股东申请撤销，这份股东会决议就是有效的；但一旦有股东申请撤销并且得到法院的支持，那么这份股东会决议将自始无效。

作为公司股东，有权选择是否请求法院撤销这份股东会决议，若要诉至法院请求撤销这份股东会决议，必须注意时效的问题，按照《公司法》第22条的规定，申请期限为自决议作出之日起六十日内。

杜凯律师认为在履行了通知义务后，可以按期召开股东会，股东会可以做出这样的决议：

张某、唐某、刘某对于大唐某某公司的投资1000万元，又从公司私自转走1000万元的行为可以召开陕西某某公司股东会，要求陕西某某公司限期转回1000万元，弥补陕西某某公司的损失，田某某也要承担责任。如果大唐某某公司和田某某未能按照决议履行出资义务，公司应当进一步采取措施，维护公司利益。

【案例讨论】

1. 通过学校图书馆和网络等渠道，查询创立企业时所涉及的《民法通则》《公司法》的相关知识。《合伙企业法》《个人独资企业法》《企业登记管理条例》《公司登记管理条例》《资产评估准则—基本准则》和《企业价值评估指导意见(试行)》等法律法规，了解其基本内容，为树立创业的法律和维权意识，增强社会责任感，写一篇研究报告。

二、案例分析：不同企业类型的债务责任承担情况分析

案例背景：张老板投资30万元办企业，由于经营不善发生亏损，亏损总额为150万元。

【案例讨论】

1. 如果张老板投资的是个体工商户，他应该怎样承担责任？

2. 如果张老板投资的是个人独资企业，他应该怎样承担责任？

3. 如果张老板投资的是两人合伙企业，合伙协议各方承担50%债务，他应该怎样承担责任？

4. 如果张老板投资的是三人有限责任公司，每人分摊债务50万元，他应该怎样承担责任？

三、案例分析：组建企业

张国林在一个小村里已经住了10年。村子位于一个水库附近，有275人，水里的业务资源很丰富。村里有一条老路，坑坑洼洼，春夏雨季的时候，有些地方根本就没法走，不过这里正在修一条新路，再有四个月就可以完工了。新路完工后，旅游者驾车来这里会很方便，这里良好的垂钓环境也很有吸引力。所以，张国林计划开一家旅游用品商店，他思考了所可能采用的各种企业形式的优缺点，认为独资的方式比较好。他喜欢自己做老板，他有4200元的存款，再加上一些借来的钱，他就有足够的资金开这家店。同时他又觉得合伙企业也不错，一两个合伙人的加入可以带来更多的钱开更大的店。另一种选择是开个有限责任公司，这样的话筹到的资金更多，不用还银行贷款，也会有钱做广告。张国林把这个想法告诉了村里的人，想看看大家是否有兴趣来开一家有限责任公司。结果，村里的大部分人都非常感兴趣，看样子能集到的资金远多于开一家个体或合伙制企业。如果公司盈利，村里的许多人也会从中受益。

【案例讨论】

1. 如果你是张国林你会选择哪种企业形式？

2. 要想作出一个良好的企业决策，张国林还需要了解什么信息？

3. 什么是企业股权？如何分配？

第二节　新创企业运营

【学习目标】

1. 学会设计企业组织结构、学会编制招聘信息、掌握筛选求职简历的方法；

2. 学习基本的成本与财务管理方法；

3. 学会撰写营销管理策划方案。

实践体验

（一）模拟组织结构设计和招聘面试

建议实践学时数：1课时

目标：使学生学会设计企业组织结构、了解企业面试流程、掌握面试技巧。

材料准备：电脑、网络、活页纸、A4纸、彩色纸、白板笔三色若干。

活动步骤：首先进行分组，每组分发相关材料，布置学生课前准备好自己的简历。

1. 确定组织目标：布置学生分组收集分析资料，进行设计前评估，确定组织目标。选择组织结构类型，明确组织的层次及部门结构，形成层次化的管理体系。

2. 划分业务工作：根据企业的工作内容，将企业日常活动分类组合成具体的管理部门，并确定其职能范围，进行各部门的工作划分，确定职位、职责、职权。

3. 编制招聘信息：包括企业简介、招聘目的、招聘职位、岗位要求、对应聘者的要求、招聘流程、联系方式等（要求简洁、明确、减少招聘成本、减少求职者的决定时间）。

4. 全班每个同学根据每个小组招聘信息递交自己的求职简历（课前布置完成）。

5. 筛选求职简历：查看简历的基本信息和内容进行人职匹配，挑选适合的求职者。

6. 开展模拟面试：确定面试类型、地点、布置面试场地、确定面试人员、制作面试人员信息表、制订面试题目、确认面试评分标准、制订应聘人员评分表。

7. 开展面试：首先介绍公司背景和招聘岗位、其次针对问题进行提问、最后对应聘者进行考核和判断。

8. 总结反馈：每个小组根据面试情况进行点评，公布录取结果，并说明理由。

9. 反思：选择1～2个被录取或者落选者分享心得。

（二）初创企业运营模拟：编制企业第一年预期销售额表和现金预算表

建议实践学时数：0.5课时

目标：让学生学会编制企业第一年预期销售额表和现金预算表

材料准备：案例、预测销售表和现金流量表

活动步骤：

1. 提供具体信息：一家名叫进步的咖啡屋（后称进步咖啡）开张需要200万元启动资金，其中存货30万元，购买货车需55万元，购买库房需35万元，购买餐具需18万元，购买炊具需30万元，购买家具需23万元，5万元用于开业前准备，预留14万元现金。老板有100万元存款，母亲借给其50万元，无须偿还利息，银行以10%的利率贷款给其剩下的资金。

进步咖啡的所有销售都是现金交易。每月的销售额为60万元，每月的日常支出以及其他直接费用占销售额的50%，人工支出10万元，房租2万元，水费0.45万元，电话费 6 万元，电费 0.7 万元，运输费 0.5 万元，办公费 0.2 万元，维修和清洁费 0.8 万元，还贷利息 0.45 万元，其他费用 1.3 万元。

2. 发布任务：一年中所有月份的数据基本上不变，请根据以上信息，编制进步咖啡屋第一年的预期销售额表和第一年的现金预算表。

3. 分小组互相检查、点评、纠错、分享。

4. 进行结果公示，点评总结。

理论解读

新创企业有以下特点：(1)以生存为首要目标；(2)创造并保障现金流；(3)创业者直接参与经营细节。

(一)人力资源管理

1. 企业组织结构

企业组织结构的概念有广义和狭义之分。狭义的组织结构，是指为了实现组织的目标，在组织理论指导下，经过组织设计形成的组织内部各个部门、各个层次之间固定的排列方式，即组织内部的构成方式。广义的组织结构，除了包含狭义的组织结构内容外，还包括组织之间的相互关系类型，如专业化协作、经济联合体、企业集团等。

19 世纪末 20 世纪初，西方大企业普遍采用的是一种按职能划分部门的纵向一体化的职能结构，即 U 形结构。特点是企业内部按职能(如生产、销售、开发等)划分成若干部门，各部门独立性很小，均由企业高层领导直接进行管理，即企业实行集中控制和统一指挥。

所谓组织结构，就是组织内部对工作的正式安排。组织结构是指，对于工作任务如何进行分工、分组和协调合作。组织结构是表明组织各部分排列顺序、空间位置、聚散状态、联系方式以及各要素之间相互关系的一种模式，是整个管理系统的“框架”。企业组织结构的形式，应当与行业的特点、企业规模的大小、生产技术特点、市场需求变化、企业管理水平等相适应。其形式主要有：直线制、职能制、直线职能制、T 矩阵制、事业部制、企业集团结构。

2. 初创人力资源需求预测

人力资源预测是企业根据其战略目标，发展战略及内外部环境，以科学规范的方法进行人力资源需求和供给的分析预测，编制相应的吸引、留住、使用、激励方案，选择适当的预测技术，对人力资源需求的数量、质量和结构进行预测。以完成企业发展目标的过程，人力资源预测的实质是促进企业实现其目标，因此它必须具有战略性，前瞻性和目标性，要体现企业的发展要求。

(1)人力资源数量。

人力资源规划中对人力资源数量的分析，重点在于探求现有的人力资源数量是否与企业的业务量相匹配，也就是检查现有的人力资源配置是否符合一个机构在一定业务量内的标准人力资源配置。人力资源数量是一项重要的分析指标。

(2)员工类别。

通过对员工类别进行分析，可体现一个企业业务的重心所在。员工类别包括业务序列(如营销人员、生产人员、技术人员)和职能序列(如行政人员、财务人员)等。

(3)员工素质。

对员工素质的分析就是分析现有工作人员的受教育程度及培训状况，如学历等，一般受教育程度与培训状况在一定程度上反映了工作知识和工作技能的情况。

(4)年龄结构。

对员工的年龄结构进行分析，可以按年龄段统计出公司人员的年龄分布情况，得出公司人员的平均年龄，了解员工构成是日趋年轻化还是日趋老化。员工吸收新知识、新技术的能力，员工的体能负荷，工作职位或职务的性质与年龄大小可能的匹配要求，这些都会影响组织内员工的工作效率和组织效能。企业员工的理想年龄分配应呈现金字塔形，顶端代表50岁以上的高龄员工；中间部位次多，代表35～50岁的中龄员工；底部人数最多，代表20～35岁的低龄员工。

(5)职位结构。

根据管理幅度原理，主管职位与非主管职位应比例适当。通过分析人力结构中主管职位与非主管职位，可以显示组织中管理幅度的大小，以及部门与层次的多少。如果一个组织中主管职位太多，可能导致组织结构不合理，管理控制幅度太狭窄，部门与层次太多，工作程序繁杂，沟通协调的次数增加，浪费很多时间，并容易导致误会和曲解。由于本位主义，造成相互牵制，势必会降低工作效率，导致官僚作风。

此外还有人力资源存量信息，如员工期初数、期末数等；人力资源效率信息，如人均工资、利润等；招聘效率信息；培训效率信息；绩效信息等。这些信息既是人力资源管理的基础信息，也是人力资源管理的运营信息，同时也是人力资源管理的决策依据。

3. 企业人力资源需求预测方法

(1)德尔菲法。

德尔菲法的目标是通过综合专家们的意见来预测某一领域的发展。德尔菲法是一种特别的专家意见咨询方法，是一种能避免专家之间的相互影响及“从众行为”，并能逐步达成一致意见的结构化方法。专家们的选择依据是专家们对影响组织的内部因素的了解程度。专家可以是组织内部的专家，也可以是外聘专家。例如，在评估未来某公司对人资源的需要时，可选出公司的计划、人事、市场、生产和销售等部门的经理作为专家。

(2)经验预测法。

经验预测法是企业根据以往的经验对人力资源进行预测的方法，简便易行。采用经验预测法是根据以往的经验进行预测，预测效果受经验的影响较大。企业在有人员流动的情况下，如晋升、降职、退休或调动等，可以采用与人力资源现状规划相结合的方法来制订规划。

(3)描述法。

描述法是人力资源规划人员对本企业/组织在未来某一时预期的有关因素的变化进行描述或假设，并从描述、假设、分析和综合中对将来人力资源的需求进行预测规划。由于这是假定性的描述，因此人力资源需求有几种备选方案，目的是适应和应对环境因素的变化。

(4)工作负荷预测法。

工作负荷预测法是指按照历史数据、工作分析的结果，先计算出某一特定工作每单位时间(如一天)内每人的工作负荷(如产量)，再根据未来的生产量目标(或者劳务目标)计算出所需要完成的总工作量，然后依据前一标准折算出所需要的人力资源数量。这种方法考虑的对象是企业工作总量和完成工作所需要的人力资源数量之间的关系，是每位员工的工作负荷和企业总体工作量之间的比率。可用公式表示：

未来每年所需员工数＝未来每年的工作总量/每年每位员工的工作负荷＝未来每年的总工作时数/每年每位员工的工作时数。

因此，工作负荷预测法的关键部分是准确预测出企业总的工作量和员工的工作负荷。当企业所处的环境、劳动生产率增长速度相对稳定的时候，这种预测方法比较方便，预测效果也比较好。

人力资源需求预测分为现实人力资源需求、未来人力资源需求预测和未来流失人力资源需求预测三部分。具体步骤如下：①根据职务分析的结果，来确定职务编制和人员配置；②进行人力资源盘点，统计出人员的缺编、超编及是否符合职务资格要求；③将上述统计结论与部门管理者进行讨论，修正统计结论；④该统计结论为现实人力资源需求；⑤根据工作量的增长情况，确定各部门还需增加的职务及人数，并进行汇总统计；⑥该统计结论为未来人力资源需求；⑦对预测期内退休的人员进行统计；⑧根据历史数据，对未来可能发生的离职情况进行预测；⑨将⑦和⑧统计和预测结果进行汇总，得出未来流失人力资源需求；⑩将现实人力资源需求、未来人力资源需求和未来流失人力资源需求汇总，即得到企业整体人力资源需求预测。

4．新员工的招聘与定岗

(1)招聘程序。

招聘新员工对应聘者和创业者来说都相当重要，它既可能是一种互利关系的开始，也可能是一系列错误的开端。影响员工流转的两个主要因素是招聘和选择程序。为了减少员工流失，创业者有必要发布招聘广告、处理应聘者的申请材料、举行面试、选择新员工并为他们配置工作。

潜在的员工来源：企业内部提拔，招聘广告、就业中介、教育机构、以前的员工推荐和在职员工推荐。

选择员工的程序：接受申请材料；面试；核实应聘者的相关信息；应聘者的技能测试。

(2)定岗程序。

按照惯例，新员工到来的第一天应该带他们参观企业。在这期间，应该把新员工介绍给在职的其他员工，让新员工了解企业的整体运行情况，要求新员工适应企业的经营环境并融入企业当中。这项工作并不需要花很多精力，但却十分有用。从长远看，这项工作省时省钱。

最重要的是，要让新员工从进入企业的第一天开始就能找到自己的恰当位置。正确定岗有助于提高员工的工作效率，并有助于长期留住优秀员工。

员工定岗的四个原则：定人，确定要定岗的员工；定事，明确其必须完成的工作任务；试用，让员工在领导监督下进行尝试；转正，让合格者继续工作下去。

给新员工准备工作的六个要素：落实工作，让新员工了解他们所要从事的工作；进行监督，让在职员工对新员工进行指导和监督；设计障碍，设计简单的工作障碍；制订新员工培训时间表；划定范围，规定工作范围；绩效评估，每天对新员工工作进行评估。

(3)员工的考虑。

薪酬计划：对员工来说，工资是决定他们工作的一个重要因素。他们希望所得报酬能够反映其贡献给企业的各种技能以及所付出的辛勤劳动。

额外福利：在所有额外福利中，病休和假期是最为重要的。创业者应该设计一整套包括各种额外福利的方案。

人际关系：高工资报酬和优厚的福利待遇并不一定能够使员工们感到快乐。工作满意度对他们来说更重要。创业者有责任为员工提供最好的工作环境，确保员工与企业之间总是能够畅通无阻地进行双向交流。

工作条件：良好的工作条件与员工的健康舒适和安全一样都应该是创业者关心的事情，一个好的工作环境不仅可以防止发生意外事故，而且非常有助于提高员工的工作效率。

(4)绩效管理。

活动：让学生给表 8-2-1 中的 20 个员工激励因子排序。其中“1”代表员工个人最佳激励因子；“20”代表最差激励因子。

在学生完成这张员工激励因子排序表的第一栏之后，让学生陈述一下他们给每一个员工激励因子打分的理由。把全班同学给出的每一个员工激励因子的得分加总，写在另一张纸上，总分最低的排在第一位，总分最高的排在最后一位，这样就得出了全班对员工激励因子的排序结果。将这个结果填在表格的第二栏，然后参照本章后面给出的参考信息，讨论员工和监管人员对员工激励因子排序的相似点和不同之处。对创业者来说，关注员工个人激励因子是一件十分重要的事情。最后让学生把员工和监管者对员工激励因子的排序结果分别填在表的第三和第四栏。引导全班同学讨论一下这张表格中四栏排序结果的差别。

要求：下表列出了 20 个员工激励因子。请从这些激励因子中选出最佳激励因子，用数字“1”表示，填在相应的行与格中。数字“2”次之，数字“3”又次之……一直到数字“20”。数字“20”代表最差的激励因子。

表 8-2-1　员工激励因子排序表

个人排序	班级排序	员工排序	雇主排序	员工激励因子
				看好下次表现的潜力
				获奖的可能性
				个人的工作目标
				良好的工作条件
				对老板的忠诚
				做自己感兴趣的工作
				获得较高薪酬的可能性
				不想让自己所在的班组落后
				获得同伴的认同
				提升的可能性
				从完成具有挑战性的工作中获得成就感
				被老板教训的可能性
				成为团队的一部分
				总是有努力把工作干好的内在要求
				强烈的工作安全感
				获得老板的赞赏和承认
				做感觉重要的工作
				帮助团队实现目标的期望
				提高工作自由度的可能性
				被任命为工作团队的负责人

同时要明确工作岗位所需的技能和学历以及工作的难易程度等，从而判断每个工作岗位的价值。以此作为薪酬管理的依据，制订公平合理的薪酬制度。企业的薪酬管理制度一直困扰着很多企业领导，如果没有一套非常适合本企业的薪酬管理，企业领导人或者人事负责人往往会遇到很多问题。初创企业必须学会建立一套实用的薪酬管

理体系。公司成立之初，虽然规模小，但依然要明确每个岗位的要求。建议首先确立各岗位的基本职责、工作内应负责任、享受的权利等，判断岗位价值如胜任该岗位的基本条件，需要的学历、工作经验，技能要求等，让每个岗位有一个可以衡量的数据化的要素比较图，然后形成各岗位的价值。

（二）成本管理

创业者必须为企业购买的各类产品和服务支付大笔费用，如购买原材料、给工人发工资等。所有这些开支统称成本费用。

首先，创业者应准确了解企业所出售的产品或服务的成本。如果这些产品或服务高于客户所愿意支付的价格，或者高于竞争对手的价格，那么，企业就很难把产品推销出去。其次，创业者还必须要把所有为管理企业而发生的费用支出从当期收入中扣除。只有收入高于全部的成本费用时，企业才有可能盈利。所以，为了多获利润创业者必须努力降低成本费用。最后，企业有其他各种各样的成本和费用，了解这些成本费用的发生情况将有利于更好控制和降低支出。

1. 根据支出的性质正确区分资本性支出和收益性支出

划分资本性支出与收益性支出原则是指会计核算应严格区分收益性支出、资本性支出的界限，以正确计算各期损益。凡支出的效益仅基于本会计期间（或一个营业周期）的，应当作为收益性支出；凡支出的效益及与几个会计期间（或几个营业周期）的，应当作为资本性支出。只有正确划分收益性支出与资本性支出的界限，才能真实反映企业的财务状况，正确计算企业当期的经营成果。

（1）资本性支出：指企业为取得受益期在一年以上的财产而发生的支出，如购置房屋、设备等支出，这些支出因为受益时间较长，在发生不应全部从当期收入中扣减，而应计入资产价值，在其受益期内分期摊销。

（2）收益性支出：指企业为取得本期收益所发生的支出，其受益期在本期内，所以应在支付时全部计入当期成本费用。

2. 正确区分成本费用

能够计入当期成本费用的收益性支出，按其与生产经营活动的关系，可以分为成本和费用。成本费用按其所反映的经济内容可以分为原料支出、人工支出和其他支出。

（1）原料支出：所有被用来加工产品或提供服务的各种物资都属于“原料支出”。那些虽然不是用作生产产品，但在企业经营中必不可少的物资，比如，劳动保护产品、卫生保洁用品等也算在“原料成本”之内。

（2）人工支出：一旦创业者把员工招聘到企业中来工作，他就成了雇主，就要对员工承担起法律和社会的责任。这些责任是法律和政策规章所规定的，或者是通过集体谈判达成的。比如，工人的最低工资、法定工作时间、加班报酬、年度带薪休假、病假以及各种福利。

（3）其他支出：所有不包括在上述各成本费用项目中的开支都归于“其他支出”。这些支出主要包括电费、水费、电话费、上网费、保险费、租金、宣传广告费、管理费、资金利息等。

（三）财务管理

1. 企业账簿

在任何一家企业，财务管理都是一项重要的工作。所有的商业交易都应该完整地记录在企业的账簿上。许多小型企业由于财务管理方面的欠缺导致经营失败，教训相当深刻。有的企业可能产品质量很好，市场占有率也在稳步上升，在一定时间内还获得相当可观的利润。但如果账簿记录不全或记录错误、财务管理松弛，就会埋下严重的隐患。不少小企业主认为小企业不需要什么财务管理，这种想法是不正确的。创业者每天都会碰到各种各样的问题，并要及时做出决策。因此，必须掌握企业各方面的信息。正确的账簿记录和健康的财务管理制度能够及时地为创业者提供他所需要的财务信息。

会计账簿简称账簿，是由具有一定格式、相互联系的账页所组成，用来序时、分类地全面记录一个企业、单位经济业务事项。设置和登记会计账簿，是重要的会计核算基础工作，是连接会计凭证和会计报表的中间环节，做好这项工作，对于加强企业经济管理具有十分重要的意义。

填制会计凭证后之所以还要设置和登记账簿，是由于二者虽然都是用来记录经济业务，但二者具有的作用不同。在会计核算中，对每一项经济业务，都必须取得和填制会计凭证，因而会计凭证数量很多，又很分散，而且每张凭证只能记载个别经济业务的内容，所提供的资料是零星的，不能全面、连续、系统地反映和监督一个经济单位在一定时期内某一类和全部经济业务活动情况，且不便于日后查阅。因此，为了给经济管理提供系统的会计核算资料，各单位都必须在凭证的基础上设置和运用登记账簿的方法，把分散在会计凭证上的大量核算资料，加以集中和归类整理，生成有用的会计信息，从而为编制会计报表、进行会计分析以及审计提供主要依据。

使用会计账簿时，应当在账簿的有关位置记录以下相关信息：

(1)设置账簿的封面。除订本账不另设封面以外，各种活页账都应设置封面和封底，并登记单位名称、账簿名称和所属会计年度。

(2)登记账簿启用及经管人员一览表。在启用新会计账簿时，应首先填写在扉页上印制的“账簿启用及交接表”中的启用说明，其中包括单位名称、账簿名称、账簿编号、起止日期、单位负责人、主管会计、审计人员和记账人员等项目，并加盖单位公章。在会计人员发生变更时，应办理交接手续并填写“账簿启用及交接表”中的交接说明。

(3)填写账户目录。总账应按照会计科目的编号顺序填写科目名称及启用页码。在启用活页式明细分类账时，应按照所属会计科目填写科目名称和页码，在年度结账后，撤去空白账页，填写使用页码。

(4)粘贴印花税票。印花税票应粘贴在账簿的右上角，并且划线注销。在使用缴款书缴纳印花税时，应在右上角注明“印花税已缴”及缴款金额。

2. 财务报表

财务报表是以会计准则为规范编制的，向所有者、债权人、政府及其他有关各方及社会公众等外部反映会计主体财务状况和经营的会计报表。

财务报表包括资产负债表、损益表、现金流量表或财务状况变动表、附表和附注。财务报表是财务报告的主要部分，不包括董事报告、管理分析及财务情况说明书等列入财务报告或年度报告的资料。

1. 资产负债表(Balance Sheet/Statement of Financial Position)

它反映企业资产、负债及资本的期末状况，长期偿债能力，短期偿债能力和利润分配能力等。

2. 利润表(或称损益表)(Income Statement/Profit and Loss Account)

它反映本期企业收入、费用和应该记入当期利润的利得和损失的金额和结构情况。

3. 现金流量表(Cash Flow Statement)

它反映企业现金流量的来龙去脉，当中分为经营活动、投资活动及筹资活动三部分。

4. 所有者权益变动表(Statement of Change in Equity)

它反映本期企业所有者权益(股东权益)总量的增减变动情况，还包括结构变动的情况，特别是要反映直接记入所有者权益的利得和损失。

5. 财务报表附注(Notes to Financial Statements)

一般包括如下项目：企业的基本情况、财务报表编制基础、遵循企业会计准则的声明、重要会计政策和会计估计、会计政策和会计估计变更及差错更正的说明和重要报表项目的说明。

(四)营销管理

1. 目标市场选择与定位

目标市场选择是指估计每个细分市场的吸引力程度，并选择进入一个或多个细分市场。就是企业根据市场需求的多样性和购买行为的差异性，把整体市场划分为若干个具有某种相似特征的顾客群(称之为细分市场或子市场)，以选择确定自己的目标市场。

经过市场细分的子市场之间的消费者具有较为明显的差异性，而在同一子市场之内的消费者则有相对的类似性。所以，市场细分是一个同中求异、异中求同的过程。

目标市场选择由三个步骤组成：市场细分、目标市场确定、市场定位。

目标市场确定就是在市场细分的基础上，企业根据自身优势，从细分市场中选择一个或者若干个子市场作为自己的目标市场，并针对目标市场的特点展开营销活动，以期在满足顾客需求的同时，实现企业经营目标。

市场定位就是企业从各个方面为产品创造特定的市场形象，使之与竞争对手的产品显示出不同的特色，以求在目标顾客心目中形成一种特殊的偏好。

2. 营销组合策略

营销组合指的是企业在选定的目标市场上，综合考虑环境、能力、竞争状况等因素以及企业自身可以控制的因素，组合、运用完成企业的目的与任务。

营销组合是企业市场营销战略的一个重要组成部分，是指将企业可控的基本营销措施组成一个整体性活动。市场营销的主要目的是满足消费者的需求，而消费者的需求很多，要满足消费者需求所应采取的措施也很多。因此，企业在开展市场营销活动时，就必须把握住那些基本措施，合理组合，充分发挥、整体优势。

营销组合这一概念是由美国哈佛大学教授尼尔·鲍顿于1948年最早采用的，并确定了营销组合的12个要素。随后，理查德·克莱维持教授把营销组合要素归纳为产品(Product)、价格(Price)、渠道(Place)、宣传(Promotion)。市场营销组合是制订企业营销战略的基础，做好市场营销组合工作可以保证企业从整体上满足消费者的需求。市场营销组合是企业对付竞争者强有力的手段，是合理分配企业营销预算费用的依据。

构成营销组合的"4Ps"的各个自变量，是最终影响和决定市场营销效益的决定性要素，而营销组合的最终结果就是这些变量的函数，即因变量。从这个关系看，市场营销组合是一个动态组合。只要改变其中的一个要素，就会出现一个新的组合，产生不同的营销效果。

市场营销组合由许多层次组成，就整体而言，"4Ps"是一个大组合，其中每一个"P"又包括若干层次的要素。这样，企业在确定营销组合时，不仅更为具体和实用，而且相当灵活，不但可以选择四个要素之间的最佳组合，还可以恰当安排每个要素内部的组合。

企业必须在准确地分析、判断特定的市场营销环境、企业资源及目标市场需求特点的基础上，才能制订出最佳的营销组合。所以，最佳的市场营销组合的作用，绝不是产品、价格、渠道、促销四个营销要素的简单数字相加，即4Ps≠P+P+P+P。而是使它们产生一种整体协同作用。就像中医开出的重要处方，四种草药各有不同的功效，治疗效果不同，所治疗的病症也相异，而且这四种中药配合在一起的治疗，其作用大于原来每一种药物的作用之和。市场营销组合也是如此，只有它们的最佳组合，才能产生一种整体协同作用。从这个意义上讲，市场营销组合又是一种经营的艺术。

市场营销组合作为企业营销管理的可控要素，一般来说，企业具有充分的决策权。例如，企业可以根据市场需求来选择确定产品结构，定出具有竞争力的价格，选择最恰当的销售渠道和宣传方式。

企业本身可以控制的因素归纳起来主要有以下四方面：

(1)产品。

产品策略包括产品发展、产品计划、产品设计、交货期等决策的内容。其影响因素包括产品的特性、质量、外观、附件、品牌、商标、包装、担保、服务等。

(2)价格。

价格策略包括确定定价目标、制定产品价格原则与技巧等内容。其影响因素包括付款方式、信用条件、基本价格、折扣、批发价、零售价等。

(3)渠道。

渠道策略主要研究使商品顺利到达消费者手中的途径和方式等方面的策略。其影响因素包括分销渠道、区域分布、中间商类型、运输方式、存储条件等。

(4)宣传。

促销策略是指主要研究如何促进顾客购买商品以实现扩大销售的策略。其影响因素包括广告宣传、人员推销、营业推广、公共关系等。

上述四个方面的策略组合起来总称为市场营销组合策略。市场营销组合策略的基本思想在于：从制订产品策略入手，同时制订价格、宣传及渠道策略，组合成策略总体，以便达到以合适的商品、合适的价格、合适的宣传方式，把产品送到合适地点的目的。企业经营的成败，在很大程度上取决于这些组合策略的选择和它们的综合运用效果。

案例练习

【案例阅读】

字节跳动的快速成长

北京字节跳动科技有限公司成立于2012年3月，是最早将人工智能应用于移动互联网场景的科技企业之一。公司以建设“全球创作与交流平台”为愿景 。于2015年开始了全球化布局，“技术出海”是字节跳动全球化发展的核心战略，其旗下产品有今日头条、西瓜视频、抖音、火山小视频等。

字节跳动得以在极短的时间内成功打出三张短视频王牌，离不开其独有的策略：共享AI基因，低成本复制。不管是西瓜视频还是火山、抖音，其实都延续了今日头条的智能推荐功能，头条长期积累的分发经验，解决了海量内容的分发难题，帮助短视频内容匹配到精准用户，以形成更高的曝光。字节跳动算法架构师曹欢欢就曾公开表示：没有一套通用的模型架构能适用所有的推荐场景，但西瓜视频、火山小视频、抖音短视频、悟空问答，都在使用今日头条的推荐系统。不仅如此，今日头条摸索出来的运营方法论，诸如信息流中插入广告、高额补贴吸引内容创作者等，被短视频产品大量复用。所以说，字节跳动短视频多元化的背后，是其智能算法模型的成功裂变。事实上，纵观头条系矩阵下的产品，基本上都沿用了今日头条的方式，这些被反复验证且最高效的功能，极大地降低了头条系产品的资金和人力成本，也避免了产品误入歧途。“在百度，很多产品会用不同的机器学习平台各自为战，但在字节几乎是不存在的，我们用的是一条技术线。”一位从百度跳槽到字节跳动的员工表示。后台技术应用，加上合理定位，成了字节跳动在短视频领域的核心优势。

2020 年 3 月 12 日，字节跳动创始人张一鸣发布全员公开信，宣布字节跳动组织全面升级。成熟的中国市场由张利东和张楠负责，两人分别担任字节跳动(中国)的董事长与 CEO，向张一鸣汇报工作。而张一鸣作为字节跳动全球 CEO，领导公司全球化战略和发展，将更多精力专注于欧美等海外市场发展以及长期重大课题的探索和战略思考，包括超大型全球化组织的管理改进，科技公司的社会责任，以及教育等新业务方向。

新创企业成长初期影响因素最为重要的是财务能力和开拓市场的能力，这符合经济学供需规律，同时在新创企业的成长过程中，其创新能力、管理能力以及运营能力的作用也不可忽视。字节跳动作为一家还未上市的有限责任公司。字节跳动的人员构成与传统的互联网企业不同。据 The information 透露，2019 年人员增至 4 万人，其中约半数在从事广告销售或内容审核工作，一部分从事算法相关工作，约 5000 名员工为软件工程师。从这个意义上来说，这家好用个性化推荐算法推动自身发展的科技公司，实则也是一个劳动密集型企业。

字节跳动目前大致为“1-14-106”人才架构。现字节跳动 CEO 张一鸣，直接领导了 14 名公司高管，其中 14 位一把手之下，还安排了 90 多位二把手，共 106 人。不同于同时期崛起的创业企业，过去很长一段时间里，字节跳动的架构中极少有 CXO 的身影，没有 CFO、没有 CMO 和 CTO。14 名高管直接向 CEO 张一鸣汇报，涵盖公司所有职能，这一模式让张一鸣很难有富余的时间精力去做团队管理和业务沟通以外的事。

在字节跳动现有的拓张规模下，过去的模式显然是难以继续维持的，特别是像抖音这样的社交 APP 在海外攻下市场后，因为一些众所周知的原因，中国智造出海后很容易遭到来自竞争对手和政策的双面阻击。在这样的大背景下，字节跳动迎来了这一次的组织架构调整。

从各家企业的管理实践来看，OKR(Objectives and Key Results)这一管理工具有着 7 大特点：有野心的目标、0～1 的分值结构、关键目标可衡量、针对高不确定性工作、同事评估工作成果、强调公开透明、不用于绩效考核。

据悉，张一鸣也常常将自己的目标向员工公开，正是能够善用 OKR、追求效率，让字节跳动成长为今日的“独角兽”，产出今日头条，抖音等创新产品。OKR 并非是一个新鲜的管理词汇了，近年来，针对于 KPI 和 OKR 的争论也不绝于耳，从一味推崇 OKR，到后面的“兼听则明”，企业管理者已经愈加认识到要“聪明”地使用 OKR、KPI 等不同的管理工具。①

---

① 字节跳动组织架构大调整，HR 可以如何借鉴：https：//www.sohu.com/a/383312942_100218511，2020-03-26。

字节跳动之所以采用OKR也有两个重要的前提，首先，字节跳动成立至今通过不断拓展新业务来扩大市场规模，所有的业务都在摸索中不断成长，这就产生了一种鼓励试错的文化，这种文化允许员工为了达成目标，不断尝试，并且员工可以在一些新方向的探索中获得足够的资源与支持。

其次，字节跳动打造的“今日头条”“抖音”都是2C类产品，一款2C类产品的运营周期内的业务决策，不可能完全由管理者来制定，更多的是把一部分决策权交给能听到“炮火声”的一线员工手里，赋能一线员工，敢于放权，也是字节跳动擅长的地方。此外强大的执行力、“一直在路上”的创业精神等因素都让OKR在字节跳动得以顺利推行。①

企业生命周期是企业发展与成长的动态轨迹，包括发展、成长、成熟、衰退几个阶段。字节跳动可以说是近几年战斗力最凶猛的互联网公司之一，虽说还比不过腾讯和阿里巴巴，但其2019年的营收已经超过百度，公司活力也超于其他互联网公司，字节跳动已经跃升成为互联网行业公司的第二梯队，但从企业生命周期来看，字节跳动仍处于成长阶段。从18年国内普遍的“互联网寒冬”裁员狂潮下，字节跳动的员工数量几乎翻了一番达到了4万人，字节跳动年营收每年增长近200%，这些事件都在告诉我们，字节跳动还在飞速发展。

为何字节跳动成长成了庞然大物之后，还是能处于成长期，营收不断增长呢？除了字节跳动独特的组织形式外，就是企业的战略，这里就不得不佩服张一鸣在企业早期做出的决定，在今日头条初创时期，张一鸣和其团队在毫无基础的情况下开始做个性化推荐引擎，从而形成字节跳动现在的核心竞争力——算法。除了算法之外，最令人瞩目的就是它堪称豪华的核心高管团队。接受外国媒体专访时，张一鸣曾说：“企业发展规则第一条：永远不要损失人才；第二条：永远不要忘记第一条。”无论是什么企业，只要想生存下来，就需要资金和人才。而企业的高层管理团队作为企业最核心的人力资源，在企业的发展初期必须依靠自身的社会关系网络来获取企业成长所必须的各种资源，从而弥补环境不确定性所带来的风险以及企业内部资源的不足。同时，从战略层面来说，企业高层管理者所拥有的社会关系网络也是支持其进行战略决策的重要来源。

【案例讨论】

1. 分析字节跳动如何开展人力资源管理，特别是“1-14-106人才架构”和OKR管理是如何发挥其作用的。

2. 练习构建创业轮廓图

目标：帮助学生明确自己的创业目标。

---

① 字节跳动的OKR管理，你可能学不会：http：//www.mchrcloud.com/details1388.html，2020-03-18。

材料准备：电脑、A4 纸、打印好的创业轮廓图。

学生完成以下内容的填写。

1. 企业名称及建立的日期：________
2. 企业形式为：个体□　有限责任公司□　股份有限公司□
3. 我的顾客主要是：个人□　团体□　公共机关□　其他(简述)□
4. 目前的产品和服务包括：________
5. 我的五个最主要的竞争对手是：________
6. 可能的竞争来自：其他公司□　技术□　行业人员□
7. 我的竞争地位：弱□　较弱□　平均水平□　较强□　强□
8. 对我的产品或服务的需要在递增/递减：________
9. 我可能引进的产品或服务是：________
10. 我可能进入的市场是：________
11. 本企业与众不同的是：________
12. 当前企业最大的营销障碍是：________
13. 我最大的营销机会是：________
14. 我的总体经营目标和增长计划是：________

第三节　创业企业成长

【学习目标】

1. 了解企业生命周期；
2. 学会制订企业成长战略；
3. 学会对企业成长进行创新管理。

实践体验

(一)描绘企业的成长曲线

建议实践学时数：0.5 课时

目标：让学生了解影响企业成长的内外因素

材料准备：活页纸、白板笔、互联网终端(电脑、手机、平板电脑等)

活动步骤：

1. 发布学习小组任务：通过网络或者实地访谈的形式，确定自己感兴趣的创业企业，重点了解该企业过去5年是如何实现成长的。

2. 引导小组讨论：影响创业企业成长有哪些内外部因素，并进行排序。

3. 描绘成长曲线：横轴X轴代表时间，纵轴Y轴代表收入。让学生在空白纸上画出简单的图表。

4. 小组分享：解释这幅图是如何画出的，成长曲线有何特点，企业内外部因素对成长曲线的影响，小组成员对企业成长的想法。

5. 结论：成长对每家特定的企业来说都是独特的，很少有平滑正态成长曲线；企业在不同时期会因内外部因素的影响而呈现不同的成长模式；影响企业成长的最主要的内部因素是管理、营销及资金。

（二）撰写企业成长战略管理方案

建议实践学时数： 0.5课时

目标： 熟悉企业战略管理的内涵、学会撰写企业成长战略方案

材料准备： 活页纸、白板笔、互联网终端(电脑、手机、平板电脑等)

活动步骤：

1. 发布学习小组任务：有创业企业的，请确定自己的创业企业，没有的可以通过网络或者实地考察一个感兴趣的企业。

2. 引导小组讨论：企业成长的战略内涵。

3. 在活页纸或者电脑上完成企业成长战略任务的撰写。

(1)企业的总体规划。

(2)企业的可执行计策。

(3)企业的商业模式。

(4)企业的定位。

(5)企业的价值观。

4. 设计企业战略。

类别	内容要点	原因
公司战略		
竞争战略		
职能战略		

理论解读

初创型企业一般指创立不久并且没有足够资金和资源的各类企业，往往是由创始

人以及少数核心员工组成，都会遇到资金短缺、人才缺乏、业务开拓困难等问题。我国初创型企业的平均寿命只有3～5年，大批企业消失或被市场淘汰，创业容易生存难成为普遍现象。初创型企业有产品、技术、市场、资金、团队等资源，真正的战略就是知己知彼，审时度势，找到市场趋势和竞争对手的优劣势，确定短期和长期目标，安排好时间计划，运用各种策略，迅速占领市场。

创业企业成长

创业初期的企业特征：以生存为首要目标的行动阶段；依靠自有资金创造现金流；充分调动“所有人做所有事”；创业者亲自深入运作细节。

创业初期职能管理：系统相对集权，有可能使子系统之间严重失衡，缺乏计划和控制系统下高度的灵活性甚至是随机性，没有实施专业化管理的土壤，如果各个部门之间协调不好会降低工作的效率。

计划方面，创业初期的企业更多注重对市场机会的开发、把握，以现有可利用市场机会确定经营方向，包括远景目标(3～20年)和实现远景目标战略(1～3年)；领导方面，通过与所有能提供合作和帮助的人们进行大量的沟通交流，并提供有力的激励和鼓舞，率领大众朝着某个共同方向前进；控制方面，初创期企业尽量减少计划执行中的偏差，确保主要绩效指标的实现。

(一)企业生命周期

企业生命周期是企业发展与成长的动态轨迹，包括发展、成长、成熟、衰退几个阶段。企业生命周期理论的研究目的在于试图为处于不同生命周期阶段的企业找到能够与其特点相适应、并能不断促其发展的特定组织结构形式，使得企业可以从内部管理方面找到一个相对较优的模式来保持企业的发展，在每个生命周期阶段内充分发挥特色优势，进而延长企业的生命周期，帮助企业实现自身的可持续发展。

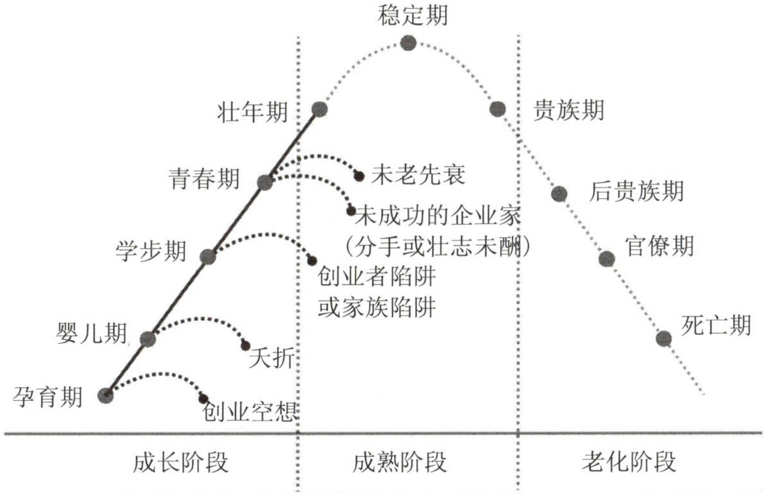

图 8-3-1　企业生命周期模型

伊查克·爱迪思可以算是企业生命周期理论学者中最有代表性的人物之一。他在《企业生命周期》一书中，把企业成长过程分为孕育期、婴儿期、学步期、青春期、壮年期、贵族期、官僚初期、官僚期以及死亡期共十个阶段(见上图)，认为企业成长的每个阶段都可以通过灵活性和可控性两个指标来体现：当企业初建或年轻时，充满灵活性，做出变革相对容易，但可控性较差，行为难以预测；当企业进入老化期，企业对行为的控制力较强，但缺乏灵活性，直到最终走向死亡。

有两种主要的生命周期方法——一种是传统的、相当机械地看待市场发展的观点(产品生命周期/行业生命周期)；另外一种更富有挑战性，观察顾客需求是怎样随着时间演变而由不同的产品和技术来满足的(需求生命周期)。

表 8-3-1

阶段	特征	重点问题	陷阱
创业期	雄心勃勃，愿意承担风险，把所有事情都看作机会；经验不足，产品尚未被市场接受，销售增长缓慢；企业负担重，实力弱小但成长迅速	搭建企业家平台，人、财、物的持续投入，企业发展环境和载体设计	产品定位陷阱
成长期	企业成长最快，规模效益开始出现，市场开拓能力迅速加强，市场份额扩大，产品品牌和企业的名声为世人所知晓，股权开始出现多元化，矛盾多发期	战略管理，管理的制度化制度，股权结构优化，贡献利益分享	股权收益陷阱，企业扩张陷阱
成熟期	企业的灵活性和可控性达到平衡，市场份额稳定，组织良好，内部关系网变得日益重要，开始讲究做事方式、穿着与称谓；拘泥传统	文化理念设计，核心能力的培养与强化，变革管理，接班人的培养	管理困境与官僚体制陷阱
蜕变期	内部斗争激烈，客户被忽视，喜欢追究问题责任、玩政治手腕，偏执束缚了企业，缺乏创新，企业难以产生所需现金	企业全面再造，创新精神	观念陷阱

(二)企业成长战略

1. 企业成长战略内涵

企业成长战略是管理者认真规划的一条试图让企业成长、壮大的途径，它是为更为远期的企业使命或长远目标服务的。尽管成长战略可以允许企业在发展中期进行调整，但企业原有的战略根基，仍然可以在改变后的成长战略中找到相关依据。企业发展战略是关于企业发展的谋略。企业发展是成长、壮大的过程，其中既包括量的增加，也包括质的变化。

1965年，美国的一位专家发表了《企业战略论》。从此以后，“战略”这个概念就进入了商业领域。军队从事战争，企业从事竞争，两者虽然本质不同，但都存在一个“争”字。企业既然要参与竞争，就要在竞争中讲究谋略。企业谋略也有大小之分，大谋略是战略，小谋略是战术。在企业领域很少有人使用“战术”这个概念，虽然很少使用，但它是客观存在的。企业谋略不能有大无小，企业的小谋略只能被称为“战术”。“企业战略”是企业中各种战略的总称，其中包括发展战略、竞争战略、营销战略、技术开发战略等。这些战略的基本属性是相同的，都是对企业整体性、长期性、基本性的谋略，不同的只是谋划角度。

2. 企业战略实施步骤

初创型企业所面临的问题很多，主要有现金流问题、团队磨合问题、商业模式调整问题、产品或服务的提升问题、管理架构的调整、岗位责任制的落实、执行力的加强、市场渠道的建设、财务和现金的管理、品牌建设等。精益创业教父史蒂夫·布兰克总结初创企业犯下的最致命错误时指出，初创企业的商业计划只是一系列未经验证的假设。所以，在这些假设被验证之前，任何冒进和投入都是非常冒险的。唯有走进客户、获取反馈、不断改进和迭代，直到找到可重复、可扩张、可盈利的商业模式，才可以进入到扩张的阶段。

那么如何制订发展战略呢？下面阐述其四个步骤。

第一步是战略环境的分析和预测。

一般来说就是要分析一下企业的经营特征，简单来说就是要回答一个问题，即我们是谁？很多人觉得这个问题很简单，其实不然，当你长期工作在一个环境里，对企业周围都习以为常的时候，你不一定能很准确地回答这个问题。比如某汽车公司，大家都可以看出这家公司的业务特征是以制造业为主的，可是在我们把该汽车公司的各个业务模块和它的各个事业单位进行分析了以后，才发现该汽车公司最大的利润来源不是它的制造业，而是它的金融行业，这是一个很让人吃惊的分析结果。

对于这样一个结果我们应如何来认识？是不是说该公司可以忽略它的制造业，而主要关注它的金融业的发展？当然不是，如果这家汽车公司的金融业没有制造业做基础的话，它将失去品牌和商誉，也将失去赢利的能力。因此，对于这家汽车公司来说就一定要把它的制造业发展好，而且它必须很清楚其主要利润来源是金融。通过这个例子，我们可以看出企业要认清自己并不是一件容易的事情。

第二步是要制订目标。

这里所指的目标和我们前面提到的“确定战略目标”中的“目标”有所不同，那个“目标”是我们要做变革，怎么样做变革以及想达到什么样的结果，但是那些描述都是定性的，并不是一个量化的目标。我们所制订的战略规划，落脚点应该是可评估、可衡量、可操作的规划，量化的目标是做到这一点的基础。

第三步是要确定战略执行过程中的重点。

企业综合战略，它的重点是确定企业使命、划分事业单位、确定关键单位的目标。像前面提到的那家汽车公司，就要在企业综合战略中确定其制造业单位的目标和金融业单位的目标，这是最高层次的战略。对于事业战略，它的重点是如何贯彻企业使命、环境分析、二级单位的目标以及实现目标需要的具体措施。

第四步就是制订行动计划和划分阶段。

确定好战略重点后，就要将所有的决策细化为可执行的计划，分阶段进行行动计划，阶段计划是推进战略行动计划进行的保障。

第五步就是要制订实施战略的措施。

这个是战略计划实施的关键，避免纸上谈兵，积极推进战略落实。

（三）学会对企业成长进行创新管理

环境的复杂性加大了企业的经营风险，同时对企业的经营管理工作提出一系列新的要求。企业家的一项经营决策失误往往会导致整个企业经营的失败，所以经营策划应是组织运作的规范性与灵活性的兼容。企业要强化基础和规范化管理，但绝不能以丧失灵活性和对环境的适应能力为代价。这些都是对处于成长过程的新企业所要面临的挑战。

企业成长包括“质”和“量”两个方面。企业成长的量，主要表现为企业经营资源的增加，即销售额、资产规模、利润等；企业成长的质，主要表现为变革与创新能力，指经营资源的性质变化、结构的重组等，如企业创新能力、环境适应能力等方面。

美国教授费来德·R. 大卫在《战略管理方法》一书中，认为战略的形成主要由四部分组成，即经营宗旨确定、外部环境估定、内部环境估定和战略分析与选择。通过以上四个步骤的工作实现四个目标：（1）明确一个机构或企业的宗旨；（2）建立起若干年之后的奋斗目标；（3）选择适应自己机构或企业的战略；（4）制订实施战略的相应政策。

案例练习

【案例阅读】

案例一：初创企业：火星文化的起死回生[①]

黑马基金 2014 年投了一家做视频内容发行与营销的公司叫火星文化，投了大概半年时间，内部复盘觉得这个项目可能要失败。这个项目的创始人李浩是一个很厉害的

① 案例资料根据黑马基金管理合伙人胡翔在 GICC 全球中小企业创新大会上做的演讲《创业企业成长路径》整理。

创始人，原来在大的视频平台做高管。当他出来创业的时候，就很想做一件大事。当他做火星文化的时候，就把内容的研发、创作、发行、运营、变现等能干的事一股脑儿全做了。做了一段时间发现遇到麻烦了，好的节目签不到，自己研发的节目品质过不了关，帮人做推广也比想象中的艰难很多。过了半年时间，自己的产品在行业内没有形成影响力，变现的局面没有打开。结果人心就散了，一个联合创始人跑了，一个负责内容的高管也跑了。人跑了之后，钱也快没了。当时公司账上大概还剩下27万的现金，但是每个月的固定支出就有将近50万。创业做到这样一个程度，还怎么做下去？好在这个创始人实力不一般，这也是黑马基金当初投资他的原因。他当时干了几件事：

第一，他先在微信朋友圈融资。一周时间微信融了接近2000万，其中有300万是9个同事从家里拿的钱，解决了他的燃眉之急。

第二，砍业务，单点突破。他把公司其他业务都砍了，只留下发行业务，聚焦做发行。后面用了一年多的时间，他们就成了新媒体发行领域的第一名。视频领域的一些头部IP，像《吐槽大会》《暴走动漫》都找他们做发行，然后公司又拿了A轮、B轮几个亿的融资。

复盘一下这个项目，他在初创的时候犯的最大的问题是什么？就是想干大事，事情不聚焦。这是很多大公司、大平台出来的创始人最容易犯的错误。他们觉得自己资源多，可以做很多事情。大家都想做大，但有时候大的想法和欲望需要先藏在心里，从小做起。

火星文化之所以能够起死回生，除了创始人有足够强的愿望和决心，不放弃之外，就是战略聚焦。这也是黑马基金在企业初创阶段强调最重要的一点。

案例二：凯叔讲故事案例①

黑马基金投凯叔讲故事的时候很多人不理解，为什么要投一个给小朋友讲故事的公司呢？

我们来看看这个投资逻辑：

(1)小而锐利的切入点。讲故事是一个很小的切入点，孩子们都要听也爱听。所以才有早期投资的机会。

(2)拓展边界不断延展。走过初创阶段后，凯叔讲故事开始延展，从讲故事开始，到给孩子们念唐诗、宋词、做国学声律启蒙，逐渐发展成一个儿童内容品牌。然后人们明白了，这不仅是讲故事，而且是孩子们的非课堂教育。要培养孩子们的国学素养，听的国学声律启蒙，可比在课堂上死记硬背强多了，所以讲好故事是多么重要。讲好

① 案例改编自《1400万孩子喜欢的凯叔讲故事如何做内容运营》：www.jianshu.com/p/fe35f395bdc5，2018-9-1.

故事，做好儿童内容品牌，让孩子的童年更幸福，这就是一个从切入点到拓展边界的故事。

所以，在企业的成长阶段需要强调的是，当企业以一个小而锐利的切入点切入，站稳脚跟后，要不断拓展边界，从小领域的领先做成大赛道的领先。

【案例讨论】

企业成长可以概括为"大""强""长""活"四个维度，搜索企业排行榜数据，如中国成长百强企业，中国500强企业排名等，找到这样的排名和企业资料，认真分析成长四个维度之间的辩证关系，并结合上述两个案例的启发，进一步讨论您的企业可持续成长问题。

第四节　企业开办计算机综合实践

【学习目标】

1. 通过实训培养学生对开办企业主要事项的感性认识；
2. 通过实训真实感受我国现行商业政策环境下的企业开办过程；
3. 通过实训了解开办企业所必需的各类材料资质；
4. 通过实训补充开办企业所需相关知识。

实验介绍

项目名称：企业开办计算机综合实践

企业开办应用是一个3D互动式的工商注册模拟实训应用，系统内设计了一个标准的有限责任公司的成立开办流程，学生需要根据应用内置的背景数据，并与3D场景及各种仿真办事窗口的互动的形式模拟开办注册一个确定的公司。该应用的开办流程完全对接了国内目前最新的相关工商注册政策法规，体现了最新的简化了的行政审批流程及企业开办三证合一的新内容。

该应用的设计目的在于通过实际动手实训的形式，使学生对我国目前政策环境条件下的企业设立开办能有一个直观感受与理解。

该应用的特点是完全基于3D虚拟仿真技术，学生除了可在普通电脑上进行模拟实训外，还能在更大屏幕的3D互动教学一体机及3D互动学习一体机上开展训练，结合专用虚拟仿真硬件的实训将能更加真实逼真地模拟现实环境。

该应用如果用于实验室封闭集中式实训教学，授课教师除了围绕企业开办实训本身的规则讲解流程引导及结果评估外，还可以展开引申讲解更多企业开办的基础知识，如个体工商户、股份制公司的设立等。

企业开办计算机综合实践学生界面

课时安排

3 课时

内容	课时
教师实训前规则讲解	10 分钟
每名学生自主完成企业开办过程	90 分钟
教师总结及更多知识讲解	30 分钟

使用形式

1. 这是一个计算机网络实训游戏，建议在学校标准计算机实验室内开展教学；

2. 本实验需要在专业教师的统一组织协调下开展，个人学习者无法独立完成该实验；

3. 教师可扫码后点击右方“申请试用”即可获得免费教学账号。

贝腾

第五节　创业财务基础计算机模拟

【学习目标】

1. 通过实训，掌握基本的财务概念与知识；
2. 通过实训，掌握基本的财务预算的编制及方法；
3. 通过实训，培养财务报表的编制及阅读的能力；
4. 通过实训，掌握成本与盈利的计算方法；
5. 通过实训，掌握财务指标的计算与分析；
6. 通过实训，补充更多企业经营管理过程中相关的其他各方面知识，拓宽创业知识面。

实验介绍

项目名称：创业财务基础计算机模拟

财务基础模拟应用是一个基于财务基础知识学习与认知的企业经营商业模拟游戏，应用以虚拟的“季度”为经营周期，每名学生进入应用后都将以现金的方式获取一笔启动资金，系统设计了一个虚拟的工艺品设计加工销售行业的公司蓝本，该公司是一家小型的初创企业，每名学生通过对该虚拟公司的持续多轮模拟经营，系统地学习企业经营过程中所需的基础财务知识与基本技能。以下是模拟经营的各个关键任务与流程：

获取资金 → 租用场地 → 预算计划 → 应收应付 → 申请贷款 → 购买设备 → 招聘工人 → 购买原料 → 生产产品 → 产品定价 → 产品销售 → 支付费用 → 期末报表

本应用的设计初衷并非是为了让学生掌握一个工艺品公司的经营管理技能，同时也不以培养专业的会计或财务管理人员为目标，其核心目标是以创业教育为背景，以一个可能潜在的创业者需要了解掌握的基础财务管理知识为前提，且该学生可能原本对该领域的知识知之甚少，通过形象具体且互动趣味的3D模拟经营游戏的形式，把原本枯燥乏味且抽象晦涩的财务管理基础知识，能让大部分原本对该领域知识积累不多的学生获得较好地掌握和理解，拓宽学生的管理知识面，并对学生未来的就业及创业给予帮助。

作为教师，在该应用的实训过程中，更多充当的是一个教练员的角色，大部分时间将由学生自主实训操作来完成。当然在完成阶段性的模拟经营后，教师也可以挑选部分扩充的财务基础知识甚至其他企业经营管理知识作为课堂补充，为学生做简单讲解。该应用标准配套了详尽的教学手册，授课 PPT 及学生练习手册等教学辅助资料，可供老师与学生直接使用。

财务基础模拟应用为了使学生能有效达到学习目的，系统内包含了下列几个核心功能块：

(1)应用内置了一个完整的商业模拟经营引擎，可以完整详尽地驱动一个公司从初步成立到发展壮大的完整过程。

(2)应用内还设计了一个完整的知识内容展示系统，在每个经营任务开始时，系统都将展现与当前经营相关的基本知识及扩展知识，这对自主学习的学生将起到很好的知识辅助学习作用。

(3)应用内设计了一个以财务基础知识学习为目的的知识互动学习模块，每名学生需要在模拟经营过程中根据自己企业经营的情况回答动态出现的知识互动题，加强对自身企业经营情况的了解。

(4)应用内置了一个完整的财务数据变化动态演示系统，每一步企业经营完毕后，系统都将自动对当前经营对财务数据产生的变化影响进行动态演示，让学生直观明白实际企业经营与财务数据之间的关联。

(5)应用内还包含一个财务报表及核心数据的学生练习比对功能，通过让学生手动计算填写自己经营公司的关键财务数据，进一步加强学生对知识的掌握与理解。

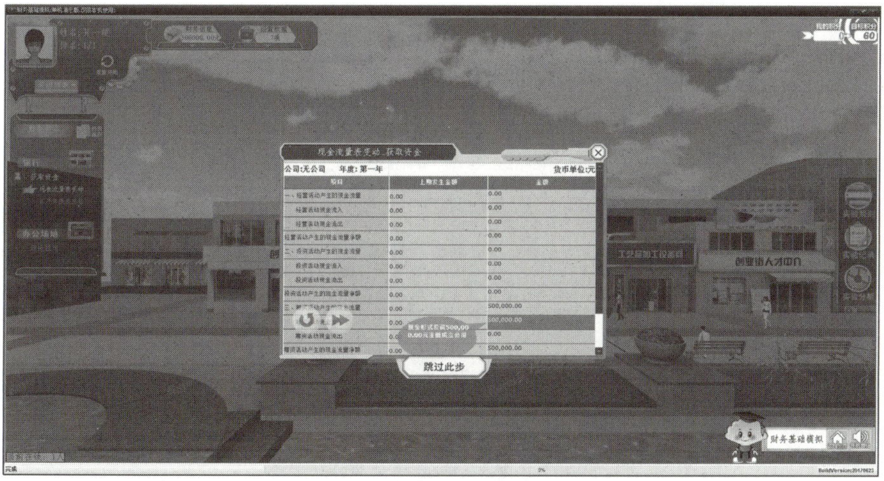

创业财务基础计算机模拟学生界面

课时安排

4 课时

内容	课时
教师实训前规则讲解	10 分钟
了解规则及开业准备	10 分钟
应收应付核对	5 分钟/季度
现金预算制订	5 分钟/季度
银行贷款申请	5 分钟/季度
设备采购管理	5 分钟/季度
人员招聘管理	5 分钟/季度
原材料购买	5 分钟/季度
产品生产管理	5 分钟/季度
产品定价管理	5 分钟/季度
产品销售管理	5 分钟/季度
期末结算管理	5 分钟/季度
教师教学分析点评	10 分钟

使用形式

1. 这是一个计算机网络实训游戏，建议在学校标准计算机实验室内开展教学；

2. 本实验需要在专业教师的统一组织协调下开展，个人学习者无法独立完成该实验；

3. 教师可扫码后点击右方“申请试用”即可获得免费教学账号。

第六节　创业营销基础计算机模拟

【学习目标】

1. 通过实训，建立市场概念，了解消费者需求及供求关系。
2. 通过实训，掌握市场营销中目标消费群体定位分析的方法及技巧。
3. 通过实训，掌握市场营销中目标市场规模分析方法及技巧。
4. 通过实训，学习市场营销中产品定位与选取。
5. 通过实训，学习产品的基本定价方法与定价思路。
6. 通过实训，认识渠道，了解不同渠道销售的特点。
7. 通过实训，学习常见的促销方法及其对产品销售的影响。
8. 通过实训，运用简单的营销组合开展销售活动。
9. 通过实训，补充更多企业经营管理过程中其他相关的各方面知识，拓宽创业知识面。

实验介绍

项目名称：创业营销基础计算机模拟

营销基础模拟应用是一个基于营销基础知识学习与认知的企业经营商业模拟游戏，以虚拟的“月”为经营周期，每名学生进入应用后都将以现金的方式获取一笔启动资金，系统设计一个虚拟的零售行业的个体经营户。该经营户是一个初创的实体小店铺，每名学生通过对该店铺持续多轮模拟经营，系统学习创业过程中所需的基础税务知识与基本技能。以下是模拟经营的各个关键任务与流程：

本应用的设计初衷并非是为了让学生掌握具体的个体经商户的经营管理，同时也不以培养专业的营销管理专业学生为目标，其核心目标是以创业教育为背景，以一个可能潜在的创业者需要了解掌握的基础营销管理知识为前提，该学生可能原本对该领域的知识知之甚少，通过形象具体且互动趣味的3D模拟经营游戏的形式，把原本枯燥乏味且抽象晦涩的营销管理基础知识，能让大部分原本对该领域知识积累不多的学生

也能较好地掌握和理解，拓宽更多学生的管理知识面，并对学生未来的就业及创业提供颇有裨益的帮助。

作为教师，在该应用的实训过程中，更多充当的是一个教练员的作用，大部分时间将由学生自主实训操作来完成。当然在完成阶段性的模拟经营后，老师也可以挑选部分扩充的营销基础知识甚至其他企业经营管理知识作为课堂补充，为学生做简单讲解。该应用标准配套了详尽的教学手册，授课 PPT 及学生练习手册等教学辅助资料，可供老师与学生直接使用。

营销基础模拟应用为了使学生能有效达到学习目的，系统内包含了下列几个核心功能块：

1. 应用内置了一个完整的商业模拟经营引擎，可以完整详尽地驱动一个个体经商户从初步设立到产品选择、渠道开拓、宣传、促销、销售等完整经营的过程。

2. 应用内还设计了一个完整的知识内容展示系统，在每个经营任务开始，系统都将展现与当前经营相关的基本知识及扩展知识，这对自主学习的学生将起到很好的知识辅助学习作用。

3. 应用内设计了一个以营销基础知识学习为目的的知识互动学习模块，每名学生需要在模拟经营过程中根据自己企业经营的情况回答动态出现的知识互动题，加强对自身企业经营情况的了解。

4. 应用内还包含一个营销数据的学生练习比对功能，通过让学生手动计算填写其所在公司的相关营销数据，进一步加强学生对知识的掌握与理解。

创业营销基础计算机模拟学生界面

课时安排

4 课时

内容	课时
教师实训前规则讲解	10 分钟
市场调研及开业准备	10 分钟
产品进货任务	5 分钟/月
产品价格制定	5 分钟/月
营销渠道宣传	5 分钟/月
促销方案制订	5 分钟/月
产品销售过程	5 分钟/月
模拟经营总结	5 分钟/月
教师教学分析点评	10 分钟

使用形式

1. 这是一个计算机网络实训游戏，建议在学校标准计算机实验室内开展教学；

2. 本实验需要在专业教师的统一组织协调下开展，个人学习者无法独立完成该实验；

3. 教师可扫码后点击右方“申请试用”即可获得免费教学账号。

第九章　综合游戏实践模拟

第一节　商业游戏沙盘模拟

一、SIYB 游戏模块概述

1. SIYB 游戏的目的

作为一种培训工具，SIYB 游戏为学员提供了在培训教室中经营企业的“实践”经验。游戏的设计目的是为了给学员提供机会，让他们做出各种经营决策并面对这些决策带来的结果，而这些决策正是他们在实际企业经营中必须要做出的。因此游戏是在模拟一个真实的企业经营环境。

2. 辅导教师的作用

SIYB 游戏成功与否在很大程度上取决于辅导教师在其中所起到的作用。在辅导游戏之前，必须熟知该游戏的过程和操作方法，预测游戏过程中可能会出现的状况。这里建议由两名教师共同辅导游戏。

教师应该使游戏做得既快乐又真实，应该了解并扮演好自己在游戏中的角色。在游戏中，教师扮演的角色包括银行经理、李玉、张纲、赊销市场、来借钱的亲戚、零售商的顾客等。要积极认真地扮演这些角色，使游戏尽可能“逼真”。角色转换要自如，为此要多加练习。

二、SIYB 游戏模块道具和人物

标准帽(模块 1、2)：每个人都喜欢的帽子——样式简单的高帽。

原材料(模块 1、2)：游戏当中用白纸作为生产产品的原材料。白纸的尺寸必须是 A6 纸，即标准 A4 纸的四分之一(约 5 厘米×14.5 厘米)。

制造商小组可以从张纲批发店购买到原材料，并用这些原材料制作标准帽或旅游

帽。这样原材料将增值，制造商可以通过销售它们来获取利润。

只有制造商才能制作帽子。作为辅导教师：

(1)一定要确保准备了足够的纸张；

(2)用废纸做原材料；

(3)游戏结束后回收用过的纸张。

李玉收购店(模块1、2)：制造商小组向李玉收购店出售他们制作的成品，李玉收购店再向市场销售。

储蓄和贷款银行(模块1、2)：每个小组在银行都有储蓄账户，任何时间都可以从这里存钱和取钱，银行不付存款利息。各小组在每个月的月初向银行贷款，这笔贷款应该在月底归还，从银行贷款要付利息。

张纲批发店(模块1、2)：制造商小组从张纲批发店购买原材料，每张原材料的价格是40元。在这个月中，张纲还可以回购没有用过的原材料，每张的回购价格是20元。

诚信超市(模块1)：各组在诚信超市购物。任何食品类商品(不论价格高低)的质量都"很好"，但是保质期只有"一周"。所有其他商品都不是必需品，而是"奢侈品"。

购物记录卡"我们买了哪些东西"(模块1)：各组要用这张卡片来记录自己从诚信超市购物的情况。把这些购物记录卡视为所购"物品"的储存盒。

还钱转盘(借钱人/赊销)亲戚(模块1、2)：某个小组可能会拿到一张要求他借钱给亲戚的情景卡。这时应该由该小组的一个成员转动"他们会还钱吗?"的转盘，来决定借钱人何时还钱，还多少钱。

制造商小组成员转动转盘，看看如果他们采取赊销的方式，能够收回多少货款，何时收回货款(每批赊销产品转动一次)。

作为辅导教师，要坚决按照转盘指针指向的结果秉公办理。

情景卡(模块1)：情景卡反映了实际生活当中会发生的各种情景，其目的是为了检验如何组合资金。情景卡上面的情况必须立即应对。老师观察哪一组做出了不当的决策，有针对性地派发一张情景卡给这个小组。要求各组大声读出他们拿到的情景卡的内容，以便其他小组可以从这种情况中吸取经验教训。

货币(模块1、2)：游戏当中有不同面值的货币可以使用。这些货币只是作为道具，并非实际货币。

现金盒(模块1、2)：每个现金盒上面都有口袋，供各组具体分配和存放他们的钱。要向各组指出，把钱放在现金盒里不如放在银行安全，教师可以玩点小花样。偶尔从现金盒里偷一点钱出来，记下你偷了多少。用情景卡也可以引出这一学习要点。

企业周期示意图(模块1、2)：在做游戏的过程中，企业周期示意图用于控制各组每天的活动。把示意图挂在墙上，在示意图上逐天移动"今天"粘贴片，来向各组表明目前是"哪一天"。此外，应该给每一组(或每一名学员)发一张复印的企业周期示意图，用作日历和记账体系的基础。

组合记账表(模块1、2)：在这个月中，学员利用企业周期示意图来记录他们的生产、销售和各种成本以及费用支出。到了月底，当游戏结束时，各组应该用本手册后面所附的组合记账表来计算自己小组的盈亏。

计时器(模块1、2)：计时器是用来控制“每日”的时限和各项具体活动的时限，目的是为了鼓励各组有效地做出决策。

骰子(模块1、2)：每个模块当中都可以利用骰子来引出更多的变化。

卡通图(模块1)：卡通图上的人物代表经营企业的不同方式。在讨论这些人物时，先把卡通图贴在墙上，然后与学员讨论他们的特征，并给每组分配一个角色。在这个月的第一周内，让每组按照他们所扮演角色的特征来做决策。

三、SIYB游戏模块规则和步骤

(一)游戏模块1：企业基本周期

产品：标准帽

主要学习要点：

(1)企业基本周期(增值和赢利)。

(2)做出各项财务决策(企业需要和家庭需要之间的矛盾)。

(3)管理现金流量。

(4)基本记账体系。

(5)控制风险。

总课时	2小时
介绍游戏学习目的	5分钟
介绍模块1学习目的	5分钟
介绍人物和道具	10分钟
介绍模块1游戏规则	10分钟
玩卡通人物游戏	10分钟
制订计划	10分钟
玩游戏模块1	50分钟
讨论结果	20分钟

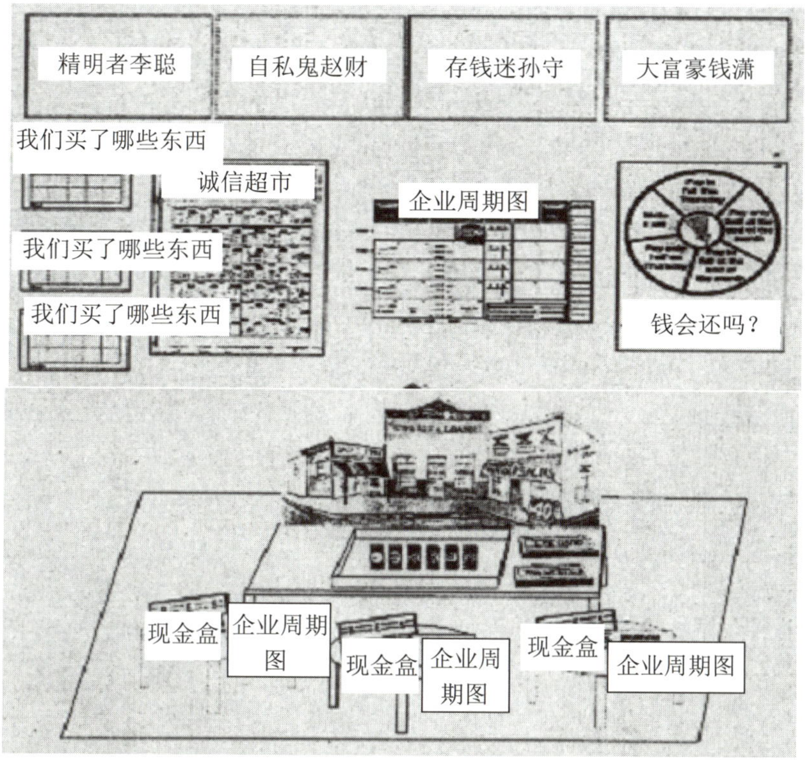

图 9-1-1　游戏场景的设立

向学员说明游戏场景的设置(人物、产品、工具)和游戏规则。在开始玩游戏之前要解释清楚所有事项。

向各组介绍游戏

将学员分成三组：红组、蓝组和绿组，每组都生产标准帽。向小组演示制作标准帽的方法，让各组练习制作帽子，把练习当中制作的帽子都收上来扔掉。

为了进行这一模块，各组要在游戏开始的第一天从银行获得 160 元的贷款。这笔贷款将于 29 日连本带息还给银行。还款总额为 200 元。

所有小组都在租赁来的厂房里办公，要在 27 日付 100 元的房租。

各组把制作好的帽子卖给李玉收购店，售价为每顶 80 元。李玉可以不限量收购，然而帽子的质量必须合格。

此外，各组在每一天都要做如下一些具体的活动：

星期一：各组从张纲批发店以每张 40 元的价格购买原材料，一手交钱，一手交货。

星期二：各组生产帽子。从第三周的星期二开始使用情景卡。如果情景卡要求该组向外借钱，该组必须转动“钱会还吗?”的指针。

星期三：各组向李玉收购店销售其产品。李玉每购买一顶质量合格的帽子支付 80 元现金。

星期四：各组收回所有欠款。

星期五：各组制订计划。

星期六：星期六是购物日，所有物品都从诚信超市购买。

星期天：各组在星期天休息。

玩游戏

分成两部分与学员玩该游戏模块。

首先，只玩一个星期(玩到 8 号星期四为止)，按照 3 个卡通人物自私鬼赵财、存钱迷孙守和大富豪钱潇那样行事，来演示会产生什么结果。

然后，玩完整的一个月游戏，每个组都扮演精明者李聪。

在玩该游戏模块时，把写有“今天”的粘贴片逐天移动。用计时器来控制每一天的长度。

在最后一天，每个小组要计算其当月的利润。

讨论问题

从下列问题中选择一些问题，引导学员进行开放讨论。

1. 销售

(1)各组销售了多少顶帽子，获得了多少利润?

(2)哪一组盈利最多？为什么?

(3)做出了哪些决策？这些决策带来的后果是什么?

要学习的经验教训：产量低意味着销量低，销量低意味着利润低。

2. 有限资金的分配

(1)各组喜欢墙上张贴的哪个卡通人物?

(2)明智区分开企业经营和家庭消费了吗?

(3)你在实际生活当中会如何行事?

(4)每组在诚信超市花了多少钱？各组购买的是生活必需品还是奢侈品？如果你不买生活必需品，会发生什么情况?

要学习的经验教训：家庭消费必须用个人的钱(工资)来支付，而不是用企业的钱。

3. 记账

(1)记账是否有助于说明各组的经营状况?

(2)各组记账了吗?

要学习的经验教训：记账有助于分析企业的经营状况，从中汲取教训并加以改正。做企业计划时需要以记账为基础。

4. 情景卡

(1)各组如何应对意外事件?

(2)哪组向外借钱了？借出去的钱还回来了吗?

(3)遇到困难的小组是否向其他组求助了？如果没有，是怎么解决的?

要学习的经验教训：如果你没有储蓄，当你遇到意外支出时最终会损失更多金钱。合作，少向外借钱，将钱存入银行。

5. 供 SYB 学员讨论的其他问题

(1)一个成功的生意人应该具备哪些特征?

(2)将“企业经营和家庭消费”区分开来的重要性在哪里?

(3)一个潜在的小企业家在开办一家企业之前应该做好哪些工作?

(4)为什么“企业计划”对于创办企业而言十分重要?

(二) 游戏模块 2：供给和需求

游戏模块 2 的教学目的是当该游戏模块结束时，学员要达到的目的并体验、实践了以下 6 个方面：

(1)市场营销(预测需求和供应)；

(2)存货管理(规划适当的存货水平)；

(3)采购(规划采购数量、谈判采购价格/付款条件)；

(4)成本核算(确定直接成本和间接成本，以便制订价格)；

(5)记账；

(6)企业计划。

总课时	2.5 小时
从模块 1 中获得经验教训	5 分钟
介绍模块 2 学习目的	5 分钟
介绍新的人物和道具	10 分钟
介绍模块 2 游戏规则	10 分钟
制订计划	20 分钟
玩游戏模块 2	70 分钟
讨论结果	30 分钟

向学员说明游戏场景的设置(人物、产品、工具)和游戏规则。在开始进行游戏之前要清楚解答学员可能提出的所有问题。

向各组介绍游戏

强调游戏模块 1 中的学习要点，介绍游戏模块 2 的目的，向学员说明该模块不再使用诚信超市和情景卡。

将学员分成三组：红组、蓝组和绿组。在该模块中红组是零售商，只有蓝组和绿组生产标准帽。

在该模块中，帽子的生产要根据市场需求来进行。演示“供给和需求”指示图的使用方法，如果帽子的售价高，市场需求就会降低。反过来，如果帽子的售价低，市场

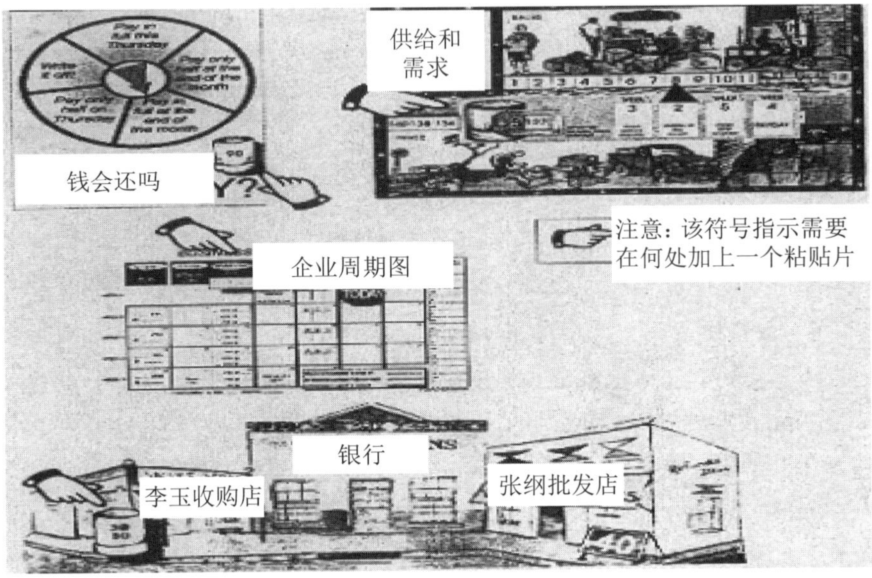

图 9-1-2　游戏场景的设立

需求就会增加。零售商使用"供给和需求"指示图比较频繁，让零售商进行练习来理解这一市场概念。

对帽子的需求是波动的。进一步解释该镇的居民在每个月的 17 日领工资，这意味着该镇居民在第四周钱比较多，在第五周也还有一些钱。而在发薪日之前的一周则是身无分文，这就意味着在第三周，市场上对帽子的需求量最低。

制造商向李玉收购店、红组或者赊销市场销售自己的产品，与这三个顾客打交道的方法各不相同。在游戏模块 2 中，李玉每周只从每个制造商那里收购三顶质量合格的帽子，她将拒绝收购质量不合格的帽子，她的收购价是每顶帽子 80 元。

制造商还可以把自己的产品卖给红组。但是，两个小组必须就产品的质量、销量和价格进行谈判并达成协议。

同样，制造商还可以把产品卖给赊销市场。该市场对帽子的收购不限量，每顶的收购价格是 90 元，制造商必须转动"钱会还吗"指示图上的转盘来决定，他们是否能够收回货款以及能收回多少货款。

游戏进行

进行这一模块游戏时，每组有 100 元的存款。此外，每组在该月的第一天从银行获得 200 元的贷款。贷款在 29 日连本带利还给银行，共 250 元。每组还要在 27 日(周二)付房租 100 元。

各组在每一天的活动内容如下：

星期一：制造商从张纲批发店购买原材料。

星期二：制造商生产标准帽。

星期三：制造商销售帽子，零售商购买帽子。

星期四：零售商销售帽子，然后制造商回收货款。

星期五：各组做计划。零售商必须在悬挂的“供给和需求”指示图上确定下周的市场状况。

星期六：各组支付 60 元工资和 50 元薪金。包括该月第一和最后一个星期六在内。

星期天：各组休息。

利用计时器来控制每一天的开始和结束，逐天移动“今天”粘贴片。在最后一天，各组计算各自当月的利润。各组首先应该扣除 100 元存款(资产)，以便算出正确的利润额。

讨论问题

从下列问题中选择，引导学员进行开放式讨论。

1. 销售

(1)实际销售与计划销售相比情况如何？为什么二者之间产生了差异？

(2)实际销售的帽子数量与计划的销量之间是如何产生差异的？

要学习的经验教训：理解供给与需求之间的关系十分重要。只有你的产品有市场需求时，才会有销售。制订任何计划都应该以准确的市场信息为依据。

2. 制造商小组

(1)市场上存在哪些机会？这些机会得到充分利用了吗？

(2)与零售商的谈判进行得如何？是否签订了合同？是否履行了合同？

(3)制造商之间进行了哪些有效的合作？

(4)哪些因素影响了企业的经营状况(赊销、书面合同等)？

(5)为什么一个制造商比另一个制造商赢利更多或亏损更大？

要学习的经验教训：与商业伙伴建立良好的关系能够改善你的企业；与方方面面进行有效地沟通对企业经营十分重要；合同有助于实现沟通；产生问题时，合同还可以保护企业免受损害。

3. 零售商小组

(1)零售商面对波动的需求是如何制订市场营销战略的？

(2)零售商在制订自己的战略之前，是否根据实际情况了解清楚每一组制造商能够生产多少产品？

(3)与制造商的谈判进行得如何？是否签订了合同？是否履行了合同？

(4)与制造商进行的沟通和合作是否有用？

(5)零售商是否每周都拿到了最好的价格？是否充分利用了第四周的潜在优势？是否为实现这一目的准备了存货？

(6)零售商如何能够做得更好？

要学习的经验教训：谈判和签订合同是你控制市场波动带来的不可预见后果的重要方式；有效的谈判是企业取得最好经营效果的重要工具。

4. 其他事项

(1)哪一组敢于冒风险？冒险的决定对企业经营产生了什么样的影响？

(2)各组是否进行了恰当的记账？记账对该组有帮助吗？

(3)在做产品定价的决策时用到成本核算了吗？

(4)职责分工、团队精神是否对企业经营业绩有所帮助？

(5)哪一组下个月有资格从银行获得贷款？为什么？

要学习的经验教训：适当地冒一些风险有助于企业成长，但是做出任何决策都需要有很好的事实根据；准确的记账系统会帮助你随时了解自己的企业并分析其经营业绩，以便为今后做出正确的决策。

5. 供 SIYB 学员讨论的其他问题

(1)为了制订一份合适的企业计划，你需要哪些信息？

(2)为了使企业获得成功，你需要采取哪些措施？

(3)在你的新企业中应该避免哪些问题？

(4)在创办企业之前，你需要了解哪些情况？

要学习的经验教训：研究和了解你的市场是企业取得成功的关键，市场规模、市场消费力的大小以及竞争的性质，所有这些信息都有助于你为自己的企业做出定位，取得成功。

第二节 《创业之星》综合模拟仿真对抗演练

【学习目标】

1. 创业企业战略、规划、预算及相关其他知识实训；
2. 创业团队内部沟通、协调、决策、执行等能力提升训练；
3. 创业企业市场定位、竞争分析能力训练；
4. 创业企业财务相关各项工作训练实践；
5. 创业企业市场营销相关各项工作训练实践；
6. 创业企业产品设计、研发相关各项工作训练实践；
7. 创业企业生产采购、仓储相关各项工作训练实践；
8. 创业企业人力资源选、育、用、留相关各项工作训练实践；
9. 创业企业产品生产制造相关各项工作训练实践；
10. 深刻理解创业企业综合平衡计分评价体系。

实验介绍

项目名称：《创业之星》综合模拟仿真对抗演练

《创业之星》综合模拟仿真对抗演练是基于商业模拟(Business Simulation)体验式学习技术开发的一套完整的模拟经营与竞争对抗系统，该系统通过对参与学生分组角色扮演(RPG)，分组经营一家完整的模拟创业公司，通过内部的部门协作与管理决策，完成公司的多个连续周期的完整经营管理，并在市场环节与其他分组团队管理的模拟公司进行市场化竞争与合作。

《创业之星》综合模拟仿真对抗演练主要包含了为老师设计使用的一系列功能详尽的教学实训管理相关模块。同时也为学生设计了一个完整的商业模拟经营模型，其中包含消费群体模拟、市场机会模拟、设计研发管理、生产采购管理、生产制造管理、市场推广管理、产品销售管理、招聘培训管理、财务控制管理、竞争对抗模拟等。每个学生团队通过不同部分的经营管理决策，最终都将反映到整个模拟公司的整体经营结果中。

《创业之星》综合模拟仿真对抗演练的系统设计以培养学生系统的管理决策能力为目标，并通过学生之间的人与人之间的竞争对抗，引入了高度不确定性的市场环境，这种高度不确定性充分体现了创业过程的本质特征，学生需要在这样的学习环境中时刻综合分析各种信息，不断为自己团队及角色做出切实有效的决策。

系统提供给学生的模拟经营环境往往进行了大量的具体形象化设置，例如，会以设计研发生产销售一种玩具为背景行业，也会以设计研发生产销售一种数码产品为背景行业，但这样具体化“行业模板”的用意并非让学生去真实了解该行业本身的个性化部分内容，也并非让学生在未来的发展中去实际经营管理与模拟企业完全一样的公司，而是通过这种具体直观的内容让学生真正深刻理解隐藏在任何一个行业或企业背后的经营管理部分的精髓。这种通行于不同行业、企业之间的知识内容，能为每个学生未来的人生事业发展过程中的各种可能性提供更有价值的能力保障，“授人以鱼不如授人以渔”能精确概括本系统设计的初衷与理念。

一、课程教学管理

教学实训管理模块主要是为老师教学课程使用而设计的一系列功能合集，其中主要包含系统参数、财务参数、营销参数、研发参数、生产参数、课程管理、学生分组等一系列可调整定义参数的管理设置。

教师在开展《创业之星》综合模拟仿真对抗演练课程之前，需要完成部分必要的参数设置，其他可直接使用系统默认参数。

教师在正式开始《创业之星》综合模拟仿真对抗演练课程之前，需要在系统中完成下列几个核心功能与步骤。

图 9-2-1

二、消费群体模拟

消费群体模拟模块是《创业之星》综合模拟仿真对抗演练系统中围绕由计算机模拟的虚拟消费者相关的一系列功能合集。消费者是每家模拟公司所研发设计生产的产品的最终买家，为了能尽量真实模拟现实商业社会消费者类型与选购商品(服务)时的多样性，系统的商业模拟经营模型中建立了多种不同类型的消费群体，每一类消费群体在购买具体产品前，将从产品价格、产品功能、产品口碑、产品品牌、产品销售等多个维度综合量化计算后做出确定选择。

对于消费者的争取贯穿于每个参与实训的学生团队所经营的模拟公司，学生们只有在充分理解消费者的需求与喜好的前提下，才可能在众多竞争对手中脱颖而出，获得良好的经营结果。

三、市场机会模拟

市场机会模拟模块是《创业之星》综合模拟仿真对抗演练系统中围绕由计算机模拟的虚拟市场的一系列功能合集。市场是每家模拟公司进行渠道开发、品牌推广、产品销售的实际场所，系统中提供的虚拟市场提供了多个不同特性的区域供所有公司参与，每个市场都有自己的进入成本(时间与金钱)，每个市场也都有自己的消费者特征，同时每个市场也都有各自的容量与发展趋势。

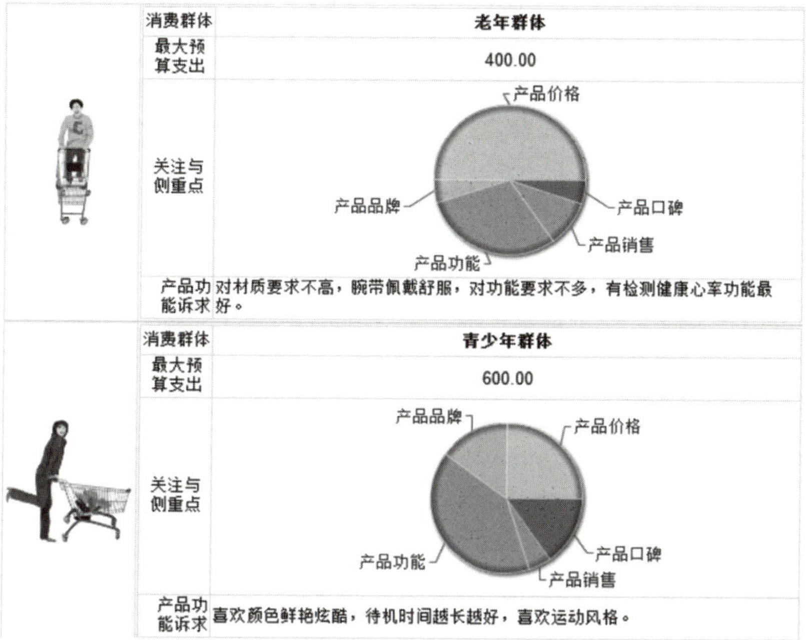
消费群体
老年群体
最大预算支出
400.00
关注与侧重点
产品价格
产品品牌
产品口碑
产品销售
产品功能
产品功能诉求
对材质要求不高，腕带佩戴舒服，对功能要求不多，有检测健康心率功能最好。
消费群体
青少年群体
最大预算支出
600.00
关注与侧重点
产品品牌
产品价格
产品口碑
产品功能
产品销售
产品功能诉求
喜欢颜色鲜艳炫酷，待机时间越长越好，喜欢运动风格。

图 9-2-2

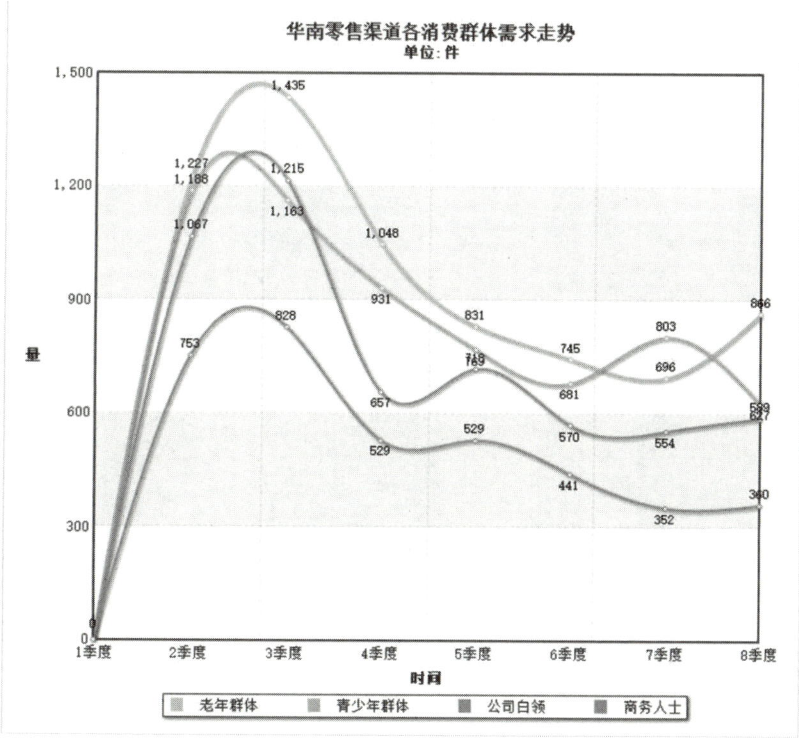
华南零售渠道各消费群体需求走势
单位：件
量
时间
1季度
2季度
3季度
4季度
5季度
6季度
7季度
8季度
老年群体
青少年群体
公司白领
商务人士

图 9-2-3

对任何一个模拟公司来说，对市场的持续投入与开发，及围绕市场开展的产品销售工作，贯穿于整个经营管理过程。相同市场中，同类产品同时出现就构成了激烈的公司之间的竞争对抗，最终市场总是会给每个经营团队一个合理的答案，经营者需要绞尽脑汁，时刻分析企业自身、竞争对手、市场环境，不断调整自身策略，优化经营管理，才能在残酷的市场中立于不败之地。

四、设计研发管理

设计研发管理模块是《创业之星》综合模拟仿真对抗演练系统中提供给每个小组学生经营团队开展产品的设计与开发相关决策的功能合集。每家模拟公司都可以根据自己的判断设计并研发全新的产品，并围绕产品开展一系列的采购、生产、推广等工作。

从表面上看，该部分工作在企业经营过程中似乎并非是工作量最大的一项，但事实上，每个模拟公司的产品设计与研发都决定了该公司在激烈竞争环境下的生死存亡问题。与现实商业社会一样，在《创业之星》综合模拟仿真对抗演练系统中，每家公司都需要根据不同消费者的购买需求与意愿做出真正有效的产品。当然要考虑的远不止这点，还包括市场容量是否足够支撑？未来长期趋势是否乐观？如果能提前知道隔壁小组的产品发展战略是否会帮助自己的决策？一切都来源于市场的高度不确定性，这本身就是创业过程或企业经营过程中最吸引人的地方。

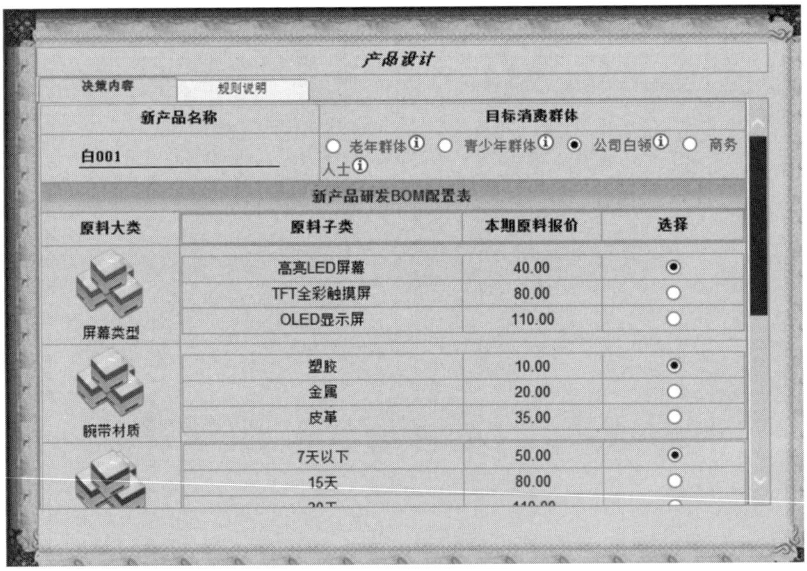

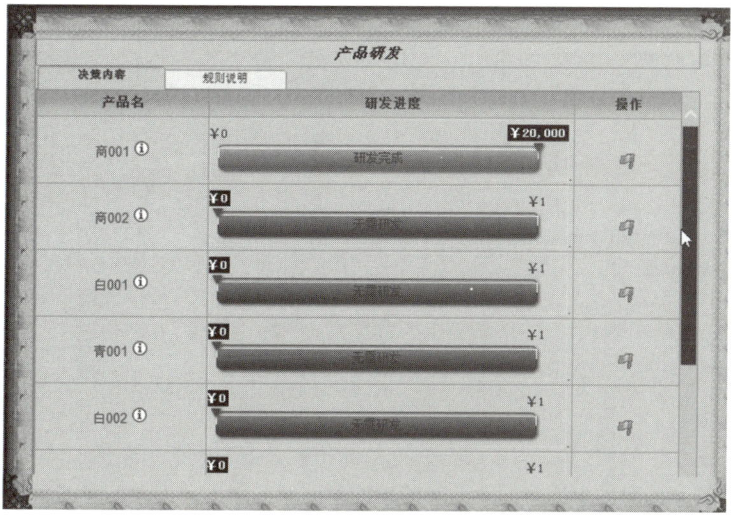

图 9-2-4

五、生产制造管理

生产制造管理模块是《创业之星》综合模拟仿真对抗演练系统中提供给每个小组学生经营团队开展产品采购、生产、库存相关决策的功能合集。每家模拟公司都可以根据自己的意愿开展这方面的工作。

生产制造管理相关的工作占据了每个模拟公司相当重的工作量，现实中很多企业会把这部分工作做 OEM 外包处理，这是一个仁者见仁智者见智的话题，我们还是把这样一个看起来颇为烦琐的部分纳入了模拟经营的必备环节，理由并不复杂，不管是何种形式的企业，最终都离不开具体的产品或服务的提供，这种提供离不开一个完整的生产系统的支撑。学生通过对该部分的实训模拟，最终将深刻理解生产环节在企业发展中的重要作用及管理决策过程中的各种知识与技能。作为创业者，他可以 OEM 外包任何自己公司的工作内容，但却需要对工作本身的深入了解与掌控，简单说就是“你可以什么都不做，但却不能什么都不知道”。

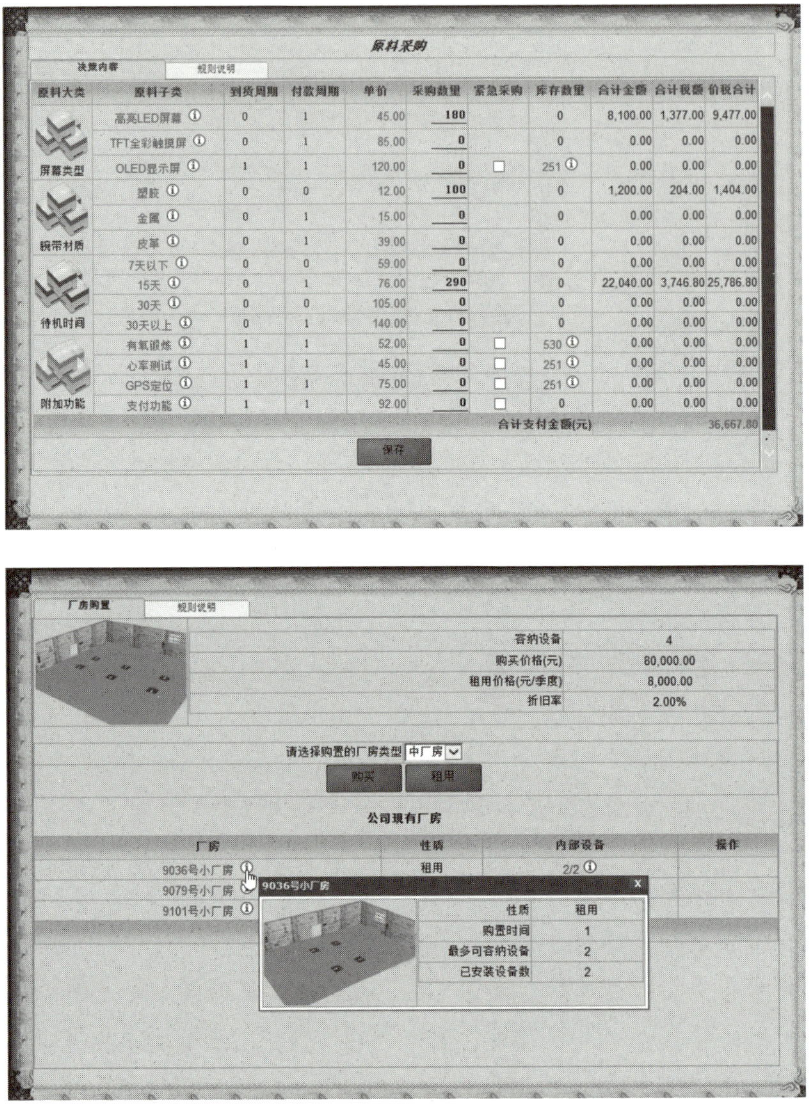

图 9-2-5

六、市场营销管理

市场营销管理模块是《创业之星》综合模拟仿真对抗演练系统中提供给每个小组学生经营团队开展品牌推广、市场开发、产品销售等决策的功能合集。每家模拟公司都可以根据自己的意愿开展这方面的工作。

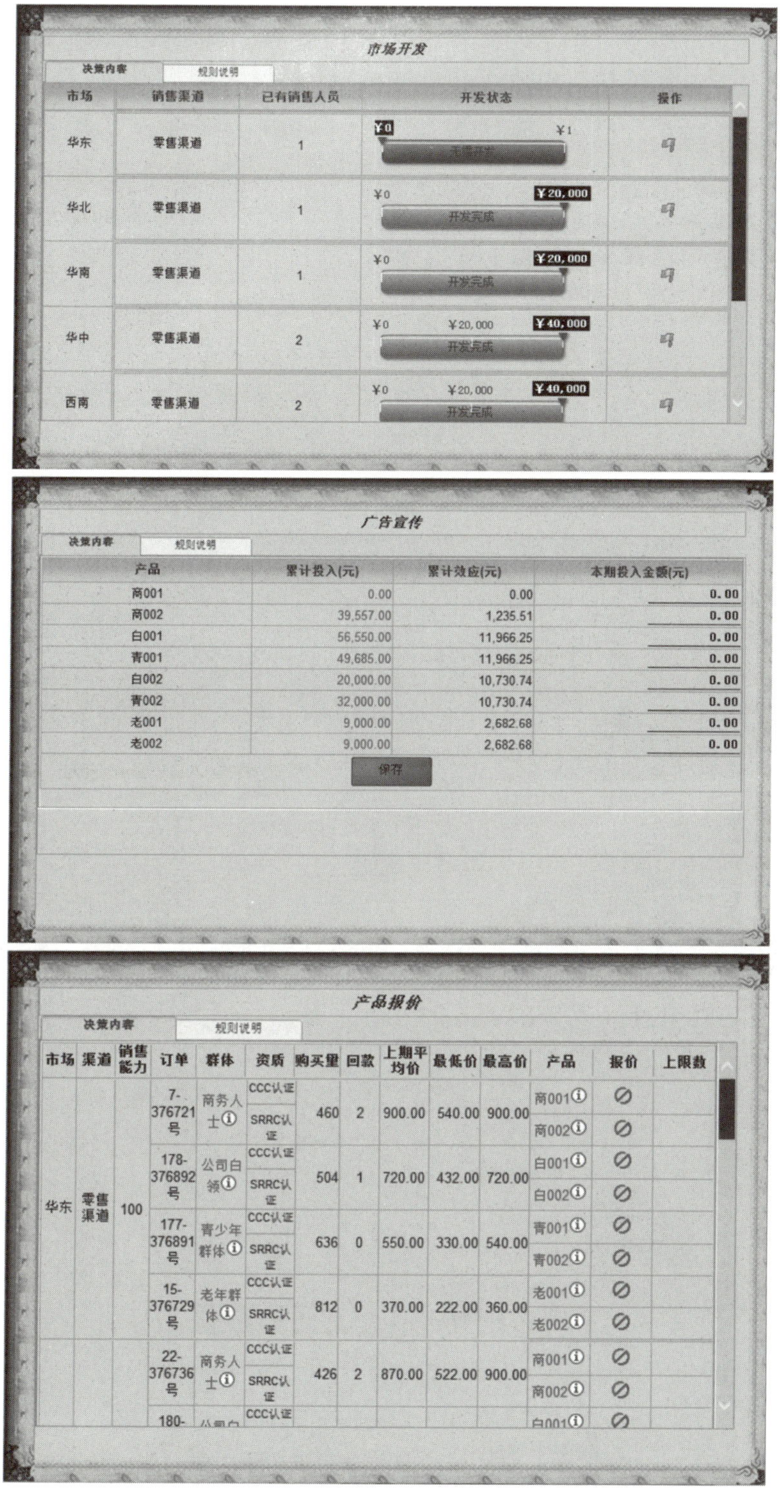

市场开发
决策内容
规则说明
市场
销售渠道
已有销售人员
开发状态
操作
华东
零售渠道
华北
华南
华中
西南
开发完成
广告宣传
产品
累计投入(元)
累计效应(元)
本期投入金额(元)
商001
商002
白001
青001
白002
青002
老001
老002
保存
产品报价
渠道
订单
群体
资质
购买量
回款
上期平均价
最低价
最高价
报价
上限数

图 9-2-6

市场与销售部分的决策是每个学生团队直接与其他学生团队进行竞争对抗的环节，同样的产品，谁家的市场渠道更广？谁家的价格实惠？同样的价格谁家的品牌更响？各种实际企业经营中的问题会堆积在每个团队面前，在实训过程中，每个团队都需要不断地快速判断、分析、决定，再判断、分析、决定，如此循环往复，最终获得市场的认可。在《创业之星》综合模拟仿真对抗演练的整个过程中，或许最能让每个学生深刻体会的就是企业经营管理中很难找到一招制胜的捷径，更多需要的是持续不断地全身心投入与坚持，才能收获成功的喜悦。

七、人力资源管理

人力资源管理模块是《创业之星》综合模拟仿真对抗演练系统中提供给每个小组学生经营团队开展人员招聘、培训、合同管理、社保管理等决策的功能合集。每家模拟公司都可以根据自己的意愿开展这方面的工作。

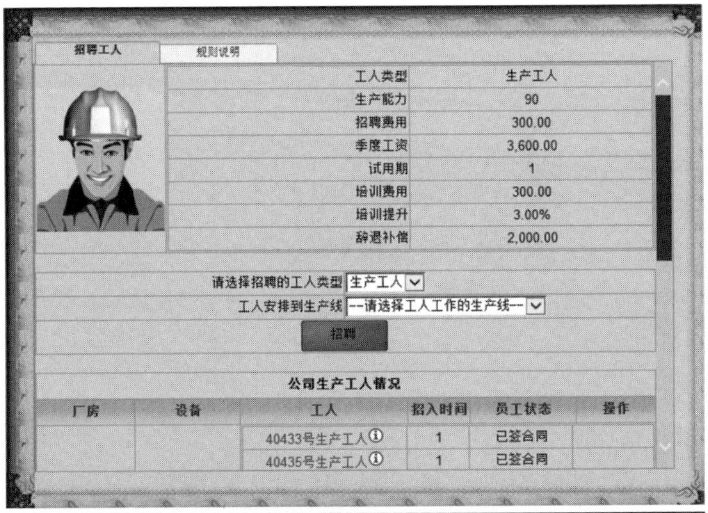

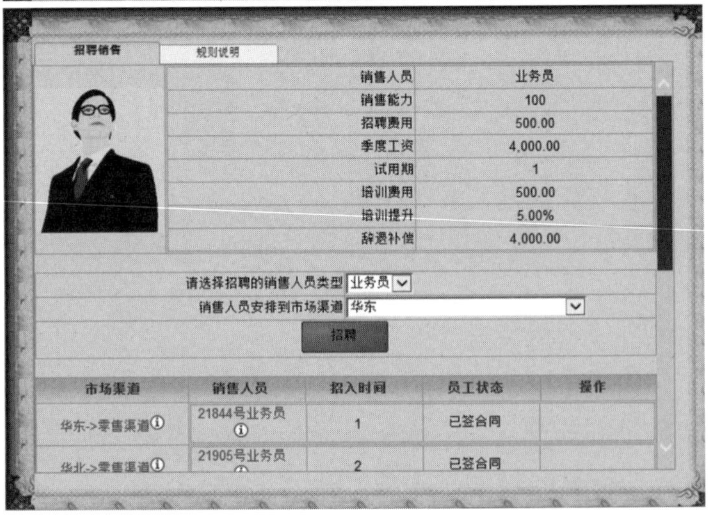

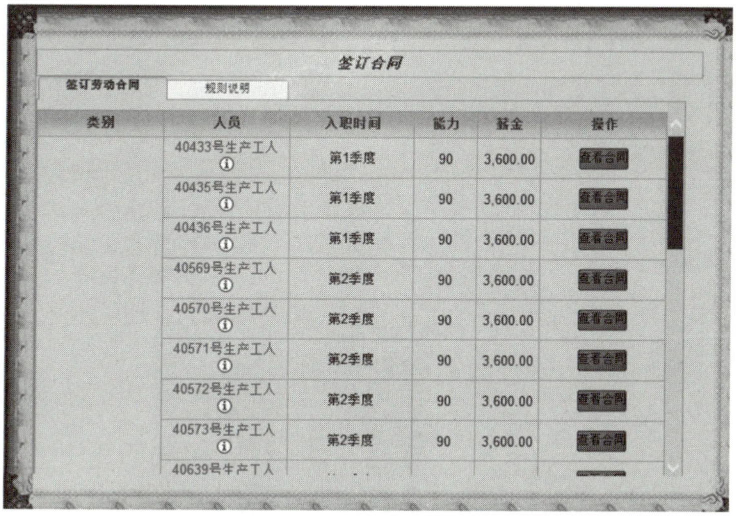

图 9-2-7

人力资源工作在实训过程中为每个学生团队提供依据各自发展所需的人员保障支撑，通过该环节的管理决策过程，学生可以充分了解到企业发展过程中都能遇到的通行管理知识与技巧。事实上，任何企业中“人”的问题都是一个永恒的话题，我们无法在这里说清楚这个话题，但学生可以通过模拟实训获得更深刻的理解。

八、财务控制管理

财务管理模块是《创业之星》综合模拟仿真对抗演练系统中提供给每个小组学生经营团队开展财务预算、收支管理、融资管理、资金链管理、报表管理、指标分析等决策的功能合集。每家模拟公司都可以根据自己的意愿开展这方面的工作。

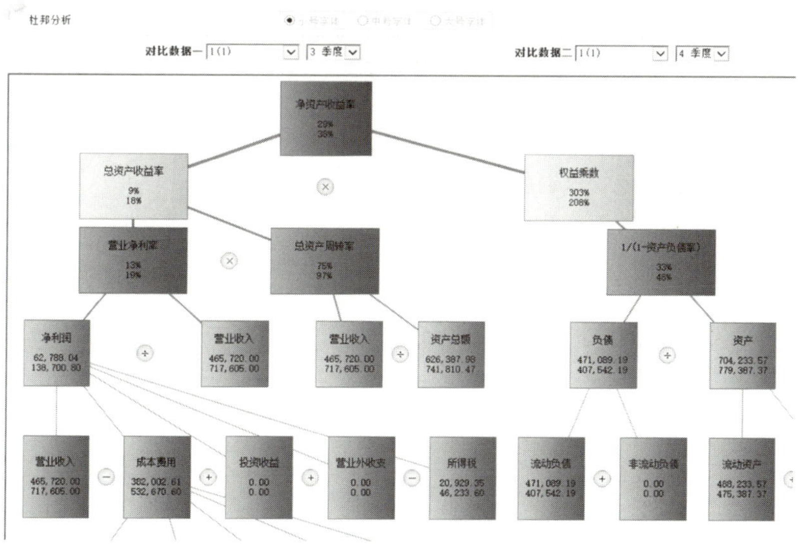

图 9-2-8

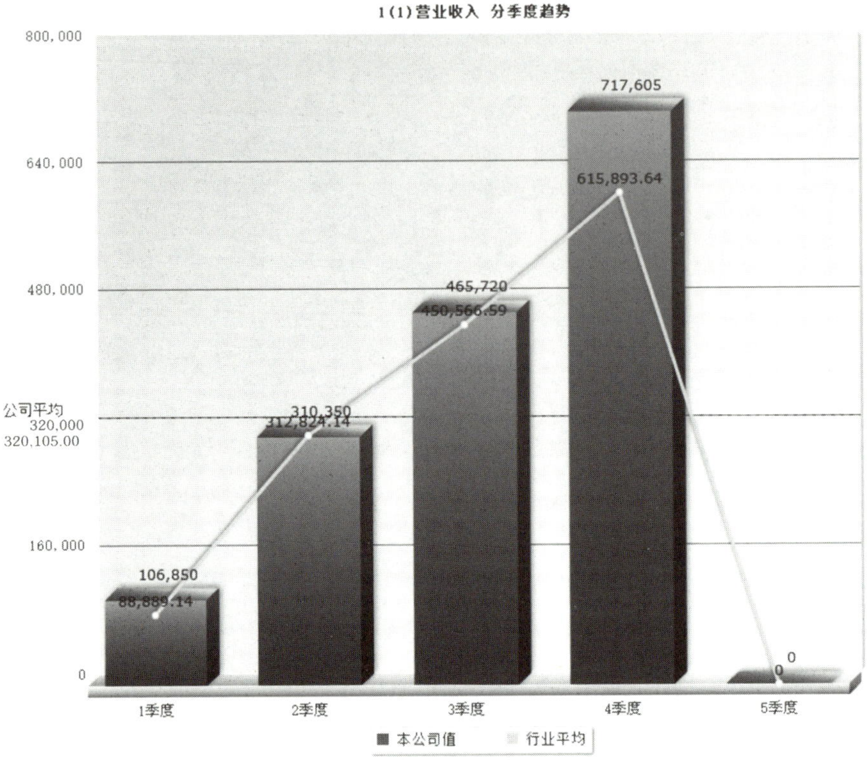

图 9-2-9

这块内容或许是每个学生团队都比较头疼的问题，算不完的数据与算不清的数据困扰着每个团队，但这又是任何一个企业经营管理中离不开的核心工作之一，对大部分创业者或学习者来说，要想在短时间内了解与掌握这方面的工作都是一个非常困难与充满挑战的任务，但通过《创业之星》综合模拟仿真对抗演练的模拟经营形式，他们可以大大降低这种难度与复杂度。

九、竞争对抗模拟

竞争对抗是《创业之星》综合模拟仿真对抗演练系统中最吸引学生的内容之一，通过这种虚拟环境与实际学生团队之间的激烈竞争对抗设计，让每一个参与实训的学生都不得不全身心投入其中，这种虚实结合的实训形式有别于很多实训教学类的软件，竞争同样也是实际企业永恒的话题。

学生通过竞争对抗形式，提升了对原本枯燥乏味的知识的兴趣与好奇心。通过动手实践自己的想法并当场验证结果的过程，增强了学生对大量知识与概念的理解。通过与其他同学的合作争论过程，也有效提升了团队协作的实际技巧与能力。

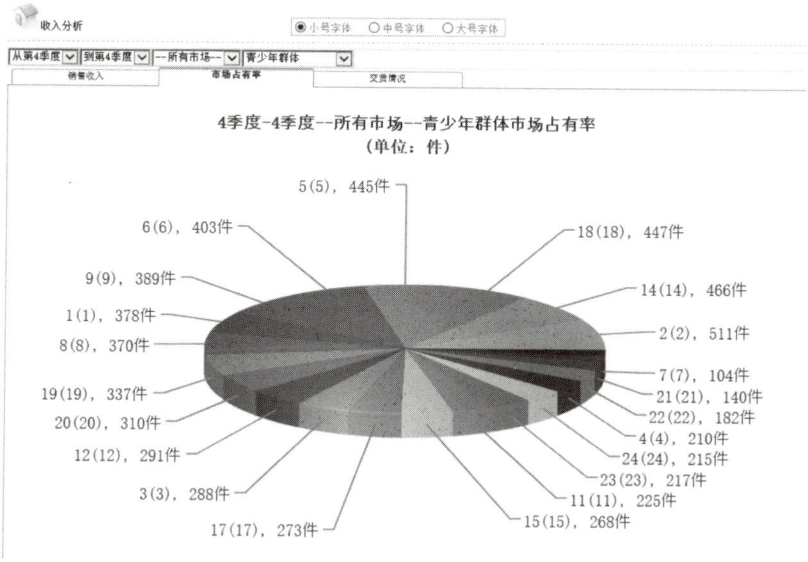

图 9-2-10

十、综合评分管理

对于每个学生团队的经营管理结果的评价，系统使用了被现实企业广泛采用的平衡计分卡，该方法通过提取企业实际经营中的多个维度的经营结果指标，通过权重换算，最后量化得出一个企业的综合经营管理能力。

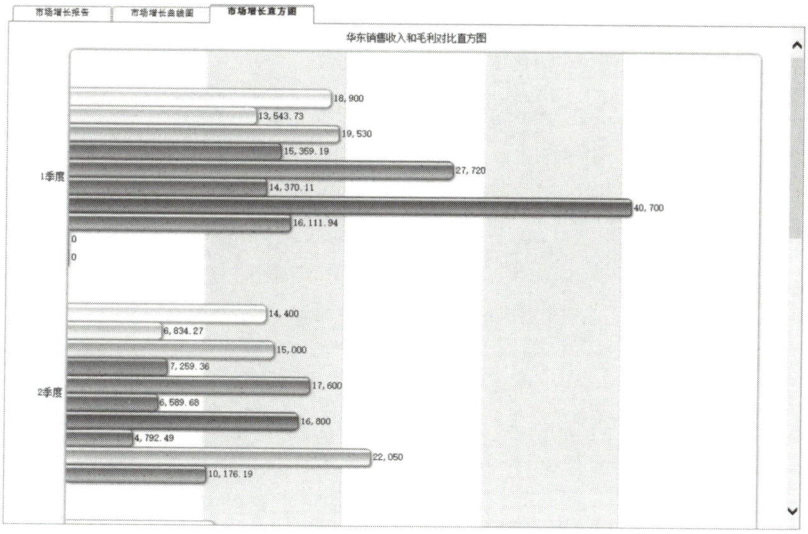

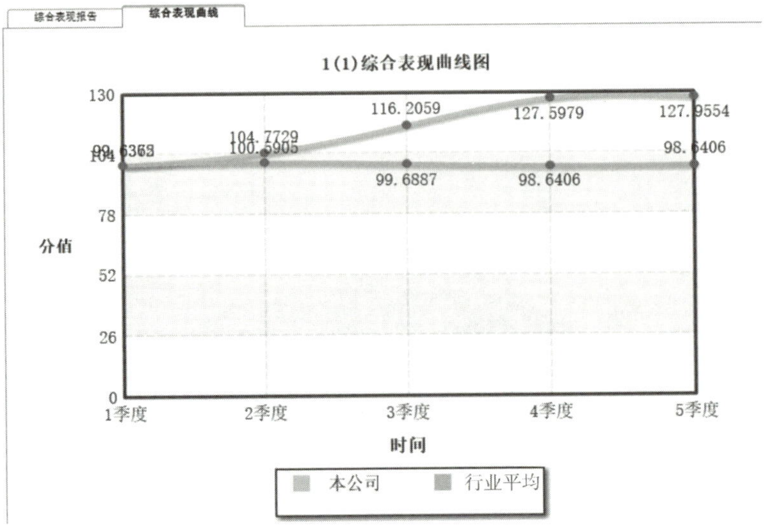

综合表现报告　综合表现曲线

元(1)3季度综合表现										
排名	公司名称	盈利表现	财务表现	市场表现	投资表现	成长表现	综合表现	紧急借款次数	合计扣分	最终得分
第1名	26(26)	36.8000	33.7800	30.5300	10.8600	15.8100	127.7880	0	0.00	**127.7880**
第2名	19(19)	34.7100	33.0700	28.9000	11.1000	14.4400	122.2231	0	0.00	**122.2231**
第3名	隆重队(20)	35.8300	32.6500	25.3200	10.8600	13.5900	118.2514	0	0.00	**118.2514**
第4名	元(1)	37.2300	31.1200	25.8200	10.1300	13.2500	117.5437	0	0.00	**117.5437**
第5名	全幼儿园最可爱(22)	37.6000	29.0500	25.5500	11.1000	13.6000	116.8957	0	0.00	**116.8957**
第6名	18(18)	31.2100	31.1800	27.7900	8.6900	13.8700	112.7336	0	0.00	**112.7336**
第7名	3(3)	29.3000	31.7900	26.1600	11.5800	12.6700	111.4999	0	0.00	**111.4999**
第8名	5(5)	27.2600	32.5600	25.9700	11.1000	12.4900	109.3746	0	0.00	**109.3746**
第9名	曲(9)	33.4700	30.6200	21.7500	11.5800	11.4700	108.8887	0	0.00	**108.8887**
第10名	13(13)	25.2700	32.4800	27.0300	11.1000	12.6600	108.5379	0	0.00	**108.5379**
第11名	这不是一个普通的组(6)	25.8500	32.6500	24.1800	9.4100	9.8500	101.9440	0	0.00	**101.9440**
第12名	11(11)	28.0300	28.1800	25.4000	10.8600	12.8000	105.2598	1	5.00	**100.2598**
第13名	嫱嫱嫱嫱(15)	20.7800	32.1200	23.5400	11.8200	11.5600	99.8213	0	0.00	**99.8213**
第14名	打倒顺丰的韵达(12)	26.0600	30.4600	22.7800	11.5800	12.3300	103.2057	1	5.00	**98.2057**
第15名	瘟老板(7)	24.8300	30.9400	23.0400	11.8200	12.2700	102.9022	1	5.00	**97.9022**
第16名	泰山学院黄旗队(17)	25.1900	32.4000	18.9000	10.1300	9.4200	96.0335	0	0.00	**96.0335**
第17名	2(2)	34.3200	28.0600	14.7900	9.4100	7.4400	94.0253	0	0.00	**94.0253**
第18名	16(16)	19.3600	30.7500	20.0800	10.8600	9.9600	91.0071	0	0.00	**91.0071**
第19名	25(25)	60.0000	30.1500	0.0000	0.0000	0.0000	90.1462	0	0.00	**90.1462**
第20名	14(14)	30.2900	27.5900	16.1600	7.7200	7.5500	89.3065	0	0.00	**89.3065**
第21名	4(4)	26.6900	27.1700	17.1100	8.6900	8.4500	88.0998	0	0.00	**88.0998**
第22名	DClong(10)	24.7500	28.7400	18.4400	7.2400	9.0700	88.2361	2	10.00	**78.2361**

图 9-2-11

该评价方法能全面衡量一个企业各个方面的综合实力，其最终得出的结论具有全面性，避免了采用个别单一指标对企业做出不合理判断的情况。

课时安排

16～32 学时，模拟经营对抗 4～8 季度。

使用形式

1. 这是一个计算机网络实训游戏，建议在学校标准计算机实验室内开展教学；

2. 本实验需要在专业教师的统一组织协调下开展，个人学习者无法独立完成该实验；

3. 教师可扫码后点击右方“申请试用”即可获得免费教学账号。